풍요의 강 나일

世界河域文明系列—沧桑的尼罗河
作者：北京大陸橋文化傳媒

Copyright ⓒ 2007 by 中國青年出版社
All rights reserved.

Korean Translation Copyright ⓒ 2011 by Sansuya Publishing Co.,
Korean edition is published by arrangement with 中國青年出版社
through EntersKorea Co., Ltd., Seoul.

이 책의 한국어판 저작권은 (주)엔터스코리아를 통한 중국의 中國青年出版社와의 계약으로 도서출판 산수야가 소유합니다.
저작권법에 따라 한국 내에서 보호를 받는 저작물이므로 무단 전재와 복제를 금합니다.

문명의 강 4

# 풍요의 강 나일

아프리카의 물줄기에서 바라본 이집트 역사의 파노라마

베이징대륙교문화미디어 엮음 | 박한나 옮김

산수야

일러두기__

1. 외국 인·지명은 국립국어원의 외래어 표기 용례에 근거해 표기했다.
   단, 현지 발음에 충실하기 위해 외래어 표기 용례를 따르지 않은 것도 있다.
2. 중국 인·지명은 한국어 한자음에 따라 표기했다.

차 례

들어가며 9

## 1장 | 신비한 여행의 시작 아스완

**위풍당당한 람세스 2세** 18
군사적 업적 18 | 공적을 세우기 좋아했던 파라오 24

**문명의 죽음, 아부심벨에서 필라이까지** 27
아부심벨 신전 27 | 필라이 신전 37

**아스완하이댐** 41

## 2장 | 황금시대 룩소르

### 수백 개의 문을 가진 도시 테베 53
신왕국의 탄생 53 | 수백 개의 문이 있는 도시 59 | 수수께끼 같은 아몬 신전 64

**부록** | 고대 이집트의 신 67 | 이집트 신왕국 시대의 가계표 70

### 모든 것을 아몬에게 바치는 신전 71
카르나크 신전 73 | 룩소르 신전 79 | 멤논의 거상 83

### 신비로운 왕들의 계곡 86
왕들의 계곡 86

**부록** | 왕들의 계곡 중 개방된 왕실 동굴 93

신비의 여파라오 94

### 투탕카멘 미스터리 100
미스터리한 죽음의 주인공 100 | 카터의 대발견 102

어린 파라오의 사인은? 105 | 파라오의 저주 110 | 풀리지 않는 미스터리 115

## 3장 | 영원한 기적 기자 피라미드

**신화의 수도 멤피스** 126

나폴레옹의 발견 126 | 피라미드 왕조 131 | 신화의 국가 136

**파라오 영혼의 안식처** 141

신기한 장례식 미라 141 | 피라미드, 파라오의 안식처 146

**스핑크스의 수수께끼** 152

**부록** | 이집트 제4왕조 파라오 159 | 사자의 서 161

**수천 년의 수수께끼, 피라미드의 신비** 162

파라오의 무덤일 뿐일까? 163 | 피라미드는 누가 지었을까? 167
피라미드 건설 수수께끼 171 | 수수께끼 중의 수수께끼 175 | 신비의 태양선 178


## 4장 | 이슬람 문명의 결정체 카이로

**이집트에 뿌리 내린 아랍 왕조** 185

새로운 도시 건설 185 | 이슬람교의 성지 189

**전설의 술탄 살라딘** 197

새로운 왕조의 창시자 197 | 전설적인 인생 201

**무함마드 알리 사원** 208

이집트의 멸망 위기 208 | 근대 이집트의 아버지 216

## 5장 | 알렉산드리아

**프톨레마이오스 왕조** 227
알렉산드로스 대왕의 걸작 227 | 프톨레마이오스 왕조 230
알렉산드리아 도서관 236

**클레오파트라, 세기의 사랑** 240
여파라오의 사랑이야기 240 | 미녀와 추녀 논쟁 248
클레오파트라의 재녀 본색 251 | 죽음을 둘러싼 수수께끼 257

**부록** | 프톨레마이오스 왕조의 통치 계보 262

**불가사의 중의 불가사의** 264
무너져 내린 파로스 등대 264 | 성곽 이야기 269 | 등대 미스터리 274
폼페이 기둥 276

**부록** | 세계의 7대 불가사의 281 | 이집트 역사 284

| 들어가며 |
|---|

매년 일 년,

너는 하얀 물결을 일으키며 오는구나.

......

떡과 술

풍요로움과 즐거움

성대한 축복이 너로부터 오는구나.

아! 나일 강, 너를 찬양하노니,

대지로부터 용솟음쳐 이집트에 생명을 불어넣네……

너의 생명수가 줄어들면,

우리의 숨도 잦아든다.

—고대 이집트 (나일 강의 노래)

고대 이집트에서는 수확의 계절인 가을이 되면 수많은 노동자들이 신성한 강에 바치는 찬가를 경건하게 불렀다. 바로 나일 강을 찬양하는 노래다.

아프리카 동북부를 따라 구불구불하게 흐르는 나일 강은 인류 역사상 가장 찬란한 별이었는데, 이 신비한 강의 이름에는 두 가지 기원이 있다. 첫

째는 '불가능하다'는 뜻의 라틴어에서 이름이 붙여졌다는 것이다. 다시 말해 고대 나일 강 중하류 지역에 살던 주민들이 폭포로 가로막혀 나일 강의 수원을 이해하는 것은 불가능하다고 생각한 데에서 '나일' Nile이라는 이름이 붙여졌다는 것이다. 둘째는 나일 강이 고대 이집트의 왕, 파라오의 이름 '닐루스' Nilus에서 유래했다는 설이다.

나일 강은 카게라 강과 백나일 강과 청나일 강의 3개 강줄기가 합쳐져 이루어지며, 그 길이는 6,670킬로미터로 세계에서 가장 길다. 아프리카 동북부의 부룬디 고원에서 시작해 르완다, 부룬디, 탄자니아, 케냐, 우간다, 콩고, 수단, 에티오피아, 이집트까지 9개 국가를 지나 지중해로 흘러들어간다. 그러나 사람들이 흔히 말하는 나일 강은 수단의 수도인 하르툼 북부에 있는 제6폭포에서 바다로 흘러들어가는 부분까지를 가리킨다.

오랜 세월 동안 나일 강은 베일에 가려 있었다. 끝없이 넓은 사막의 북쪽에서 남쪽으로 향하던 한 줄기의 강이 6,000년 전 마침내 찬란한 고대 이집트 문명의 기적을 이뤄냈다. 나일 강변에 위치한 많은 나라들 중에서도 이집트는 나일 강이 베푼 풍성한 혜택을 마음껏 누린 나라라고 할 수 있다.

이집트의 중심부를 관통하여 흐르는 나일 강은 이집트 영토에 속한 길이

만 해도 1,350킬로미터에 이른다. 예로부터 이집트인들은 매년 나일 강이 범람해 이집트 문명에 결정적 역할을 한 것에 대해 극진한 경배를 표해 왔다. 매년 8월 해뜨기 전, 시리우스가 지평선에 나타나면 나일 강은 범람하기 시작했다. 세차게 용솟음치는 강물은 토양의 염분을 없앴으며, 상류 유역에 있던 대량의 광물질과 유기질이 하류의 들판에 쌓였다. 이집트인들은 이렇게 해서 비옥한 토지를 얻었다.

고대에 나일 강이 공급하는 수원에 의지하던 이집트 땅은 270만 헥타르에 이르는데, 이는 인더스 강 유역과 황하 유역을 합친 것보다 훨씬 넓다. 이런 천혜의 조건을 이용해 이집트인들은 세계에서 가장 먼저 찬란한 농업 문명을 이뤄낼 수 있었다. 이에 대해 고대 그리스의 역사학자 헤로도토스는 "고대 이집트는 나일 강의 선물이다."라고 했다. '나일 강의 선물' 인 이집트에서 나일 강의 범람은 너무나 중요한 것이었다. 헤로도토스의 기록에 따르면, 이곳의 농부들은 강물이 자연적으로 범람하여 논밭으로 흘러 들어가 물을 공급한 뒤에 다시 돌아갈 때까지 기다렸다가 토지에 씨를 뿌리고 잘 밟아준 뒤에 수확을 기다리기만 하면 되었다. 3,000년 전 바빌론 왕이 이집트를 방문했을 때 "우리나라에서 유프라테스 강이 범람하는 것

은 강의 신이 분노했다는 것을 뜻하지만, 나일 강의 범람은 나일 강 여신의 은혜를 뜻하니 이집트는 신의 사랑을 독차지한 나라다."라고 감탄했다고 한다. 그래서 고대 이집트에서는 수확의 계절인 가을이 다가오면 어디에서나 나일 강을 찬양하는 노래를 들을 수 있었다.

　이러한 나일 강의 타고난 생존 및 발전 조건 덕분에 고대 이집트인들은 눈부신 문명을 이루었다. 하지만 나일 강은 절대 고분고분한 강이 아니었다. 나일 강은 유량의 기복이 매우 심했다. 수위가 16큐빗(고대 서양 및 근동 지방에서 쓰이던 길이의 단위로, 팔꿈치에서 가운뎃손가락 끝까지의 길이—옮긴이)까지 오르면 그해는 풍년이었다. 하지만 수위가 그에 미치지 못하면, 강가에서 멀리 떨어진 토지나 고지 등에는 물을 댈 방법이 없어 가뭄과 굶주림에 시달려야 했다. 또한 수위가 18큐빗까지 오르면 심각한 수해를 입었다. 이집트인들은 수해로 피해를 입으면, 파라오의 명령에 따라 대규모의 치수 활동을 벌였다. 그 덕분에 파라오는 신격화되었고, 그의 권위 역시 나일 강과 밀접하게 연관되어 있었다. 이 때문에 나일 강을 '파라오의 강'이라고도 부른다.

　기원전 3100년쯤에 나일 강변에 여러 왕국들이 생겨나기 시작했다. 당

시 나일 강 유역에 생겨난 도시의 수는 42개였다고 하는데, 메네스 왕이 멤피스에서 제1왕조를 세우면서 이 지역을 통일했다. 그리고 그때부터 이집트 문명이 발전하기 시작했고 나일 강도 새로운 역사의 장을 열었다. 기원전 332년까지 고대 이집트는 31개의 왕조를 거쳤다. 이렇게 긴 문명의 역사는 길고 길게 흘러가는 나일 강과 흡사했고, 후세 사람들의 감탄을 자아냈다.

지금도 나일 강에 배를 띄우고 남에서 북으로, 혹은 그 반대로 가다 보면 강을 따라 늘어선 모든 것에서 전율이 느껴질 정도다. 우뚝 솟은 피라미드, 신비한 스핑크스, 웅장한 고대 신전, 거대한 석상, 엄숙한 이슬람 사원, 그리고 사라진 인류의 기적 하나하나가 한데 어우러져 우리에게 이야기를 전해준다. 이 모든 것들이 세차게 흐르는 나일 강이 남긴 역사의 기록이라는 것을 잊지 말아야 한다. 그럼 시공간을 넘어 예전으로 돌아가 나일 강의 기적을 하나하나 경험해보자!

## 1장 | 신비한 여행의 시작 아스완

한 달, 또 한 달, 산속의 빗물이 깊고 깊은 에티오피아 계곡물과 부딪치며 흐르고, 눈에 덮인 산봉우리가 사막 한가운데 우뚝 솟아 있다. 바로 아틀라스다. 혹한과 무더위가 감싸고 있는 그곳은 들판을 더욱 비옥하게 만든다. 폭풍우가 기류를 몰아치고 운석이 나일 강 상공에서 부딪쳐 강물이 끊임없이 더 먼 곳으로 흘러가도록 재촉한다. 이집트 기억의 도시에서 홍수가 범람한다. 그대의 물, 나일 강아! 나일 강이 흐르는 곳에 재난도 행복도 있다. 과실도 독도 있는 사람아, 기억하라! 나일 강이 이집트로 흘러가듯 지식이 너에게 흘러든다.

아스완하이댐의 모습이다. 이 댐의 완공으로 수천 년간 이어온 나일 강의 복잡한 범람 시스템은 통제했을지 모르지만, 연안 지역과 삼각지에는 더 이상 비옥한 유사의 영양분이 공급되지 않는다.

나일 강은 오래된 강이지만 낭만적인 강이기도 하다. 나일 강의 두 수원인 백나일 강과 청나일 강이 각각 부드럽게, 힘차게 흐르다가 '연인'을 만나듯이 한곳에서 합쳐지기 때문이다. 거리상으로 보면 백나일 강이 나일 강의 진정한 수원이라고 할 수 있다. 백나일 강은 지세가 비교적 높은 열대 중부 아프리카 산지에서 발원해 빅토리아 호, 키오가 호 등 거대한 호수와 우간다의 정글을 지나서 수단 북쪽으로 흐른다. 청나일 강은 아프리카 북동부의 에티오피아 고원에서 흘러나온다. 전체 길이가 1,460킬로미터인 청나일 강은 타나 호를 지나 유속이 매우 빨라지면서 시원한 장관을 연출하는 티스 이사트 폭포(청나일 폭포라고도 한다—옮긴이)를 형성한다. 이 두

지류는 굽이굽이 흘러 마침내 수단 평원의 하르툼에서 만난다. 여기서부터 바로 우리가 알고 있는 나일 강이 시작된다. 하르툼에서 잠시 숨을 고른 나일 강은 거칠 것 없이 힘차게 광활한 대사막을 가로지르며 흐른다. 아마 대사막을 흐르고 있기 때문에 인류의 기적을 창조했는지도 모른다.

  과연, 나일 강을 따라 이집트로 들어가니 거대한 신전이 눈앞에 등장했다. 이것이 바로 그 유명한 아부심벨 신전이다. 이곳, 이집트 최남단 아스완은 나일 강 상류 문명이 가장 발달한 지역으로, 눈부시게 발전했던 고대 이집트 신왕국 시대를 증명하는 곳이기도 하다.

  신왕국은 고대 이집트의 황금시대라 불릴 만하다. 특히 제18왕조와 제19왕조 시기의 파라오들은 다른 여러 나라들과 전쟁을 벌여 국력을 대대적으로 강화시켰다. 그리고 파라오들은 그 시기에 이르러 비로소 나일 강을 자신들의 권위를 뽐낼 장소로 삼게 되었다. 멤피스를 중심으로 형성된 고왕국은 테베를 중심으로 형성된 신왕국과 달리, 주로 나일 강 중류 지역에서 정치 활동을 펼쳤다. 강력한 군대를 형성한 파라오들은 남쪽 영지를 자주 시찰하면서 기념비적인 위대한 건축물을 많이 남겼다. 이러한 배경 속에서 이집트 남부 아스완 지역은 당시 최고의 도시로 각광받았다. 이집트와 아프리카 국가들이 무역했던 도시인 아스완은, 수단으로 통하는 관문 역할을 하기도 했다. 아스완은 남동부 나일 강 '제1폭포'의 동쪽 강변에 위치해 있다. 현대인들은 고대 유물인 아부심벨 신전과 필라이 신전, 현대 건축물인 아스완하이댐을 보고 벅차오르는 감정을 추스를 새도 없이 시공을 초월한 시간여행을 떠난다.

# 위풍당당한 람세스 2세

## 군사적 업적

아스완이 지금과 같은 많은 유적을 남긴 데에는 역사상 가장 유명한 파라오, 람세스 2세의 공이 크다고 할 수 있다. 비록 람세스 2세가 정치적으로나 군사적으로 가장 뛰어났던 왕은 아니었지만, 명성만큼은 최고라 할 수 있다. 더욱 놀라운 사실은 그가 역대 파라오 중에서 재위 기간이 67년으로 가장 길었다는 점이다. 흥미진진한 인생을 살다간 람세스 2세는 이집트인들에게 지대한 영향을 미쳤으며, 지금도 사람들의 존경을 받고 있다.

람세스 2세는 세티 1세(재위 기원전 1290~기원전 1279년)의 아들로 어릴 때

---

**아스완** 이집트에서 가장 깨끗하고 아름다운 도시. 다른 아프리카 국가들과의 무역 요충지이자 수단으로 통하는 관문이다. 남동부 나일 강 '제1폭포' 아래 동쪽 강변, 카이로에서 900킬로미터 떨어진 곳에 위치해 있다. 역사적으로 이집트 남부에서 누비아로 통하는 관문이었고, 수상 운송과 낙타 상인들의 집결지였다. 고대 이집트 때는 수단, 에티오피아와 교역하던 중심지였다. 도시에는 필라이 신전, 아부심벨 신전 등 수많은 신전과 왕릉이 있다.

부터 '파라오 학교'에서 공부했으며 불과 10세 때부터 군에서 직책을 맡았다. 그 뒤 15세 때부터는 아버지와 함께 전쟁터에 나갔으며, 기원전 1290년 세티 1세가 세상을 떠나자 25세의 나이에 파라오가 되었다. 야심으로 가득 차 있던 람세스의 파란만장한 일생은 이때부터 시작되었다.

신왕국 시대를 연 제18왕조가 이집트를 다시 통일한 뒤에 파라오들은 새로운 땅을 개척하는 데 열중했고, 이 덕분에 이집트의 세력 범위는 북쪽의 시리아와 파키스탄, 남쪽의 나일 강 제4폭포(현재 에티오피아 영내에 있다—옮긴이)까지 확대되었다. 하지만 제18왕조 후기에 이르러 국내의 정치 분쟁과 소아시아(아나톨리아라고도 한다—옮긴이)의 히타이트 왕국의 공격으로 이집트는 북아프리카 지역의 영토를 잃었고 파라오의 위신도 땅에 떨어졌다. 기원전 1320년, 제18왕조의 군대 총지휘관이었던 하렘합이 정권을 빼앗아 제19왕조를 세웠다. 그리고 그의 후계자이자 자칭 '제국의 재탄생자'인 세티 1세는 광활한 서아시아 지역을 다시 되찾아왔다.

람세스 2세는 어렸을 때부터 아버지 세티 1세의 군대에서 활약했으며, 파라오로 즉위한 뒤에는 히타이트에게서 시리아 지역의 통치권을 되찾고자 마음먹었다. 이를 위해 전열을 가다듬고 군비를 확장해 프타 사단을 조직해 기존의 아몬 사단, 라 사단, 세티 사단과 연동했다. 또한 누비아인 등으로 구성된 용병군까지 더해 총 4개 사단, 2만여 명의 병력을 확보했다.

기원전 1276년, 이집트는 먼저 남시리아의 베이루트와 비블로스를 점령했다. 이듬해 4월 말, 직접 출정에 나선 람세스 2세는 4개 사단을 이끌고 삼각주 동부에서 출발해 오론테스 강을 따라 북쪽으로 1년간 행군한 끝에 카데시 지역에 진입했다. 그리고 카데시에서 남쪽으로 24킬로미터쯤 떨어진 고지에 진을 쳤다. 오론테스 강의 상류 서쪽에 위치한 카데시는 물살이

```
    2
1   3
```

1 전쟁에서 혁혁한 공을 세웠다고 알려진 람세스 2세다.
2 히타이트 군대에 관한 자료를 보면 그 전투력이 막강했다는 것을 알 수 있다.
3 확실하게 쓰러뜨린 적수는 없었지만 람세스 2세는 자신의 위대함을 드러내고자 히타이트인이 무릎을 꿇고 신하를 자청했다고 표현하기를 주저하지 않았다.

거세고 높은 절벽들이 솟아 있어 지세가 가파른 곳으로, 남시리아와 북시리아를 잇는 요충지이자 히타이트의 군사·전략적 요충지였다. 이집트군은 카데시를 선공해 요충지를 차지한 뒤 북시리아로 쳐들어가 시리아 전체의 통치권을 되찾고자 했다.

이집트의 군사들이 북상하고 있던 그때, 히타이트 또한 긴박하게 전쟁 준비에 돌입했다. 람세스 2세가 군대를 이끌고 나서기 전에 이미 스파이에게서 이집트군이 곧 출병한다는 비밀 정보를 얻은 것이다. 즉시 왕실 회의를 연 히타이트 왕 무와탈리스(재위 기원전 1315~기원전 1290년)는 카데시를 중심으로 전략적 요충지를 보호하고 적절한 휴식을 취하며 체력을 보강한 뒤 적군을 영토 안으로 유인해 격파한다는 전략을 세웠다. 히타이트는 3,000여 대의 전차를 포함해 2만여 병력을 확보한 뒤, 적을 매복지로 유인해 한꺼번에 쳐부수려고 카데시 성 안팎에 병력을 배치했다.

람세스 2세는 군사들을 거느리고 카데시 근처 고지대에서 하룻밤을 보낸 뒤, 다음날 새벽 카데시로 진격했다. 람세스 2세는 아몬 사단을 이끌고 전방에서 진격했고 그 뒤를 라 사단과 프타 사단이 따랐다. 행동이 느린 세티 사탄은 아무루 지역에 뒤쳐져 있었다. 아몬 사단이 카데시에서 남쪽으로 13킬로미터쯤 떨어진 샤브투나까지 진격했을 때, 히타이트 군대에서 도망쳐 나온 병사 두 명을 사로잡았다. 사실 이 두 명은 히타이트의 베두인족 스파이였다. 두 스파이는 히타이트의 주력부대가 카데시에서 북쪽으로 39킬로미터쯤 떨어진 곳에 있는 알레포에 주둔해 있고, 카데시를 지키는 군사들도 사기가 저하되어 있는 데다 이집트 군대를 두려워하고 있으며, 특히 시리아 왕후가 오래전부터 이집트로 돌아가고 싶어 했다는 거짓 정보를 흘렸다.

이를 사실이라고 믿은 람세스 2세는 즉각 아몬 사단만을 이끌고 오론테스강을 넘어 적진 깊숙이 카데시 성 아래까지 진격했다. 무와탈리스는 이 소식을 듣자마자 히타이트 주력부대를 비밀리에 오론테스 강 동쪽 연안으로 이동시켜 이집트 군사를 포위했다. 계략에 빠진 것을 알아챈 람세스 2세는 라 사단과 프타 사단을 다급하게 불렀다. 라 사단이 카데시 남쪽의 숲에 도착했을 때 미리 매복해 있던 히타이트 전차가 불시에 공격을 퍼부었고 라 사단은 심각한 타격을 입었다. 히타이트는 이에 그치지 않고 전차 2,500대를 이끌고 아몬 사단에 맹공을 퍼부었다. 예기치 않게 급습을 당한 이집트 군사들은 순식간에 사방팔방으로 도망쳤다. 꼼짝없이 포위당한 람세스 2세는 시위부대의 호위를 받으며 온 힘을 다해 적진을 빠져나가려 했다.

이러한 위기의 순간에 아무루 지역에 뒤쳐져 있던 부대가 나타났다. 이 지원군은 3열로 배치되어 있었는데 1열은 전차, 2열은 보병, 3열은 보병과 전차부대로 이루어져 있었다. 히타이트 군대 뒤편에서 갑자기 등장한 이 지원군은 매서운 공격을 퍼부어 람세스 2세를 위험에서 구해내고 여섯 번 연속 돌격해 수많은 히타이트 전차를 강으로 빠뜨렸다. 히타이트 왕도 이에 지지 않고 더 많은 전차부대를 투입해 거센 공격을 퍼부었다. 또한 수비군 약 8,000명을 일시적으로 전쟁에 투입해 전투는 더욱 격렬한 양상을 띠었다. 하지만 해질 무렵, 프타 사단의 선봉부대가 도착해 전투에 참여하고, 밤이 되어 히타이트군이 요새로 후퇴하면서 전투는 끝이 났다. 이 전투에서 양국은 전력이 비슷해 승패를 가르지 못했지만, 정확하게 말하면 이집트 군대가 패배한 것이나 마찬가지였다. 람세스 2세가 위험에 빠졌을 때 어떤 병사도 그를 위해 용감하게 나서지 않았고, 그의 군대도 히타이트군의 공격을 겨우 막아냈을 뿐이었다. 하지만 오만한 람세스 2세는 승리에 의심을 품는 것을 허락하지 않았다. 심지어 격렬했던 전투의 한 장면을 신전 벽화로 장식해 후세 사람들이 그의 현명함과 용맹을 길이 찬양하도록 했다.

그 뒤 16년 동안 소규모의 전쟁이 지속되었다. 카데시 전투에서 적을 얕잡아보면 안 된다는 교훈을 얻은 람세스 2세는 서서히 진격하는 전략으로 바꾸었고, 한때 오론테스 강까지 후퇴했다. 하지만 히타이트가 방어에만 힘쓰고 결전을 피했기 때문에 양국 모두 결정적인 승리를 거두지는 못했다.

오랜 전쟁으로 모든 국력을 소진한 두 나라는 더 이상 전쟁을 치를 수 없는 지경에 이르렀다. 그 결과 기원전 1269년, 무와탈리스의 뒤를 이은 하투실리스와 람세스 2세가 마침내 평화조약을 맺었다. 하투실리스는 은판 위에 작성한 평화조약 초안을 이집트에 보냈고, 람세스 2세는 이를 참고해 작성한 자신의 초안을 히타이트에 보냈다. 조약 전문은 카르나크 신전과 테베에 있는 람세스 신전 벽에 상형문자로 새겨졌다. 이는 원문을 번역한 것으로, 원문은 히타이트어와 당시에 국제적으로 통용되던 바빌론 설형문자로 쓰였을 것이다. 히타이트 수도 하투샤의 문서 보관 창고에서 바빌론 설형문자로 쓰인 흙판 복사본이 발견되었다. 조약의 내용은 다음과 같았다.

"양국은 영원히 평화를 지키며 '앞으로 영원히 적대적인 관계를 형성하지

**히타이트인** 소아시아 동부의 고원지대, 할리스 강 상류 일대에 하티라는 원주민이 살고 있었다. 이들은 셈족도 아니었고 다른 민족들과도 특별한 관계가 없었다. 그런데 하티인들은 기원전 2000년에 히타이트를 세운 뒤, 기원전 15세기 말에서 기원전 13세기 중엽까지 최전성기를 누렸다. 이때 히타이트는 후리아인이 세운 미탄니 왕국을 정복하고 이집트의 아케나톤의 개혁을 틈 타 이집트 영토 일부를 차지했다. 그 뒤 히타이트는 기원전 13세기 말, '해양민족'이 지중해 동부 지역을 차지하면서 분열되었고, 기원전 8세기에 아시리아에 완전히 멸망했다.

않는다.' 영원히 '아름다운 평화와 형제관계를 유지한다.' 양국은 군사적인 협력을 맺고 두 나라 중 어느 나라가 침략을 당하면 함께 방어한다. 양국은 상대방의 도망자를 수용하지 않기로 약속하고 도망자를 본국에 인도할 의무가 있다." 이 조약을 체결한 뒤 히타이트 왕은 자기 딸을 람세스 2세에게 시집보냈다. 이 정략결혼으로 양국의 동맹관계는 더욱 견고해졌다.

그 뒤 람세스 2세는 국내 문제에 전심전력을 쏟아부었다. 외국과의 전쟁에서 승리하지 못했지만 허영심이 강했던 왕은 백전백승의 전쟁영웅 이미지를 구축하기 위해 열을 올렸다. 놀랍게도 90세까지 살았는데, 현대 의학으로 고증한 결과 잇몸 종기 때문에 발생한 패혈증으로 사망했다. 람세스 2세는 이집트를 67년 동안 다스리면서, 정실 8명과 100명이나 되는 첩에게서 아들 100명과 딸 50명을 얻었다. 수많은 자녀들이 그보다 먼저 세상을 떠났으며, 람세스 2세가 60세가 되고서야 아들 메르넵타가 왕위를 이었다.

람세스 2세가 세상을 떠난 뒤 그의 유체는 제왕의 계곡에 안장되었다. 하지만 제21왕조에 이르러 도굴이 창궐하자 당시의 제사장들이 람세스를 비롯한 파라오의 유체를 은밀한 곳으로 옮겨 도굴을 막았다. 그 덕분에 후세 사람들이 람세스 2세의 유체를 발견했을 때 세티 1세, 람세스 1세, 아멘호테프 1세 등 다른 파라오들의 유체도 함께 발견되었다.

## 공적을 세우기 좋아했던 파라오

고대 이집트의 수많은 통치자들이 그랬듯이 람세스 2세도 공을 세우고 싶어 했던 왕으로 잘 알려져 있다. 히타이트와의 오랜 전쟁에서 아무런 성과

신전에 새겨진 벽화는 람세스 2세의 공명심을 드러낸다. 그는 자신의 업적을 후세에 알리기 위해 아부심벨 신전, 카르나크 신전, 라메세움 등의 거대한 건축물을 이집트 전역에 건설했다.

도 거두지 못했지만, 그는 이집트 곳곳에 자신의 흔적을 남겼다. 람세스 2세는 고대 이집트의 다른 파라오들보다 더 부지런히 토목공사를 진행했다. 재위 기간 동안 그의 명으로 지어진 궁전, 사당, 조각상, 석비의 수는 사람들의 상상을 초월할 정도다. 그가 이렇게 많은 공사를 진행한 까닭은 웅장한 건축물로 자신의 권위와 신과 같은 지위를 대대적으로 드러내기 위해서였다. 자신의 목적을 위해 그는 기존의 건축물을 이용하는 것도 서슴지 않았다. 일부 오래된 건축물을 보수하면서 자신의 이름을 새겨두거나 새로 지은 건축물로 포위하듯 둘러쌓았다. 심지어 어떤 건축물은 새 건축물을 짓기 위한 '자재창고'로 전락시켜 허물어뜨리기도 했다. 당시 유명한 카프레 피라미드와 기자 피라미드도 불운을 피해가지 못했다. 당시 전해 오는 이야기에 따르면 람세스는 직접 건축현장에 나가 진행상황을 점검하고 석재 채취장까지 가서 가장 좋은 돌을 고르기도 했다고 한다.

그 결과 람세스의 의도대로 많은 신전이 건설되었다. 신전은 웅장한 조각상과 상형문자 및 도안들로 장식된 돌기둥으로 채워졌다. 종교의식과 전쟁 장면을 묘사한 그림들로 가득 찬 신전 벽화는 왕국의 신성함과 위대한 업적을 칭송한다. 람세스 2세 시기의 주요 건축물에는 아부심벨의 두 신전, 카르나크의 거대한 원기둥, 아비도스의 묘실, 멤피스에 있는 거대한 람세스 2세 조각상, 테베의 거대한 왕릉, 룩소르 신전의 수많은 장식품 등이 있다.

람세스 2세는 평생 열심히 건축물을 지었지만, 촉박하게 공사를 진행한 탓에 장인들에게 예술적으로 완벽하게 장식할 시간을 주지 않았다. 그래서 이들 건축물에 포함된 조각상과 벽화들은 과거 왕조들의 건축물과 비교할 때 수준이 떨어진다. 게다가 람세스 이후의 왕들이 이 위대한 파라오의 건축 형식만 답습하는 바람에 이집트의 건축 예술 수준이 전체적으로 하향된 것은 더욱 안타까운 일이 아닐 수 없다.

**문명의 죽음,
아부심벨에서
필라이까지**

### 아 부 심 벨    신 전

1813년 어느 날, 스위스 학자 요한 부르크하르트가 아스완 지역을 살펴보고 있었다. 현지 아랍인의 인도에 따라 네페르타리 왕후의 소신전을 살펴본 뒤 다시 돌아가던 중 우연찮게 남쪽으로 한 바퀴 돌게 되었다. 그 순간, 모래 속에 파묻혀 있던 거대한 조각상 4개가 눈에 띄었다. 이 조각상들은 소신전에서 200미터 떨어져 있는 깊은 산중 벽에 새겨져 있었다. 부르크하르트는 이 거대한 조각상들이 대신전의 입구 장식일지도 모른다는 예감이 들었다. 하지만 당시의 여건으로는 발굴을 진행할 수 없었다.

4년 뒤, 이탈리아 고고학자 지오반니 벨조니가 이 지역을 방문했다. 그는 부르크하르트의 족적을 따라 석상 주변의 모래를 파기 시작했다. 20일 내내 모래를 파들어가자 좁은 틈을 통해 거대한 신전 안으로 들어가는 입구를 발견했다. 벨조니는 기쁨을 억누르며 조심조심 어두운 신전 안으로 들어갔다. 그리고는 햇불을 켜는 순간, 그는 눈앞에 펼쳐진 장면에 말문이 막

1 입구에 있는 조각상들을 살펴보면 아부심벨 신전이
  람세스 2세에게 바쳐진 신전이라는 것을 알 수 있다.
2 아부심벨 신전의 내부 모습이다. 람세스 2세 자신을 위한 대신전과
  왕비 네페르타리를 위한 소신전으로 되어 있다.

히고 말았다. 깜빡깜빡하는 횃불에 드러난 것은 거대하고 정교한 조각상과 생동감이 넘치는 저부조상, 눈이 시릴 정도로 선명한 색채를 띤 벽화……, 바로 위대한 람세스 2세의 신전이었다. 문 입구의 거대한 조각상은 파라오의 조각상이었다. 신전 내부의 벽화는 그가 타고 다니던 화려한 전차, 기르던 표범, 수단 전쟁에서 승리한 뒤에 사로잡은 포로들을 끌고 돌아오는 장면들이 묘사되어 있었다. 발굴 과정은 엄청났다. 약 100년이 지난 뒤에야 대신전 입구의 모래가 완전히 제거되었다. 이렇게 3,000년 동안 잠들어 있던 아부심벨 신전이 마침내 밝은 햇빛 아래 모습을 드러냈다.

고대 누비아 지역의 나일 강변 사막에 있는 아부심벨 신전은 대신전과 소신전으로 이루어져 있는데, 람세스 2세의 재위 기간 동안 장인들이 20여 년에 걸쳐 사암절벽에 직접 조각한 것이다. 그 신전이 이론적으로는 아몬 등 세 명의 신에게 바쳐졌다고 하지만, 세부적인 부분은 모두 람세스 2세의 위대함과 영광을 암시하고 있다. 고대 이집트의 가장 아름다운 신전인 아부심벨 신전에 가까이 다가가면 그 장대함에 자신도 모르게 온몸에 전율이 느껴진다.

하나의 사암을 이용해 대신전을 조성했다는 사실은 더욱 감탄을 자아낸다. 높이 30미터, 넓이 36미터, 깊이 60미터에 이르는 신전의 정면에는 엄숙한 자세로 어좌에 앉아 있는 람세스 2세의 조각상 4개가 있다. 조각상의 높이는 모두 20미터이고, 왼쪽 귀에서 오른쪽 귀까지는 4미터이며, 입술

---

**누비아**  누비아는 이집트 나일 강 제1폭포 아스완과 수단 제4폭포 카리마 사이의 지역을 말한다. 아스완에서 와디할파까지를 하누비아, 와디할파에서 카리마까지를 상누비아라고 하며, 카리마에서 하르툼 사이의 지역을 남누비아라고 부른다. 예로부터 누비아는 지중해 지역의 이집트와 아프리카 사이를 잇는 지역으로 약 1,500년 전 신왕국 시대의 파라오가 누비아를 점령했다.

선의 길이는 1미터에 이른다. 흥미로운 것은 람세스 2세의 모습을 띠고 있는 이 4개의 조각상이, 건축 기능적으로 신전 전체를 입체적으로 지탱하고 있다는 사실이다. 그중에서도 가장 신기한 것은 3,000여 년 전의 설계사가 천문, 별점, 지리학 지식을 이용해 람세스 2세의 생일(2월 21일)과 즉위한 날(10월 21일)에 햇빛이 신전 안으로 비치도록 정확하게 설계했다는 점이다. 햇빛은 60미터의 긴 복도를 지나 신전 가장 안쪽에 있는 람세스 2세와 아몬 등 4개 석상 쪽을 비춘다. 단 20분 동안 이 현상이 지속될 때 죽음의 신 프타하 석상에는 햇빛이 전혀 비치지 않는데, 그 정확도에는 사람들이 혀를 내두를 정도다.

대신전 앞에서 위엄이 넘치는 파라오 상을 마주하면 사람들은 저도 모르게 신의 화신인 파라오에게 경배를 드리게 된다. 대신전 정면에 있는 좌상 가운데 왼쪽에서 두 번째 조각상은 머리 부분이 없고 가슴 부분 역시 심하게 훼손되어 있다. 오른쪽 첫 번째 조각상은 수염이 없다. 그렇다 하더라도 파라오 조각상은 여전히 웅장한 모습을 자랑한다. 이밖에도 파라오 상의 다리 부분과 다리 사이에 여자 입상이 있는데, 람세스 2세의 왕후와 딸로 전해진다.

고고학자들은 당시 석공과 조각가들이 수천수만 번의 망치질 끝에 전체 조각상을 완성했고, 그 뒤에 수많은 채색 공인들이 조각상에 다양한 색채를 입힌 것이라고 고증했다. 하지만 오랜 세월이 지나면서 지금은 단조로운 황토색만 남아 있을 뿐이다.

대신전 입구에서 첫 번째 문으로 들어가면 양쪽 석벽에 앞뒤로 무릎을 꿇고 있는 사람들이 새겨져 있다. 남녀노소는 물론 각양각색의 사람들이다. 여기서 신기한 점은 앞뒤 사람들의 몸이 서로 연결되어 있어서, 마치

아름다운 여인이었던 네페르타리는 람세스 2세의 총애를 한몸에 받았다.
그녀는 이집트 역사상 가장 존귀한 여인이었다.

신을 맞이하는 양 갈래 대오처럼 보이는 것이다. 대전은 3층으로 이루어져 있으며, 외청에는 기둥 8개가 평행으로 늘어서 있다. 기둥은 오시리스 신의 모양으로 조각되어 있고, 꼭대기 부분은 이집트 권력의 상징인 독수리의 도안이 그려져 있다. 대신전 내부 벽은 람세스 2세의 군대에 관한 벽화와 고대 이집트 파라오의 궁전 시인이 람세스 2세의 시리아 원정에 관해 쓴 서사시로 이루어져 있다. 상형문자로 쓴 이 위대한 시는 아부심벨뿐만 아니라 카르나크 및 룩소르 신전에도 기록되어 있다. 이 전쟁에서 람세스 2세는 시리아 및 이웃 국가 연맹군과 치열한 전투를 벌여 뛰어난 군사적 능력과 용맹한 정신을 보여주었다.

소신전은 대신전에서 멀지 않은 곳에 있다. 소신전은 대신전에 비해 신비한 색채가 더욱 짙다. 소신전의 정면은 대신전과 다소 다른 모습을 보여준다. 신상 6개에 모두 사다리꼴 니치(장식을 목적으로 두꺼운 벽면을 파서 만든 움푹한 대—옮긴이)가 있다. 소신전은 람세스 2세의 대신전 옆에 지어졌으며 서로 조화를 이루고 있다. 소신전만의 특별한 점은 이 신전의 대전 정면에 여성의 신상이 서 있다는 것인데, 이는 이집트 건축 역사상 전무후무한 일이라고 할 수 있다. 이 여성이 바로 람세스 2세의 아름다운 왕비, 네페르타리이다.

네페르타리에 관한 기록은 많지 않다. 단지 평민 출신으로 파라오의 총애와 신하들의 존경을 한 몸에 받았다는 내용만 있을 뿐이다. '네페르타리'는 '가장 아름다운 여인'이라는 뜻으로 수많은 초상화가 그녀의 매력을 증명하고 있다.

람세스 2세는 왕위에 즉위하기 전에 네페르타리와 결혼했는데, 그 뒤 그녀와 거의 떨어진 적이 없었다. 종교의식이나 국가행사에서나 어디서든 그녀와 함께했다. 회화는 물론이고 다른 유적을 통해서도 그녀와 람세스가 다정하게 기대어 있는 모습을 자주 접할 수 있다. 정치 무대에서도 네페르타리는 편지와 선물 등으로 히타이트 여왕과 좋은 관계를 유지하는 등 중요한 역할을 했다. 그녀와 람세스 2세 사이에는 6명의 자녀가 있었지만 모두 일찍 세상을 떠나 누구도 왕위를 계승하지 못했다.

람세스 2세가 남부 누비아 지역에 대형 신전을 지을 때, 그는 사랑하는 왕비 네페르타리를 위해서도 신전을 짓기로 결정했다. 하지만 신전 준공식을 하기도 전에 네페르타리는 병으로 세상을 떠났고, 람세스 2세는 깊은 상심에 빠졌다. 그 뒤 그는 자신의 석상 옆에 특별히 왕비를 위해 작은 조각상을 세우라고 명했다.

아부심벨 신전은 람세스 2세의 위대한 작품이며 고대 건축물의 보물이자 영원히 전해질 건축의 '서사시'라고 할 수 있다. 하지만 신왕국이 쇠락한 뒤 이 신전 역시 순식간에 과거의 영광으로 사라지고 말았다. 람세스 2세가 세상을 떠나고 몇 세기가 지난 뒤, 신전은 완전히 황폐해졌고 사막의 매서운 모래에 서서히 묻혔다. 그러다가 결국 입구에 있는 거대한 조각상의 머리와 가슴 부분만 남았다가 3,000년이 지난 뒤에야 고고학자들의 손에 발견된 것이다.

람세스 2세는 자신이 남긴 위대한 걸작이 이렇게 운명의 굴곡을 겪을 줄 상상도 못했을 것이다. 아부심벨 신전이 준공된 지 얼마 지나지 않아 갑작스런 지진이 발생해 신전은 큰 피해를 입었다. 수많은 돌기둥과 조각상이 파괴되었고 신전 정면 부분의 상반부 전체도 크게 훼손되었다. 파괴된 곳 가운데 대부분이 곧바로 보수되었지만 당시 건축가들은 조각상을 완벽하게 복원할 능력이 없었기 때문에, 떨어져 나온 조각들을 근처에 그냥 놔둘

1
2
3

1 아내 네페르타리가 일찍 세상을 떠나자 비통에 빠진 람세스 2세는
  그녀를 위해 수많은 조각상을 세웠다.
2 몇 천 년 동안 아부심벨 신전은 사막의 모래에 묻혀 있었다.
3 세계적인 보호 활동이 아니었으면 이 고대 유적은 영원히 나일 강에 수몰될 뻔했다.

수밖에 없었다. 그 뒤 아부심벨 신전은 그 상태 그대로 3,000년 동안이나 모래에 묻혀 있었다. 하지만 더 큰 불행이 기다리고 있었다. 신전이 빛을 본 지 몇 십 년도 안 돼 나일 강에 수몰될 위기에 처한 것이다.

1960년, 이집트는 아스완에 대형 댐을 건설할 계획을 세웠다. 이 댐이 건설되고 나면 약 500킬로미터에 이르는 인공호수가 조성되는데, 이는 주변의 불모지를 비옥한 땅으로 변모시킬 수 있었고, 이집트 경제발전에도 매우 중요했다. 하지만 댐을 건설하면 아스완 지역의 많은 유적들이 영원히 물속에 잠길 수밖에 없었고, 그중에서 가장 큰 타격을 입게 될 유적이 바로 아부심벨 신전이었다.

당시 이집트 정부의 능력에 한계가 있어서 세계 각국에서 국제 문화 살리기 운동이 일어났다. 댐의 수위가 상승하기 전에 아부심벨 신전 등 고대 유적을 보호하기 위해 유네스코가 나섰다. 또한 세계 113개국이 지원의 손길을 뻗어 이집트에 인적·물적 자원과 기술을 제공했다. 여러 전문가들 가운데 한 스웨덴 전문가가 아부심벨 신전을 여러 부분으로 나눈 뒤 원래 있는 곳에서 180미터 떨어진 곳으로 옮기자고 제안했다. 이 지역은 원래 지역보다 65미터 정도 더 높았다. 전체 프로젝트를 진행하는 데 수십 년이 걸렸고 2,000여 명이 넘는 기술자, 수천 톤이 넘는 자재 등 고고학 역사상 전례 없는 자원과 기술이 동원되었다. 총 3,600만 달러가 투입된 이 프로젝트는 1968년 9월에 완료되었다. 이 '문화재 이전 프로젝트'를 기념하는 의미에서 새로 조성한 유적지에는 코란과 이집트 신문 두 장, 이집트 동전, 그리고 프로젝트 문서가 묻혔다.

대신전을 분해할 때는 복원한 뒤 최소한의 틈만 생기도록 최대한 큰 조각으로 분해했다. 이때 분리한 조각 하나의 무게는 대략 20∼30톤 정도 나갔다. 대신전은 전체 807개 조각으로, 소신전은 235개 조각으로 나뉘어졌다. 번호가 매겨진 조각들은 기중기로 조심스럽게 운반되어 저장 장소에 보관되었다가, 새 유적지로 옮겨질 때 순서에 따라 원형 그대로 복원되었다. 신전 설치 작업을 할 때, 정면의 틈은 모두 돌과 같은 색의 회반죽으로 메워져 분해되었던 흔적이 거의 남지 않았다. 하지만 신전 내부의 장식된 부분에는 일부러 틈을 선명하게 남겨 관광객이나 후손들에게 신전이 이전되었다는 것을 알려준다.

복원된 신전은 별자리와 아스완하이댐이 건설된 뒤에 나일 강의 흐름이 바뀔 것을 고려해 원래의 방위에 맞게 이전했기 때문에, 원래 신전의 방위와 달라진 것이 없다. 그리고 새 유적지의 지세가 원래 장소와 달라, 기술자들이 인공적으로 이전 지역과 비슷하게 산을 다듬었다. 고고학자들과 기술자들은 각각 다른 나라 출신이라 말은 제대로 통하지 않았지만 목표는 동일했다. 바로 이 신비한 고대 유적을 원형 그대로 살리는 것이었다. 그렇게 노력을 쏟아부었지만, 현대인들은 신전을 옮기면서 신비함까지 함께 옮기지는 못했다. 결국 신전 안으로 햇빛이 비치는 날이 하루 뒤로 미뤄진 것이다.

현재 매년 2월 22일과 10월 22일이 되면 아부심벨 신전에서 경축행사를 거행한다. 사람들은 먼저 신전에 모여 햇빛이 신전 안의 세 조각상을 비추는 것을 본 뒤, 신전 밖에서 진행되는 경축행사에 참여할 수 있다.

아부심벨 신전을 살리자는 공감대가 형성되면서 1960년부터 1980년까지 전문가들은 40여 차례에 걸쳐 고대 유적 살리기 운동을 대규모로 펼쳤다. 24개국의 고고학자들로 구성된 고고시찰단이 수몰될 위기에 처한 지역을 답사했다. 이때 22개의 신전이 아부심벨 신전처럼 여러 조각으로 분리되어 안전한 지역에 원형 그대로 복원되었다. 1979년, 아스완 지역의 고대 유적들은 세계문화유산에 등재되었다.

## 필 라 이   신 전

아스완 지역에는 아부심벨 신전 외에 필라이 신전도 유명세를 떨치고 있다. 필라이 신전이 유명한 이유는, 그것이 신왕국 시대의 산물이라서가 아니라 현존하는 프톨레마이오스 왕조의 신전 가운데 가장 뛰어난 신전으로 손꼽히기 때문이다.

'파라오 보좌의 명주'라고 불리는 필라이 신전은 고대 이집트 신화에서 출산과 번영을 관장하는 이시스 여신을 위해 지어졌다. 이시스는 고대 이집트의 가장 유명한 여신으로 고대 이집트인들의 숭배를 받아왔다. 고대 이집트에서는 일생에 최소한 한 번은 성지에 가서 여신에게 기원해야 하는 전통이 있었다. 신화에서 이시스의 남편인 오시리스는 그의 재능을 시기한 동생 세트에게 죽임을 당했다. 이때 오시리스의 시신은 14조각으로 찢겨 세계 각지로 흩어졌다고 한다. 이시스 여신이 천신만고 끝에 그의 조각난 시신을 모두 찾아 묻어주었다. 오시리스의 아들 호루스가 장성하여 아버지를 죽인 숙부 세트를 죽이고 이집트의 새 왕이 되었다. 그 뒤 사람들은 충성스럽고 용감했던 이시스 여신을 기리기 위해 오시리스를 묻었던 필라

---

**프톨레마이오스 2세**   기원전 308년에 태어나 기원전 285년부터 기원전 246년까지 이집트를 통치한 이집트 프톨레마이오스 왕조의 2대 파라오다. 프톨레마이오스 2세는 종교와 그리스 통치자를 이집트식으로 변화시켜 프톨레마이오스 왕조의 통치를 공고하게 다졌다. 파이윰의 오아시스에 대규모 수리 프로젝트를 진행해 파이윰 주를 구축했다.

이 섬에 신전을 지었다.

　필라이 신전은 프톨레마이오스 2세가 지었다. 신전 입구는 제1, 제2 계단형 탑문으로 이루어져 있고 주랑柱廊과 주신전이 광장을 형성하고 있다. 벽돌 벽에는 종교와 신화 이야기를 담은 비대칭 저부조가 가득하다. 두 사자 좌상이 자리 잡고 있는 주문을 지나 중간 정원으로 들어가면 눈앞에 계단형 부조 탑문이 나타난다. 대형 부조상에는 고대 이집트 상형문자가 빽빽이 채워져 있다. 대전의 기둥식 형식은 통일감을 형성하고 있고 기둥 전체가 여신상으로 조각되어 있다. 모든 기둥의 도안이 각각 다른 것으로 보아 아마도 기둥에 따라 장인들이 제각각 솜씨를 뽐낸 듯하다. 기둥 윗면의 색깔은 짙고 아랫부분은 상대적으로 옅은데, 이전에 물에 잠겼던 흔적으로 보인다. 신전 주건물 외에 로마식 장방형 건축물이 더 있는데 이것은 잘 보존되어 있다. 14개의 돌기둥과 문으로 구성되어 있는 이 건축물은 필라이 섬의 트라야누스의 정자로 '파라오의 요람'이라고도 불린다. 1~2세기경에 지어진 이 정자는, 로마 황제 트라야누스가 여신에게 제사드릴 때 쉬던 곳이다.

　원래 필라이 섬에 있었던 이 신전은 1902년에 영국인이 아스완 댐을 건축할 당시 필라이 섬이 물에 잠겨 신전 탑문과 돌기둥만 수면 위로 드러나 있었다. 1960년대에 필라이 섬 남쪽에 높은 댐을 세운 뒤에는 신전 대부분이 물에 잠겼다. 그 뒤 이 귀중한 유적지가 더 이상 파괴되지 않도록 보호하기 위해 1972년부터 이집트 정부가 신전 사방에 둑을 건설하기 시작했다. 이집트 정부는 둑 안의 물을 다 뽑아낸 뒤, 신전을 4만 5,000개의 돌조각으로 나누어 100여 개의 기둥과 함께 1979년 8월 필라이 섬에서 1킬로미터 정도 떨어진 아길리카 섬으로 옮겨 원형 그대로 복원했다.

1 2

1 아스완 지역에 있는 필라이 신전. 프톨레마이오스 2세가 지은 이 신전은
'파라오 보좌의 명주'라고도 불린다.
2 필라이 신전의 건설 연대는 신왕국 시대보다 훨씬 뒤처지지만,
아부심벨 신전의 모습과 매우 흡사하다.

당시 유네스코가 필라이 신전을 옮기는 대대적인 작업에 전 세계의 지혜와 기술이 모두 결집되었다고 해도 과언이 아니었다. 하지만 안타깝게도 아스완 댐으로 형성된 호수에는 여전히 많은 신전과 궁전 유적지가 잠겨있다. 식량 생산량은 늘었지만 댐 때문에 파괴된 고대 문명의 가치는 돈으로 따질 수가 없다. 한 프랑스 작가가 애통한 마음에 이런 말을 남겼다. "필라이가 물에 잠긴 덕분에 주위 토지 작물의 연간 생산량이 7,500만 킬로그램 증가했다. 영국 사람이 이 때문에 고무되어 내년에 나일 강의 댐 높이를 6미터나 더 높이겠다고 한다. 이렇게 가다가는 필라이 신전은 완전히 물에 잠기고 누비아의 많은 고대 신전들 역시 물속에 잠길 것이다. 전 국민이 이 때문에 마음을 졸이든 말든 면화의 생산량은 크게 증가하겠구나!"

아스완하이댐

나일 강은 고대 이집트 문명의 발전에 크나큰 공헌을 했다. 수천 년 동안 나일 강 양쪽 강변과 나일 강 삼각주 범람 지역에 경작지가 형성되었다. 하지만 인구가 급속하게 증가하면서 나일 강이 빚어낸 '자연의 순리에 따른 범람'으로는 더 이상 수요를 만족시키지 못했다. 과학 기술이 발전함에 따라 인류는 나일 강을 인위적으로 개조하겠다는 야심을 품었다.

  20세기 초, 한 전문가가 나일 강 상류에 댐을 건조하면 하수 유량을 조절할 수 있고, 그렇게 되면 관개 면적이 넓어진다는 희망찬 의견을 제시했다. 1950년대 이집트 정부는 야심찬 경제 발전 계획을 세웠지만 이용할 수 있는 자연 자원이 한정되어 있어 어려움을 겪고 있었다. 그래서 나일 강에 아스완하이댐을 건조해 경제 발전을 이끌 수 있는 새로운 자원을 얻고자 했다.

  당시 이집트 정부와 수리 전문가들은 아스완하이댐 건조로 일거양득 이상의 효과를 얻을 수 있으리라 기대했다. 첫째, 아스완하이댐은 하수 범람을 통제할 뿐만 아니라 하수를 저장하는 역할까지 담당해, 갈수기에 관개나 다른 용도로도 사용할 수 있게 된다. 댐을 건조하면 관개할 수 있는 경작지 면적이 확대되어 빠른 인구 증가 속도를 따라잡을 수 있다. 둘째, 아스완하이댐을 통해 막대한 발전 능력을 갖춤으로써, 산업화에 필요한 풍부하고 저렴한 에너지를 얻을 수 있다. 셋째, 아스완하이댐으로 형성된 거대한 호수와 하류의 수위를 조절할 수 있게 되면서 담수 양식과 내륙수운을 발전시킬 수 있다.

이집트 정부는 구소련의 자금과 기술을 지원받아, 1959년 아스완하이댐을 설계했다. 그리고 나서 다음해인 1960년에 댐을 착공하여, 5년 뒤 중간 부분을 이은 다음 1971년 7월에 완공했다. 이 댐을 건설하는 데 총 10억 달러가 투자되었고, 사용된 건자재 양만 해도 기자에 있는 대피라미드의 17배에 이르렀다. 당시 사다트 대통령이 '파라오 시대의 피라미드와 어깨를 나란히 할 정도로 뛰어난 이집트의 세기의 프로젝트'라고 할 만큼 대역사였다.

이 아스완하이댐은 세계에서 가장 큰 댐으로 높이 112미터, 길이 5킬로미터에 이른다. 댐이 나일 강의 허리 부분을 절단함에 따라 상류 부분에 길이 650킬로미터, 넓이 25킬로미터에 이르는 거대한 호수 나세르 호가 만들어졌다. 그 뒤 1970년에는 댐 내부에 설치된 수력발전설비 12기가 모두 가동되었다.

아스완하이댐 저수지의 거대한 하수 저장 용량 덕분에 하류의 유량을 조절하고 홍수 범람을 방지할 수 있었다. 또한 축적된 수량을 이용해 관개 면적을 확대했다. 이 덕분에 약 1만 제곱킬로미터에 이르는 사막이 경작지로 개간되었다. 뿐만 아니라 아스완하이댐 발전소도 매년 80억 킬로와트의 전력을 생산해냄으로써 이집트의 에너지 부족 문제를 해결했다. 이때까지만 해도 이집트 정부가 애초에 기대했던 아스완하이댐의 목표를 하나씩 달성해가는 듯 보였다.

하지만 당시 사람들은 댐 건설로 만들어진 호수에서 발생할 수 있는 문제에 대해서는 간과한 채, 댐에서 얻을 수 있는 이익에만 몰두했다. 댐으로 형성된 거대한 나세르 호에 유사(바람이나 흐르는 물에 의하여 흘러내리는 모래—옮긴이)가 자연적으로 쌓이면서, 호수의 물 저장량은 점차 줄어들었다.

댐 프로젝트 설계자는 저수지에 유사가 쌓이는 속도와 정도를 제대로 예측하지 못했다. 아스완하이댐 수리 프로젝트 설계에 따르면 댐의 최저 수위 저수량은 총저수량의 26퍼센트다. 매년 나일 강은 상류에서 약 6,000~1만 8,000톤에 이르는 유사를 몰고 온다. 설계자는 나일 강의 모래 함유량을 계산한 다음 500년 뒤에야 최저 수위 저수량까지 유사가 쌓인다고 결론을 내림으로써, 유사 문제가 댐에 그리 큰 영향을 주지 않을 것이라고 오판했다.

하지만 실제 상황은 완전히 달랐다. 유사는 결코 호수에 고르게 쌓이지 않았고 저수지 상류 지역, 물의 흐름이 느린 곳에 빠르게 쌓여갔다. 그 결과 저수지 상류에 쌓인 대량의 유사 때문에 저수지 입구에 삼각주가 형성되었다. 이렇게 댐이 건설되고 얼마 지나지 않아 저수지는 제 기능을 발휘하지 못하게 되었고 전체 수리 프로젝트의 효율이 크게 떨어졌다. 이밖에도 저수지 규모가 거대한 만큼 증발량도 막대했다. 매년 전체 저수량의 11퍼센트가 증발하여 손실을 입었고, 이로 인해 댐에서 얻을 거라고 기대했던 효과가 크게 떨어졌다.

더욱 심각한 것은 이집트 정부와 프로젝트 설계자가 이렇게 거대한 댐을 건설하면서 댐이 생태 환경에 미칠 영향을 간과했다는 것이다. 그들은 제

1
2
3

1 공중에서 바라본 거대한 아스완하이댐의 모습이다.
  인류 역사의 위대한 프로젝트 가운데 하나임에는 틀림없다.
2 이집트 공화국 나세르 대통령이다. 그는 '파라오 시대의 피라미드와 어깨를 나란히 할 정도로
  뛰어난 이집트의 세기의 프로젝트'라 말하며 아스완하이댐 건설에 앞장섰다.
3 아스완하이댐 건설을 기념하는 기념비다.
  하지만 수십 년이 지나자 사람들은 댐으로 인한 부작용에 대해 반성하기 시작했다.

대로 된 환경 평가를 실시하지 않았고 생태 환경이 파괴된 뒤의 대책도 아예 고려하지 않았다. 댐이 건설된 뒤 20년 동안 문제점이 하나씩 등장하기 시작했다. 시간이 흐르자 댐으로 인한 생태 환경 파괴가 더욱 심각해졌다. 이 예상치 못한 부작용으로 강 유역의 생태 환경뿐만 아니라 이집트 전체 경제도 심각한 영향을 받았다. 일부 학자들이 이에 대해 다음과 같이 정리했다.

① 댐은 강 유역 경작지의 토질 비옥도를 떨어뜨리고 있다. 아스완하이댐이 건설되기 전 나일 강 하류 지역의 농업은 강의 계절적인 변화에 의지하고 있었다. 매년 우기 때마다 범람하는 강물이 경작지 위로 비옥한 유사를 흘려보내 토양이 주기적으로 수분과 영양분을 보충했다. 그런데 댐이 건설된 뒤에는 안정적인 물의 공급으로 가뭄의 공포에서 벗어나긴 했지만, 유사가 흘러들어가는 것을 완벽하게 차단해 하류 지역의 토지에 더 이상 영양분을 보충해 주지 못했다. 그 뒤 나일 강변의 토지는 점차 알칼리성 토지로 변해 갔다. 강이 더 이상 범람하지 않아 우기 때 강물과 함께 흘러들어왔던 토양의 염분을 얻지 못했기 때문이다. 더군다나 토지에 계속해서 물을 대면서 지하수의 수위가 높아져 깊은 층의 토양 속 염분을 지표로 가져왔다. 여기에 관개수의 염분과 각종 화학 산류물의 함유량도 높아져 알칼리성 토지로 변한 것이다.

② 호수 주변 지역과 호수 하류의 수질이 악화되어 강을 수원으로 삼아 생활하는 주민들의 건강에 악영향을 미쳤다. 아스완하이댐이 완공된 뒤 호수의 수질이 정상 기준치를 한참 밑돌았다. 댐 내의 강물이 대량으로 증발하는 것이 수질 변화의 주요 원인이었다. 또 다른 원인은 토지의 비옥도가 떨어지면서 농민들이 울며 겨자 먹기로 대량의 화학비료를 사용했기 때문이었다. 그러자

화학비료의 잔류 성분이 관개수를 따라 나일 강으로 흘러들면서 강물 속에 질소와 인 성분이 증가했다. 그래서 나일 강에 부영양화 현상이 나타났고 강 하류의 식물성 부유생물 평균밀도가 높아졌다. 이밖에 토양의 알칼리화 현상으로 토양 내의 염분과 화학 잔류 성분이 크게 증가해 지하수까지 오염되어 나일 강의 염분 함유량을 더욱 증가시켰다. 이런 변화는 강에 사는 생물들의 생존과 강 유역의 경작지 및 관개에 큰 영향을 미쳤고, 나일 강 하류의 주민들도 나일 강을 더 이상 생활용수로 사용할 수 없게 되었다.

③ 강의 성질이 바뀌면서 수생식물 및 조류식물이 도처에서 자라났다. 이는 대량의 강물 증발을 초래했고 물길을 막았다. 강물의 유량이 바뀜에 따라 수질도 바뀌어 수생식물이 대량 번식했다. 이 수생식물은 관개 수로 주변에 널리 퍼져 자라면서 주요 물길을 막아 논밭으로 물을 흘려보내는 관개 흐름을 방해했다. 이에 따라 기계나 화학적인 방법을 동원해 이들 식물을 제거해야 했다. 이렇게 관개 시스템을 별도로 관리하기 위해 추가 비용이 발생했다. 또한 수생식물은 대량의 수분을 증발시켰다. 이집트 관개부 통계에 따르면 매년 수생 잡초 식물로 인해 증발되는 비율이 관개용수의 40퍼센트에 이르는 것으로 나타났다.

④ 나일 강 하류의 강바닥이 심각하게 침식되어 바다와 맞닿는 곳의 해안선이 안쪽으로 이동했다. 댐을 건조한 뒤, 나일 강 하류의 모래 함유량이 급감해 수중 부유물 수가 줄어들어 혼탁도도 함께 하락했다. 수중 모래량 감소로 나일 강 하류의 바닥이 침식됐다. 댐 건조 후 12년 동안 아스완에서 카이로까지 매년 2밀리미터씩 강바닥이 침식됐다. 아마 1세기 정도 지나야 새롭게 형성된 수로가 안정을 찾을 것으로 보인다. 강 하류 수중 모래의 양이 감소한 데다 지중해 환류까지 하구에 쌓인 모래를 쓸어가면서 나일 강 삼각주의 해안

선은 육지 쪽으로 끊임없이 후퇴했다. 한 이집트 군인은 그가 예전에 지켰던 등대는 이미 바닷속에 빠졌으며, 예전의 해안선은 지금보다 1~2킬로미터 앞에 있었다고 주장했다.

더욱 심각한 것은 댐이 생태 환경뿐만 아니라 인류 경제 발전에까지 심각한 영향을 주고 있다는 것이다. 아스완하이댐이 건조된 뒤, 나일 강변의 토지 비옥도가 하락하면서 농민들은 대량의 화학비료를 사용했고 이 때문에 농업 비용은 증가한 반면 수익은 크게 하락했다. 1982년, 한 토양학자는 토양 비옥도 하락과 대량의 화학비료 및 농약 사용으로 농업 순소득이 10퍼센트 줄었다고 추산했다. 반면 수리 관개 조건은 개선되어 1년 1모작에서 1년 2모작으로 발전했고 토지 단위 면적당 연간 생산량도 증가했다. 하지만 투자비용이 빠르게 증가하면서 농민들의 순소득은 오히려 줄어들었다.

아스완하이댐이 수천 년 동안 이어온 나일 강의 범람은 통제했을지 몰라도, 연안 지역과 삼각지에는 더 이상 비옥한 유사의 영양분이 공급되지 못했다. 이 때문에 농민들이 어쩔 수 없이 선택한 비싼 화학비료는 환경 문제를 야기했다. 이밖에도 주혈흡충병을 감염시키는 물뱀이 과거에는 여름마다 죽었는데, 지금은 물뱀이 죽기는커녕 더욱 번식하면서 주혈흡충병의 발병률이 증가했다. 상황이 어떻게 변해가든, 옳고 그르든, 시간과 현실이 가장 좋은 답을 내놓을 것이다.

아스완하이댐은 고대 이집트가 남긴 수많은 유적에도 재난이나 다름없었다. 1956년, 이집트 정부가 아스완에 새로운 댐을 건설하고자 결정하면서, 나일 강 옆의 누비아 지역에 있는 모든 고대 유적과 문화재는 수몰될 위기에 처했다. 이에 따라 유네스코가 1960년 세계적인 구제 운동을 일으켰고 곧 모든 회원국들이 신속하게 행동을 취했다. 댐이 완공되기 전 8년 동안, 전 세계 40개의 고고학단체가 고대건축물 20여 개를 구했다. 이는 나일 강 유역의 최대 고고학적 성과라고 할 수 있다. 하지만 이 구제 운동이 아무리 좋은 취지로 이루어졌다고 해도, 유적을 옮기는 도중에 고대 유적이 지니고 있던 원래 매력은 크게 손상되었다.

이런 와중에 사람들이 여러 가지 가슴 아픈 교훈을 얻으면서 과거의 행동을 반성하기 시작했다는 것은 주목할 만하다. 최근 몇 년간 이집트 정부는 아스완하이댐의 악영향을 최소한으로 낮추기 위해 적극적으로 조치를 취해 왔다. 이를 위해 특별히 '아스완하이댐 부작용 연구소'를 설립했다. 이밖에도 수자원부, 환경사무부, 내정부로 구성된 장관위원회를 발족했다. 위원회는 5년 동안 22억 달러를 투입해 나일 강의 수질관리 시스템을 개선함으로써 나일 강의 주요 수로 환경을 보호할 계획이다.

전문가들은 전통적인 의미에서의 수리 사업은 이집트의 경제 사회 발전에 더 이상 맞지 않으며 오직 인류가 살기 적합한 전원田園을 만들고 인구가 과도하게 밀집되어 있는 현상을 개선해야만 아스완하이댐으로 인한 생태 환경 부담을 줄일 수 있다고 이구동성으로 외쳤다. 수자원을 이용하고 개발할 때 '나일 강의 계곡과 삼각주를 그대로 고수해야 한다'는 생각을 버리고 나일 강 양쪽의 동서 지역으로 시선을 돌려 '사막으로 나아가야 한다'는 것이다.

현재 이집트 정부는 이미 물을 끌어대고 물의 양을 조절하는 대형 프로젝트 '평화 수로 프로젝트'와 '신 계곡 프로젝트'에 착수했다. '평화 수로 프로젝트'는 1979년에 착수했으며, 서쪽 나일 강 삼각주의 다미에타 강에서 동쪽으로 수에즈 운하를 지난다. 나일 강에서 시나이 반도의 인적이 드문 사막 지역으로 물을 끌어와 새로운 터전을 만들겠다는 계획이다. '신 계곡 프로젝트'도 이미 착수했다. 정부는 20년 동안 850킬로미터에 이르는 수로를 파 나일 강에서 남서부 사막 중심지로 물을 끌어올 계획이다.

# 2장 | 황금시대 룩소르

나일 강 남쪽에 크게 휘어진 지점에 룩소르가 있다. 고대 이집트에서는 테베라고 불리며 멤피스에 이어 수도가 된 도시다. 바로 이곳에서 신왕국 시대의 이집트 역사가 시작된다. 태양이 떠오르는 동쪽에는 '살아 있는 자의 도시'로 카르나크 신전, 룩소르 신전 등이 세워졌고, 태양이 저무는 서쪽에는 '죽은 자의 도시'로, 파라오들의 사후 안식처로 왕들의 계곡 하트셉수트 신전, 멤논의 거상 등이 지어졌다. 하지만 신왕국이 쇠락한 뒤 이곳은 모래 속에 파묻혔다. 무수한 세월이 흘러 100여 년 전에야 고고학자에게 발견되어 세상의 빛을 보게 되었다. 룩소르는 후세 사람들에게 신왕국의 가장 영광스러웠던 과거의 모습을 증명하고 있다.

인류에게 남겨진 주옥 같은 건축물인 룩소르 신전의 야경이다.

복잡한 마음을 안고 아스완 지역을 떠난 지 얼마 지나지 않아 우리는 나일 강에서 깜짝 놀랄 만한 일을 만나게 된다. 이집트 최남단에 있는 오래된 신전과 거대한 조각상은 시작에 불과했다. 나일 강 중류에 진입하면 곧 고대의 신비한 곳으로 들어서게 된다. 조용한 나일 강 수면에서 멀리 앞을 바라보면 위용을 자랑하는 거대한 돌기둥이 하늘을 찌를 듯 구름을 뚫고 강변을 따라 죽 늘어서 있다. 바로 이곳이 당시 이집트의 수도로 지금은 룩소르로 불린다. 룩소르에는 거대한 고대 신전들이 그대로 보존되어 있어 매년 수많은 관광객이 방문한다. 걸음을 멈추고 신전들을 바라보노라면 저절로 나일 강의 위대함과 신비로움에 감탄하게 된다.

**수백 개의 문을 가진 도시 테베**

### 신왕국의 탄생

4,000년 전 고대 이집트의 제6왕조 말기는 피라미드를 쌓느라 국력이 크게 기울고 국민들의 원성이 자자했으며 파라오의 통치력도 약해졌다. 이와 함께 지방 귀족들의 세력이 커졌고 이중 일부가 왕을 자칭하면서 통일국가였던 이집트가 사분오열되었다. 이로써 이집트는 제1중간기에 들어섰다. 이 시기에 이집트에는 제7~10왕조(약 기원전 2181~기원전 2040년)에 이르는 4개 왕조가 등장했다. 역사 기록에 따르면 제6왕조부터 제9왕조까지 60년이 안 되는 기간 동안 30명이 넘는 파라오가 등장했다.

다행히 4개 왕조의 분열을 겪은 후, 새로운 왕조인 제11왕조가 나일 상중류 테베에서 세력을 키워서 빠르게 전국을 통일시켰다. 이때부터 이집트 역사는 중왕국 시대(약 기원전 2040~기원전 1786년)에 들어섰다. 중왕국 시대는 제11~12왕조를 거치게 된다.

제11왕조가 세력을 키우면서 테베는 제국의 수도이자 정치 중심지로 부

테베의 황금기를 연 멘투호테프 2세다.
그는 북방 왕조를 물리치고 이집트를 통일해 제1왕조의 메스,
제18왕조의 아모세와 함께 제국을 세운 파라오로 추앙된다.

상했다. 제11왕조는 북쪽의 지방 세력을 무력화시키기 위해 정복 전쟁을 일으켰다. 중기에 이르러 멘투호테프 2세가 마침내 북방 왕조를 물리치고 완벽하게 이집트를 재통일시켰다. 이 덕분에 멘투호테프 2세는 제1왕조를 세운 메네스, 제18왕조를 세운 아모세와 함께 제국을 세운 파라오로 추앙받고 있다.

이집트를 통일한 멘투호테프 2세는 중앙과 지방 정권에 대한 통제력을 강화하고자 노력했다. 테베 출신 인사를 연이어 와지르(재상)로 임명했고 새로 설립한 하이집트 지방의 장관에 왕족을 임명했다. 또한 테베를 제외하고 서로 반목도 결탁도 할 수 없는 독립적인 노모스(주에 해당—옮긴이)가 있었는데, 멘투호테프 2세가 임명하는 왕족이 노모스를 다스렸다. 비록 테베를 중심으로 이집트를 통일했지만 왕권은 오랫동안 회복되지 못했고 귀족들은 여전히 막강한 세력을 유지했다. 게다가 고왕국 시대에는 파라오가 신과 같은 존재로 여겨졌지만, 중왕국 초기에 이르러 이런 신격화는 모두 사라졌다.

제12왕조를 세운 아메넴헤트 1세는 지방 귀족 세력을 엄격히 통제하는 한편 각 노모스 간에 벌어지던 전쟁을 막고 새로운 경계를 확정지었다. 그는 각지를 돌며 질서를 정비하고 세수 정책을 실시해 국고를 든든하게 채웠다. 이로써 경제적으로 심각한 타격을 입은 귀족들이 이후 다시는 왕권에 도전할 수 없었고 과거와 마찬가지로 군주제가 강화되었다. 왕권이 강화되면서 국력 역시 강해졌다. 제12왕조 때부터 이집트는 대외 전쟁을 벌였는데, 주로 남쪽의 누비아 지역과 남아시아 지역으로 원정을 나갔다. 제12왕조의 첫 번째 파라오인 아메넴헤트 1세는 아들인 세누스레트 1세에게 "나는 와와트(누비아 지역—옮긴이)를 점령하고 그곳 백성을 포로로 잡았다."는 말을 남기기도 했다.

어렵게 안정을 찾은 제12왕조는 서서히 번영의 길을 걷기 시작했다. 특히 수리 관개 시스템을 다시 정비하자 나일 강과 밀접한 관련이 있는 농업이 크게 발전했다. 이밖에도 수공업, 도시 건설이나 상업, 무역 등 모든 분야가 눈부시게 성장했다. 이집트 남부 누비아 지역에는 제2폭포 부근에 요새뿐만 아니라 운하를 건설했다.

하지만 안타깝게도 중왕국 시대의 번영과 안정은 덧없이 사라졌다. 제12왕조 후기에 이르러 다시 강성해진 귀족 계급이 국민들을 경제적으로 억압했고 대다수 국민들은 비참한 삶을 이어가며 지배자들에 대해 분노를 키웠다. 노동 계급과 통치 계급이 첨예하게 대립하는 한편, 통치 계급 내부에서도 왕족과 지방 귀족 사이에 갈등이 격화되었다. 이 모든 갈등이 결국 중왕국의 쇠락을 초래했다. 제13왕조에 이르자 이집트는 다시 분열되었고 이로써 제2중간기가 시작되었다.

제2중간기는 오랫동안 혼란을 겪은 시기로 제13~17왕조까지(약 기원전 1786~기원전 1567년)를 포함한다. 제13왕조는 남쪽 지역에서, 제14왕조는 나일 강 삼각주의 북서부 지역에서 기반을 마련했다. 그리고 제15~16왕조는 외부 세력인 힉소스인들이 세웠고, 제17왕조는 다시 테베에 자리 잡았다.

중왕국이 분열된 후 이집트인이 자신들만의 왕조를 건립할 때쯤, 시리아와 팔레스타인 지역의 민족이 기회를 타고 시나이 반도를 넘어 수목이 울창한 나일 강 삼각주 지역에 자리를 잡고 세력을 키우기 시작했다. 마침내 이들은 제15~16왕조를 세우고 이집트 절반을 통치했다.

일부 역사 자료에 따르면 힉소스인들의 수도는 나일 강 삼각주 지역의 아바리스이며, 이집트의 제도를 답습하거나 차용했다고 한다. 힉소스인들

힉소스인은 기원전 17세기에 세력을 키우고, 하이집트와 중이집트를 100여 년간 다스렸다. 그들은 이집트에 활과 말이 끄는 전차 등 새로운 신무기를 들여왔다.

의 지도자는 원래 '양치기 왕'이라고 불렸지만 이집트에 정권을 세운 후에는 파라오, '라의 아들'로 불렸다. 힉소스인들은 처음에 제13~14왕조와 대립했으며 남쪽의 제13왕조, 제17왕조와 군신 관계를 맺어 조공을 받았을 가능성이 있다. 또한 힉소스인들은 이집트를 점령한 후 도시와 신전을 파괴하고 현지 백성들을 살육하고 부녀자를 노예로 삼았으며 상이집트와 하이집트를 정복해 각지에 군대를 주둔시켰다. 힉소스인이 잔인한 폭정을 펼치자 이에 이집트인들이 강력하게 반발했다. 힉소스 국왕 아포피가 어느 날 테베로 신하를 보냈다. 이때 테베에는 제17왕조가 들어서 있었는데, 아포피는 이 국왕에게 테베 성 교외 지역의 못에 사는 하마를 죽이라는 명을 내렸다. 하마 울음소리 때문에 자신이 숙면을 취할 수 없다는 이유 때문이었다. 제17왕조 국왕은 한마디 불평 없이 아포피의 명령에 따랐는데, 이

**힉소스인**     힉소스인은 고대 아시아 서부의 혼합 민족이다. 기원전 17세기에 이집트 동부에서 제15~16왕조(기원전 1674년~기원전 1584년)를 건립했다. 이들은 허약했던 이집트의 제13왕조를 전복하고 중이집트와 하이집트를 100여 년 동안 통치했다. 이민족의 통치를 받았던, 이집트 역사상 가장 약하고 혼란스러웠던 이 시기를 제2중간기라고 부른다.

는 힉소스와의 군신 관계를 맺었다는 사실을 의미한다.

하지만 이집트인이 테베에 세운 왕조는 힉소스인에 대한 저항을 멈추지 않았다. 기원전 16세기 중엽, 제17왕조 파라오 아모스 1세(재위 약 기원전 1570~기원전 1546년)가 마침내 힉소스인을 모두 몰아내고 이집트를 다시 통일한 후 제18왕조를 세웠다. 이로써 이집트는 역사상 가장 휘황찬란했던 신왕국 시대에 접어들었다.

신왕국 시대는 제18왕조부터 제20왕조까지 포함하며 신제국시대(기원전 1567~기원전 1085년)라고 불린다. 이 시기에 수많은 파라오들이 전례 없이 대규모의 침략 전쟁을 일으켰다. 100여 년 동안 제18왕조 파라오들은 군대를 이끌고 남북으로 전쟁에 나섰다. 나일 강 계곡 및 삼각주 지역의 왕국에 불과하던 이집트를 서아시아 및 북아프리카에 이르는 노예제 제국으로 확대한 것이다. 투트모세 3세 때 이집트의 영토는 북쪽 시리아의 카르케미시, 남쪽 나일 강 제4폭포에 이르렀다. 이집트는 강대한 군사 강국으로 변모했다.

이때 중앙집권제가 강화되어 파라오가 국왕의 정식 칭호가 되었다. 재상은 두 명이 나누어 맡았으며, 파라오를 도와 상이집트와 하이집트를 다스렸다. 제18왕조의 마지막 파라오 호렘헤브가 죽은 후 람세스 1세가 즉위하면서 제19왕조 시대가 열렸다. 제19왕조의 파라오 세티 1세와 람세스 2세는 이집트의 패권을 지키기 위해 히타이트와 자주 충돌했고 16년간 전쟁을 벌였다. 결국 람세스 2세와 히타이트 국왕 하투실리스와 평화조역을 맺으면서 길고 긴 전쟁을 끝냈다. 제19왕조 말기에서 제20왕조까지 이집트 국내 정세는 불안한 상황에 처했다. 또한 세력이 강해지고 있던 제사장들도 일부 왕권을 찬탈해 신왕국의 붕괴를 초래했다.

신왕국 시대에 사회, 경제, 문화는 크게 발전했다. 건축업은 당시 가장 중요한 산업 중 하나로 역사적으로 걸출한 성과를 거두었다. 명성이 자자한 카르나크와 룩소르 양대 신전의 주요 부분은 모두 신왕국 시대에 건축된 것이다. 신왕국의 강성함은 수도 테베에서 집중적으로 드러났다.

## 수 백 개 의 문 이 있 는 도 시

고대 그리스의 유명한 시인 호메로스가 지은 불후의 명작 「일리아드」에는 이런 문구가 있다.

"테베, 이곳의 사람들은 호화로운 집에서 살고 수없이 많은 진귀한 보물을 가지고 있다. 테베는 수많은 문이 있는 도시이며 문 앞에는 마차길이 깔려 있다. 100명의 기마 무사들이 매일 성을 돌며 순찰하고……."

이는 이집트 중왕국 시대과 신왕국 시대의 수도 테베를 묘사하는 글이다. 테베는 신비한 색채가 넘치는 고대 도시이며, 테베의 흥망성쇠는 고대 이집트의 흥망성쇠를 보여주는 축소판이라고 할 수 있다.

이집트 중부 나일 강 강변에 위치한 테베는 이집트 수도 카이로에서 700킬로미터 떨어져 있다. 중왕국 시대과 신왕국 시대의 수도였던 테베는 당시 정치, 경제, 종교의 중심지였다. 나폴레옹이 이집트에 도착한 후 테베의 지명을 물었는데, 이때 이집트어로 '궁전'이라는 말을 '룩소르'라고 잘못 들어 현재 테베의 고대 도시 지역을 룩소르라 부르게 되었다고 전해진다.

호메로스는 테베를 '수백 개의 문이 있는 도시'라고 묘사했다. 테베의

1
2

1 나일 강변에 있는 테베 유적지다. 몇천 년의 찬란함이 어슴푸레 보인다.
  테베는 신비한 색채가 넘치는 고대 도시로 태양신인 아몬의 도시라고도 불린다.
2 신왕국의 쇠락으로 고대 이집트의 가장 번화한 도시였던 테베도 역사의 무대에서 잊혀져갔다.

원래 이름은 워세였는데, 그리스인들이 테베라고 고쳐 불렀다. 도시의 주신이 아몬이어서 아몬의 도시라고도 불린다. 사적 기록에 따르면 당시 테베의 성문은 100여 개에 달했으며 인구가 밀집되어 살고 있었다. 아몬 신전 주위가 테베의 시내로 파라오의 궁전, 귀족 대신들의 저택, 수많은 상점, 거리 등으로 이루어져 있었다. 테베는 고대 이집트의 가장 번화한 도시였다.

고왕국 시대의 테베는 일반적인 상업 중심지에 불과해서 그 당시 사람들은 시나이 반도와 수로를 통하거나 누비아의 육로를 통해 테베를 통과했다. 하지만 중왕국 시대 이후부터 테베는 교통의 중심지로 점차 각광받기 시작했다. 기원전 2134년, 제11왕조가 테베를 수도를 삼고 난 후 대대적인 토목공사를 진행하고 신전을 세웠다. 이밖에도 테베의 발전은 아몬 신과 밀접한 관련이 있다. 제11왕조의 파라오가 수도를 테베로 정한 뒤 아몬 신은 '왕들의 왕'으로 추대되어 이집트 최고신이 되었다. 이때부터 테베가 이집트 역사에서 중요한 위치를 차지하기 시작했다. 기원전 27년, 대지진으로 파괴되기까지 2,000년 동안 테베는 이집트에서 중요한 역할을 담당해왔다.

신왕국 시대에 테베는 이집트의 진정한 수도가 될 수 없었다. 궁전과 최고행정 관리기관이 멤피스에 집중되어 있었고, 이후에는 나일 강 삼각주의 피람세스로 옮겨졌다. 하지만 제18왕조 파라오 일가가 테베 출신인 데다가 아몬 신의 중요한 위치 덕분에 테베는 국가 행사에서 특수한 역할을 맡았고 종교적인 도시로 발전했다.

테베는 역사적으로 많은 굴곡을 겪은 고대 도시다. 기원전 2000년, 제12왕조의 개창자 아메넴헤트 1세는 수도를 테베에서 멤피스 근처로 옮겼다.

하지만 테베에 아몬 신을 기리는 건축물을 계속 지었다. 훗날 힉소스인이 이집트 대부분을 점령한 뒤에 아바리스를 수도로 정하면서 테베는 1차 쇠락기를 겪었다. 제17왕조 때는 아모세 1세가 테베에서 다시 정권을 잡아 기원전 1580년쯤 아바리스를 정복하고 힉소스인을 이집트에서 몰아냈다. 그 후 고대 이집트의 신왕국 시대를 열었다.

신왕국 시대의 파라오들은 테베를 다시 이집트의 종교, 정치 중심지로 삼았다. 이들은 침략 전쟁을 일으켜 대량의 재물과 전쟁 포로를 확보했고 테베를 당시 세계에서 가장 찬란하고 위대한 도시로 만들었다. 당시 사람들이 여행기에 테베를 보고 감탄하며 적은 느낌과 같았다.

"수백 개의 문이 있는 테베가 제국의 위엄과 문명을 상징할 때에 소아시아, 홍해, 지중해 연안, 누비아, 에티오피아, 리비아 등 아프리카 국가로부터 건너오는 배와 낙타 무리로 연일 열기를 더했다. 하늘에는 별과 달이 떠 있고 모래바람이 불어왔으며 신에게 참배하러 오는 듯, 나일 강변을 따라 사막에서 수많은 상단이 몰려왔다. 이렇게 테베는 이집트의 중심지였고, 동서남북에서 몰려온 상품 교역의 집산지였다. 또한 당시 세계 최대의 목축, 보석, 향신료, 황금, 노예 교역지였다."

파라오들은 테베 동쪽 지역에 아몬 신과 그 자신을 위해 웅장한 위용을 뽐내는 신전과 궁전을 지었다. 특히 람세스 2세 시기에 지은 테베 아몬 신전의 주신전 면적은 5,000제곱미터, 원기둥 수는 134개 달한다. 중간에 가장 높은 대기둥 12개의 높이는 12미터에 달하며 기둥 꼭대기 면적은 100명이 넘는 사람을 수용할 수 있을 정도다. 뿐만 아니라 파라오들은 테베 서쪽 지역에 대규모 왕릉을 조성했고 이중에서도 특히 람세스 2세 왕릉과 투탕카멘 왕릉이 가장 화려하다.

우리는 다음과 같은 장면을 상상할 수 있다. '수천 년 전의 테베, 나일 강이 두 갈래로 흐른다.' 고대 이집트인들은 인간의 생명이 태양처럼 동쪽에서 솟아나고 서쪽으로 진다고 생각했다. 그래서 강의 동쪽에 장엄한 신전과 활력이 넘치는 거주지를 만들고 강의 서쪽에 파라오, 왕후, 귀족들의 무덤을 조성했다. '산 자들의 도시'와 '죽은 자들의 도시'는 강을 두고 마주하고 있으며 세상은 영원히 순환되는 원을 형성한다.

제18왕조 말기, 아멘호테프 4세는 아몬 신전 제사장들이 엄청난 부를 쌓아 자신을 위협할 만한 세력을 키우는 것을 보고 종교개혁을 단행하고 수도를 옮겼다. 이것이 바로 이집트 역사상 유명한 아크나톤 개혁이다. 종교개혁의 영향으로 수도의 지위에서 벗어난 테베는 20여 년간 쇠락의 길을 걸었다.

제21왕조 이후, 테베의 통치 집단 간에 갈등이 격화된 데다 에게 해와 소아시아 일대의 '해상 민족'이 끊임없이 침략해 와서 신왕국의 국력은 점차 하락했다. 테베 역시 쇠락하는 국력과 함께 악운을 겪기 시작했다. 제23왕조 후에 이집트는 다시 분열되었고 장기간의 내전과 이민족의 통치로 테베의 역할과 영향력도 힘을 잃었다. 기원전 663년, 이집트를 침략한 아시리아 군대가 테베를 불태우고 약탈했다. 기원전 4세기, 그리스의 유명한

---

**아크나톤**　　고대 이집트 제18왕조 파라오. 아멘호테프 4세(기원전 1379~기원전 1362년)라고도 한다. 고대 이집트의 모든 파라오 중에서 가장 큰 논쟁을 불러일으킨 파라오로 그는 즉위하자마자 제사장 세력과 세습 귀족을 타파하고 중앙 집권적 통치를 강화했다. 중소 노예주와 신흥 군사 귀족의 세력을 기반으로 전면적인 사회 개혁을 단행했다. 아몬 신과 다른 지방 신 숭배를 금지하고 아몬 신전을 폐쇄했다. 이후 아톤 신을 유일한 태양신으로 숭배하고 테베와 전국 각지, 시리아, 누비아에 아톤 신전을 세웠다. 테베에서 나일 강 동쪽 강변의 아마르나로 수도를 옮겼다. 그러나 그의 죽음으로 사회 개혁은 동력을 잃었다.

역사학자 헤로도토스가 테베를 방문했을 때는 호메로스가 「일리아드」에서 묘사한 광경은 더 이상 볼 수 없었다. 이미 쇠락한 테베를 본 호메로스는 "아무것도 없구나. 거대한 유령만 남아 있을 뿐."이라는 탄식을 내뱉었다. 이후에도 그리스인, 로마인들이 여러 번 테베를 짓밟았으며 수많은 보물을 약탈해갔다. 테베에는 오직 훔쳐갈 수 없는 건축물들만 덩그러니 남아 있었다. 기원전 27년, 한 차례 지진이 덮쳐 그나마 남아 있던 기념비적인 건축물을 순식간에 무너뜨렸다. 건축물들의 잔해는 테베의 고대 도시, 즉 지금의 룩소르와 카르나크 일대에 폐허로만 남아 있다.

고대 도시 지역을 보호하기 위해 수만 명이 살고 있는 작은 도시 룩소르가 조성되기 시작했다. 현재 룩소르는 유명한 관광지, 세계 최대 야외 박물관으로 각광받고 있으며 '궁전의 도시'라는 별칭을 얻고 있다. 고대 테베와 묘지는 1979년 세계문화유산에 등재되었다.

## 수수께끼 같은 아몬 신전

테베가 높은 지위를 차지할 수 있었던 데에는 이집트인들이 숭상하던 아몬 신의 공이 컸다. 이집트인의 종교에서 아몬 신은 창세신이며 테베는 그를 숭배하는 중심지였다. 이런 테베의 기능은 중왕국 시대에 절정에 달했다.

---

**아시리아** 고대 서아시아 노예제 국가다. 아시리아라는 이름은 주신, 수도, 종교 성지를 아수르라고 부르는 데서 유래되었다. 티그리스 강 중류에 위치하고 있으며 신아시리아 시기에는 북쪽 우라르트국, 남동쪽 엘람, 서쪽 지중해 연안, 남서쪽 이집트 북쪽 지역까지 점령했다. 농업이 발달했고 각종 금속을 대량 생산했으며 고대 서아시아 각국의 주요 상업도로에 위치해 전략적으로 중요한 지위를 차지했다. 이는 이후 아시아와 아프리카를 넘는 노예제 대제국으로 발전하는 데 큰 힘이 되었다.

아몬 신은 통상적으로 깃털 두 개를 머리에 꽂고 손에 홀을 든 인간의 형상으로 묘사된다. 남자의 기개를 상징하는 숫양과 암컷 거위가 아몬의 신수다. 제7왕조 때까지만 해도 아몬 신은 테베의 일반 신에 불과했다. 하지만 테베의 왕족이 이집트의 통치자로 군림하고 테베를 새로운 수도로 정하면서 아몬 신은 이집트의 최고신이 되었다. 이때부터 아몬을 '신들의 왕'이라고 불렀을 것이라 추정된다.

중왕국 시대에 테베는 아몬 신을 숭상하는 중심지가 되었고 이곳에서 아몬은 태양신 라와 동일시되어 '아몬-라' 신으로 불리게 되었다. 이후에도 신왕국 왕족들이 아몬-라 신을 숭배해 제18왕조 때 모든 신 위에 군림하는 신으로 격상되었다. 이때 사람들이 카르나크에 아몬-라를 위해 웅대한 신전을 건축했다.

특히 제18왕조 때, 이집트의 국력이 막강해지고 테베의 정권이 대외적으로 확장되어 아몬은 이집트 전체에서 최고신으로 인정받기 시작했다. 이집트를 넘어 우주의 신으로까지 추앙받았으며 신왕국의 파라오들은 모든 승리를 아몬의 공으로 돌렸다.

아몬 신은 정치적으로 매우 높은 지위를 차지했으며 가난한 사람들을 대변하고 약자를 보호하며 정의를 수호하는 신으로 인정받았기 때문에 국민들의 사랑을 한껏 받았다. 아몬 신에게 도움을 구하려는 사람은 자신의 가치를 증명하거나 죄를 인정해야 했다. 일반적으로 신의 힘은 파라오의 통치에 힘을 보탰지만, 아몬 신의 경우에는 제사장들의 영향력과 부를 넓혀주는 역할을 했다. 제사장들은 정치 영역에까지 손을 뻗쳤다. 이밖에도 이집트 여왕이 아몬 신의 제사장 중에서 지지자를 얻으려고 할 때는 아몬 신을 아버지라 부르고 아몬 신의 이름으로 자신의 신전을 지었다고 전해진다.

스스로 자신을 창조한 신이라고 할 수 있는 아몬 신의 아내는 무트 여신으로 상이집트와 하이집트를 표현한 쌍관을 쓴 여성으로 표현된다. 이들 사이에는 달의 신 콘스가 있다.

아몬 신과 밀접하게 관련 있는 신은 라 신이다. 라는 고대 이집트 헬리오폴리스의 태양신이다. 일찍이 제5왕조 때부터 라는 테베의 아몬 신과 결합되어 이집트의 신들 중 최고신으로 추앙받았다. 이후에도 수세기 동안 라는 이집트의 최고신으로 추앙받았지만, 아크나톤 종교개혁 이후 아톤 신 외에 다른 신을 숭배하는 것을 금지하면서 지위를 잃었다. 나중에는 헤리샤프와 결합되어 숭배되었다. 라의 상징은 금색의 원판이나 중간에 점이 있는 동그라미다.

## 고대 이집트의 신

아몬 : 테베의 주신이다. 테베의 부각으로 국가의 주신이 되었다.

아누비스 : 들개로 화신한 사신이자 묘지의 수호신이다. 세트와 네프티스의 아들이자 미라를 만든 신이기도 하다. 죽은 자의 영혼을 심판하는 곳으로 이끌고 죽은 자가 두 번 죽지 않도록 심판을 감독한다.

아누카트 : 상이집트에서 아누카트를 숭배했다. 쿠눔과 사티의 딸이다. 물의 신으로 머리에 깃털 관을 썼다.

아텐 : 태양 머리 위의 원판이다. 아침 해가 막 지평선 위로 솟을 때의 태양신이다.

아피스 : 동물의 몸에서 신성이 나타난 신이다. 풍요와 생산력을 상징한다. 태양판과 신성한 뱀을 지닌 황소신이다. 주로 멤피스인이 숭배했다.

아툼 : 해가 질 때의 태양신이다. 신들의 수장으로 세계를 창조한 주신 중에 하나다.

바스트 : 고양이 신이다.

바스 : 원래 아프리카의 원시 신앙이다. 제12왕조 때 이집트에 유입되었고 훗날 음악의 신이 되었다.

암세트 : 호루스의 아들이다. 미라의 모습으로 표현되며 죽은 자의 간을 지킨다.

하피 : 개코원숭이 머리의 미라로 죽은 자의 폐를 지킨다. 또한 호루스의 아들이다.

두암무테프 : 호루스의 아들이다. 자칼 머리의 미라로 죽은 자의 위를 지킨다.

케베세누에프 : 매 머리의 미라로 죽은 자의 창자를 지킨다. 또한 호루스의 아들이다.

와드젯 : 나일 강 삼각주의 뱀의 신이다. 하이집트의 상징이자 수호신이다.

겝 : 대지의 신이다. 식물이 무성하게 자란 땅을 나타낸다.

호루스 : 매의 신이다. 왕권의 수호자, 오시리스와 이시스의 아들이다. 매의 모습을 하고 있다. 인간 세상의 호루스가 바로 파라오다.

하포크라테스 : 어린아이 모습의 호루스다. 장성한 호루스와 구별된다. 상이집트의 어린아이를 수호한다.

하토르 : 사랑과 풍요의 여신이다. 고대 이집트의 여신 중 가장 아름답다. 암소의 모습을 하고 있다.

헤케트 : 청개구리의 여신이다.

임호테프 : 건축가, 의사, 제3왕조 재상이다. 파라오 조세르를 위해 계단식 피라미드를 건축했다. 사후 의약의 신, 프타의 아들로 신격화되었다.

이시스 : 죽은 자를 수호하는 여신, 생명과 건강의 신이다. 오시리스의 아내이자 호루스의 어머니다.

콘스 : 테베의 신이며, 달의 신이다. 아버지는 아몬이다.

케프리 : 딱정벌레 신이자, 새벽의 태양신이다. 라와 동일시되며 태양이 하늘에서 하루 동안 주행하는 길을 대표한다.

크눔 : 숫양 신이다. 창조신 가운데 한 명이다.

민 : 생산과 수확의 신이다.

멘투 : 아몬이 부각되기 전 테베의 주신이다. 또한 전쟁의 신이다.

무트 : 전쟁의 여신이고, 아몬의 아내다.

마아트 : 정의, 진리, 질서의 신이다. 깃털을 꽂은 젊은 여신의 모습이다.

오시리스 : 풍요의 신, 문명을 관장하는 자, 명계의 왕이다. 인간이 죽은 후 영생을 얻을 자격이 있는지 심판한다.

라 : 태양신이다. 중왕국과 신왕국 시대에 절대적인 권위를 누렸다.

세트 : 사막과 외국의 신이다. 비바람이 몰아치는 계절을 상징한다. 오시리스와 호루스의 최대의 적이다.

## 이집트 신왕국 시대의 가계표(기원전 1567~기원전 1085년)

제18왕조(기원전 1567~기원전 1320년)

아모세 1세, 아멘호테프 1세, 투트모세 1세, 투트모세 2세, 하투셉투스, 투트모세 3세, 아멘호테프 2세, 투트모세 4세, 아멘호테프 3세, 아멘호테프 4세, 스멘크카레, 투탕카멘, 아이, 호렘헤브.

제19왕조(기원전 1320~기원전 1200년)

람세스 1세, 세티 1세, 람세스 2세, 메르넵타, 아멘메세스, 세티 2세, 시프타.

제20왕조(기원전 1200~기원전 1085년)

세트나크테, 람세스 3세, 람세스 4세, 람세스 5세, 람세스 6세, 람세스 7세, 람세스 8세, 람세스 9세, 람세스 10세, 람세스 11세.

> 모든 것을
> 아몬에게
> 바치는 신전

  고왕국 시대에 이집트의 파라오들은 수중에 쥔 막강한 권력을 이용해 자신들을 신격화했고 수많은 대신들을 자신 앞에 무릎 꿇렸다. 이러한 막강한 권력 덕분에 이들은 테베 부근에 웅대한 피라미드를 끊임없이 지을 수 있었다. 하지만 중왕국 시대와 신왕국 시대에는 이런 상황이 눈에 띄게 바뀌었다.
  흥미로운 점은 나일 강이 주기적으로 범람할 때 계시를 얻는 고대 이집트인들은 세계가 끊임없이 순환하며 현세의 부귀와 권위가 죽어서도 이어진다고 믿었다는 것이다. 이 때문에 그들의 세계관은 미래를 중심으로 채워졌다. 내세에 영원한 세계가 그들을 기다리고 있었기 때문이다. 나일 강이 현실 생활에서도 안락함을 가져다 준 덕분에 고대 이집트인들은 더욱 영생을 추구했다. 그래서 죽은 후에도 신의 은총을 입을 수 있도록 신전을 지어 신을 경배하는 데 혼신을 다했다. 그들의 눈에는 모든 세계가 마력과 신력이 넘쳐나는 곳으로 보였다. 자연의 산과 물, 돌, 동물 할 것 없이 모두

신왕국 시대의 파라오들은 피라미드를 짓는 것보다 신전 건축에 더 많은 정성을 기울였다.
그 결과 아몬 신을 숭배하던 중심지였던 테베 곳곳에는 거대한 신전이 들어서게 되었다.

인간의 능력을 초월하는 능력을 가지고 있다고 생각했다. 이런 사상을 가진 고대 이집트인들은 여러 신을 신봉했고 신들이 그들의 완벽한 사후 세계를 완성해줄 것이라 믿어 의심치 않았다. 파라오의 주도로 백성들은 열성적으로 신들에게 제사를 지냈고, 방대한 규모의 수많은 신전을 지었다.

고대 이집트인들은 사후의 일을 준비하기 위해 살았다고 할 수 있을 정도다. 모든 파라오가 즉위한 뒤 가장 먼저 한 일은 자신의 무덤과 신전 건축에 착수하는 일이었다. 이런 이상한 관습 덕분에 고대 이집트의 신권이 강력해질 수 있었던 것이다. 나일 강에서 문명이 탄생한 이래로 왕권과 신권의 밀접한 관계는 고대 이집트 군주제의 특징 가운데 하나가 되었다. 어느 왕조든지 파라오는 신전의 세력을 빌려 전제 통치를 강화하고 자신을 신격화했다. 제사장들도 왕권을 이용해 정치적, 경제적 이익을 추구했다. 제사장들이 군주제를 더욱 공고하게 다지는 역할을 했기 때문에 파라오들은 신전에 아낌없이 재물을 퍼부었다. 신왕국 시대에 이르러 파라오와 신전의 단단한 결속은 절정으로 치달았다.

테베를 수도로 삼은 왕조가 발전하고 이집트를 다시 통일한 후 지방 신에 불과했던 아몬 신의 신분이 격상되기 시작했다. 아몬은 국가의 주신이자 가장 중요한 태양신으로 추앙되었고 이집트 왕권의 주요 수호신으로 격상되었다. 특히 신왕국 시대의 파라오들은 피라미드를 짓는 데 흥미를 잃은 대신 신전 건축에 더 많은 힘을 쏟았다. 이들의 열성으로 이때는 파라오나 귀족들뿐만 아니라 일반 백성들도 신전에서 제사를 드릴 수 있었다. 이 덕분에 아몬 신전은 자연히 막대한 부를 얻었다. 신왕국 시대에 아몬 신전은 사상적으로 지배적인 지위를 차지했고, 경제적으로도 막강한 세력을 자랑했다.

'수백 개의 문이 있는 도시' 테베는 당시 아몬 신의 숭배 중심지이자 고대 이집트의 최대 신전 건축지가 되었다. 수천 년이 지난 지금은 역사 유적지가 되어 버렸지만, 룩소르에 여전히 수많은 신전들이 남아 있다. 이중에서 나일 강 동쪽 강변에 있는 카르나크 신전과 룩소르 신전이 가장 눈길을 끈다.

## 카 르 나 크    신 전

현재 룩소르 시에서 북쪽으로 10킬로미터 떨어진 곳에 거대한 고대 이집트 유적지, 카르나크 신전이 우뚝 서 있다. 테베에서 가장 오래된 신전이며 현존하는 신전 중 세계 최대의 신전으로 테베 유적지 중에서 가장 완전한 형태로 남아 있다. 이 신전을 보고 있으면 마음속에서 저절로 '인류의 모든 사유가 이곳에서 종말을 고했구나!'라고 감탄하게 된다.

1 카르나크 신전 입구의 조각이다. 테베에서 가장 오래된 신전이며,
 현존하는 신전 중 세계 최대의 신전인 카르나크 신전이 그 위용을 드러내고 있다.
2 카르나크 신전 입구의 인물 조각상이다.

카르나크 신전의 실제 명칭은 아몬 신전이지만 카르나크에 있어서 카르나크 신전이라고 부른다. 앞서 말한 바와 같이 중왕국 시대 이후 테베의 지위가 상승해 지방 신에 불과했던 아몬 신은 이집트의 국가 신으로 격상되었다. 아몬 신은 태양신으로 숭배 받았고, 파라오는 태양의 아들이라 자처했다. 아몬 신에 대한 경배를 나타내고자 파라오들은 막대한 경비를 아까워하지 않고 거대한 규모의 신전을 지었다. 전쟁에서 승리해 돌아올 때마다 토지, 노예, 금은보화 등 전리품을 신전에 바치며 아몬 신의 보살핌에 감사를 표했다.

카르나크 신전은 중왕국 시대에 짓기 시작해서 신왕국 제18왕조 때 확충한 후 제19~20왕조 때 증축했다. 신전의 앞부분은 제18왕조 이전에 건축되었고, 뒷부분은 말기 왕조 때 지어졌다. 총 8만 1,322명의 장인, 제사, 병사, 농민이 신전 건축에 참여했다고 전해진다. 신왕국 말기에 신전 건물은 10개에 이르렀고(고대 이집트의 일반 신전은 보통 건물이 1개다—옮긴이), 각 건물마다 그에 상응하는 기둥과 홀과 정원이 있었다.

수백 년 동안 파라오들이 계속 증축하면서 아몬 신전은 거대한 신전 건축지를 형성했다. 부지 면적은 18만 제곱미터에 달했다. 일부 사람들은 카르나크 신전의 무게가 노트르담 대성당보다 더 무겁고, 면적은 맨해튼 지역의 절반을 차지했을 것이라고 상상한다. 신전의 주요 건축물은 한 축에 따라 배열되었다. 주 신전 양쪽에는 부속 건물과 정원이 있어 천궁과 같은 구조를 형성했다. 사방에는 신전을 지은 네 명의 파라오 조각상과 높이 25~35미터에 달하는 오벨리스크를 세웠다. 오벨리스크는 화강암으로 제작했으며 윗면에는 상형문자가 가득하고 뾰족한 부분은 도금 처리했다. 길이 2킬로미터, 넓이 25미터의 도로가 신전을 향해 뻗어 있고 양 옆에는 각각 스핑크스 모양의 석상 500개가 있다.

　신전 입구 위에는 이집트를 상징하는 날개 달린 태양이 있고 신전 각 부분마다 조각이나 그림, 도안 등이 새겨져 있다. 신전에는 총 10개의 탑문이 있다. 이중 제1탑문은 넓이 113미터, 높이 46미터, 두께 15미터에 달한다. 주 신전 내에는 원기둥이 134개 있으며 중간에 있는 기둥 12개가 가장 크다. 가장 높은 기둥은 21미터, 낮은 기둥은 14미터에 달한다. 기둥 꼭대기는 100명이 서 있을 수 있을 정도로 넓다. 기둥의 머리 부분은 연꽃 받침과 종려나무 잎 등의 형상을 하고 있는데 땅에서 자라는 연꽃이나 종려나무, 파피루스 따위의 식물과 비슷하다. 천장은 하늘과 흡사해서 하늘색 배경에 노란 별이 가득하며 중간에 날개를 단 태양이 있다. 대전의 지면은 층층이 높아진다. 내부 정원 중간에 제단을 설치하고 원기둥이 사방을 에워싸고 있다. 아몬 신을 모시는 주 신전 외에 그의 아들인 콘스와 아내인 무트를 위한 신전도 있다. 신전은 웅장하고 장엄하다.

　카르나크 신전은 세계에서 가장 규모가 큰 고대 종교 유적지다. 세월의

---

**이집트 오벨리스크**　오벨리스크는 이집트에 있는 수많은 건축 기념물 중에서 피라미드와 비견될 정도로 유명하다. 오벨리스크는 피라미드와 거의 동시대에 지어지기 시작했다. 약 4000여 년의 역사를 지녔으며, 가장 이른 것은 고왕국 제4왕조 시기의 것이다. 신왕국 때 크게 유행해 신전 정원 중간에나 왕궁 문 양쪽에 세웠다. 겉에는 상형문자와 그림이 새겨져 있다. 오벨리스크는 고대 이집트인이 믿던 태양신의 상징으로 정방형의 화강암으로 제작되었다. 꼭대기는 뾰족한 형태로 만들었다. 높이 솟은 몸체와 뾰족한 상부는 태양빛을 상징한다. 형식에서 내용까지 모두 왕권을 과시하고 신권을 경외하는 모습을 나타내고 있다.

**파피루스**　파피루스는 나일 강 삼각주 습지대에서 자라는 식물로, 이 지역에서 막대한 양이 생산된다. 이집트인들은 이 파피루스를 이용해 돛대, 보트, 옷 등을 만들었고 부드럽고 질기면서 매끄러운 종이도 만들었다. 종이는 무척 까다로운 공정과정을 거쳐야 했는데 파피루스에서 섬유를 채취해 한 층씩 꼰 뒤 압력을 가한 다음 햇빛에 말려 커다란 종이 한 장을 만들었다. 또한 덜 마른 종이 20장을 하나로 연결해 3~6미터에 달하는 대형 종이도 제작했다.

1
2

1 카르나크 신전의 유명한 기둥 홀이다. 람세스 1세가 지은 것이라고 전해지는 이 기둥 홀의 아름답고 정교한 모습에 후세 사람들은 그만 넋을 잃고 만다.
2 카르나크 신전의 벽화다.
이 신전은 가장 큰 고대 종교 유적지로 많은 사람들의 사랑을 받고 있다.

풍파를 거쳐 예전의 모습은 더 이상 볼 수 없지만 신전 앞에 있는 오벨리스크에 있는 문구를 통해 당시 상황을 유추해볼 수 있다. 오벨리스크에는 이런 내용이 쓰여 있다.

"신전의 벽은 세밀한 모래와 자갈로 쌓은 후 금으로 도금했다. 노면은 은으로 칠하고 모든 문과 길을 황금으로 덮었다. 조각상은 모두 우수한 재질의 화강암, 사암, 채석을 다듬어 만들었다. 정전에는 금과 옥으로 만든 어좌가 있고 신전 앞에 순금으로 만든 깃대가 서 있다. 나일 강에서 물을 끌어와 만든 인공 강이 신전 주위를 돌며 흐른다. 태양이 솟을 때마다 신전의 빛이 태양처럼 밝게 빛난다. 카르나크 신전의 주위에 콘스 신전과 작은 신전들이 있다. 모든 종교적인 의식은 카르나크 신전에서 시작해 룩소르 신전에서 끝난다. 두 신전 사이에 1킬로미터의 석판으로 된 대로가 깔려 있고 양쪽에는 양 조각상이 빽빽하게 늘어서 있다. 대로에는 금박이나 은박을 입힌 석판이 빛을 발하고 있다."

카르나크 신전에서 가장 경탄할 만한 부분은 신전을 떠받치고 있는 기둥 홀이다. 신전의 제2전과 제3전 사이에는 모든 사람들의 경탄을 자아내는 기둥 홀이 있다. 이 기둥 홀은 람세스 1세가 기원전 1320년에 지은 것이라고 전해지는데 전체 부지가 5,000제곱미터에 달하고 134개의 원기둥이 하늘을 찌를 듯 서 있다. 중간에 있는 12개의 기둥은 높이가 21미터로, 다섯 사람이 안아도 서로 손이 닿지 않을 만큼 넓다. 그리고 기둥 전체에 아름답고 정교한 부조가 새겨져 있다. 400여 년 전에 이곳을 방문한 한 유럽인이 잠시 할 말을 잃었다가 이렇게 말했다고 한다.

"가지런히 나열된 거대한 기둥을 보자마자 꿈속에 있는 것 같은 느낌을 받았다!"

### 룩 소 르  신 전

카르나크 신전에서 남쪽으로 1킬로미터 떨어진 곳에 카르나크 신전보다 규모가 조금 작은 룩소르 신전이 있다. 이 역시 테베가 인류에게 선사한 주옥 같은 건축물이다. 카르나크 신전과 다른 점은 룩소르 신전에서는 아몬 신의 아내인 무트 신을 위해 제사 드렸다는 것이다.

룩소르 신전은 기원전 14세기에 짓기 시작해 제18왕조의 아멘호테프 3세가 대부분을 완성했다. 이후 람세스 2세가 다시 정문과 정원을 증축했고 문 입구에 거대한 자신의 조각상 6개를 세웠다. 하지만 신왕국이 쇠락한 후 테베는 버려졌고 룩소르 신전도 이후 모래 속에 파묻혔다. 무수한 세월이 흘러 100여 년 전에야 고고학자에게 발견되어 세상의 빛을 보게 되었다.

룩소르 신전은 테베의 가장 영광스러웠던 과거를 증명한다. 3대의 파라오를 거치며 완성되었으며 3킬로미터에 달하는 숫양의 머리를 한 스핑크스 길과 카르나크 신전은 서로 연결되어 있다. 당시 신전 입구에는 거대한 조각상 6개, 오벨리스크 2개가 세워져 있었지만 지금은 조각상 3개, 오벨리스크 1개만 남아 있다. 오벨리스크의 높이는 25미터이고 정방 기둥형이며 화강암으로 제작되었다. 기둥의 면은 신상과 도안으로 조각되어 있고 태양신을 숭배하는 상징으로 원래 신전 문 양쪽에 세워져 있었다. 1831년, 당시 이집트 통치자 무함마드 알리가 프랑스 국왕 루이필리프에게 하나를 선물해 지금은 파리의 콩코르드 광장에 서 있다. 룩소르 신전에 남아 있는 오벨리스크는 고풍스런 신전을 배경으로 역사의 깊이를 더욱 드러내고 있다. 오벨리스크의 높이는 25미터로 뒤에 있는 탑문보다 높다.

룩소르 신전의 정문이 있는 곳에 람세스 2세의 좌상 2개가 높이 솟아 있다. 높이는 15.5미터로 약 1미터 높이의 대좌에 앉아 있다. 원래 두 파라오

1 2
3

1 카르나크 신전과 룩소르 신전을 잇는 양의 길이다.
  숫양의 머리를 한 스핑크스 길과 카르나크 신전은 서로 연결되어 있다.
2 양 석상 역시 아몬 신의 상징이다. 아몬은 테베의 주신이었다.
3 룩소르 신전의 모습이다. 신전은 테베의 가장 영광스러웠던 과거를 증명한다.

상 옆에 분홍색 화강암의 입상 4개가 탑문을 뒤로 하고 서 있는데, 람세스 2세의 왕후 네페르타리가 그 주인공 가운데 하나다. 탑문 오른쪽에는 심하게 파손된 입상이 있는데, 바로 람세스 2세의 딸 메리타몬이다.

룩소르 신전에 들어서면 안쪽 홀에는 머리 부분이 파피루스 꽃 모양으로 된 기둥 2개가 있고 기둥 사이에는 이집트 신들 중의 하나인 오시리스 조각상이 있다. 다시 안으로 들어가면 룩소르 신전의 기둥 홀이 나온다. 황토색의 큰 기둥이 안쪽에서 바깥쪽으로 죽 늘어서 있고 하나같이 하늘 높이 솟아 있어 신비롭고 장엄하게 느껴진다. 큰 홀 동쪽에는 작은 예배당이 있고 벽에는 무트무이아 여왕과 아몬 태양신의 상징적인 결혼과 왕자를 낳은 부조가 새겨져 있다. 신전 북쪽 입구에는 웅장한 기둥 회랑이 등장한다. 높이 16미터에 달하는 돌기둥 16개가 서 있다. 기원전 13세기, 고대 이집트 파라오 람세스가 신전 벽 바깥에 또 다른 정원을 짓고 기둥 회랑의 기둥 사이에 또 다른 파라오 조각상을 세웠다. 신전 벽에 새긴 부조는 람세스 2세의 집정 초기에 히타이트인과 전쟁을 벌인 장면을 생동감 있게 보여준다. 좌우 양쪽의 부조는 완전한 형태의 시리즈 그림으로 구성되어 있다. 왼쪽 그림은 당시 군영 생활, 전쟁 전의 군사 회의, 파라오의 전쟁 참여, 전차를 타고 전투를 지휘하는 모습을 담고 있다. 오른쪽 그림은 파라오가 적을 향해 진격하는 모습, 활을 쏘는 동작과 히타이트인들이 놀라 도망가는 모습 등을 담고 있다.

람세스 정원에는 돌기둥 중간에 석조 상 하나가 서 있다. 이 역시 람세스 2세다. 그 옆 석벽에는 경축식을 거행한 상황을 설명한 부조와 문자가 새겨져 있다. 기둥 옆 석벽에 새겨진 부조는 새해를 맞이해 '성선' 부대가 카르나크에서 룩소르까지 이동하는 모습을 묘사하고 있다. "고대 이집트인

1
2

1 유명한 오벨리스크다. 안타깝게도 2개 중 하나는 프랑스 콩코르드 광장에 서 있고, 높이 25미터의 오벨리스크가 외롭게 그 모습을 드러내고 있다.
2 룩소르 신전의 돌기둥 역시 비할 데 없이 정교하고 아름답다.

이 믿는 태양신 아몬 일가와 파라오와 제사장들이 4개의 배를 나눠 타고 카르나크에서 출발해 룩소르 신전으로 향했다. 나일 강 양쪽에는 수많은 무리가 춤을 추거나 노래를 부르며 배와 함께 나아갔다. '성선'이 룩소르 신전에 도착하면 소와 양을 잡고 군신들이 함께 연회를 벌였다."

## 멤논의 거상

카르나크 신전과 룩소르 신전 외에 테베에는 또 다른 유명한 고대 유적이 있다. 바로 '멤논의 거상'으로 나일 강 서쪽 강변과 왕들의 계곡 사이 들판에 우뚝 서 있는 거대한 돌 조각상 2개를 말한다.

멤논의 거상은 원래 아멘호테프 3세 신전 앞에 세워져 있었는데, 아멘호테프 3세 신전은 이미 흔적도 없이 사라졌다. 거상의 높이는 20미터이고 발의 높이만 2미터, 두께는 1미터에 달한다. 두 좌상은 비바람에 심각하게 훼손되어 얼굴 부분은 식별할 수 없을 정도다. 전체적으로 보면 파라오가 왕좌에 앉아 있고 두 손은 허벅지 위에 놓여 있는 모습이다. 좌상 뒤에는 원래 아멘호테프 3세의 장제전이 있었는데 이후의 파라오가 이를 허물어 자신의 건축물을 지을 재료로 사용했다. 프톨레마이오스 왕조 시대에 이르러 건축물은 완전히 파괴되어 사라졌다. 오른쪽 멤논의 거상은 매일 새벽 해가 뜰 때마다 아득한 소리를 냈으며 많은 여행자들이 이 구슬픈 음악을 받아 적었다고 전해진다. 고대 그리스인은 이 현상과 트로이 성 함락 이야기를 결부시키기도 했다. 재미있는 것은 훗날 사람들이 이 석상을 그리스 신화에 나오는 멤논의 조각상으로 오해해 멤논상이라고 이름 붙였다는 것이다. 소리를 내는 특이한 현상에 대해 과학자들은 일출할 때 온도가 갑

1
2

1 룩소르 신전의 조각상이다. 신왕국의 영광은 역사 뒤로 사라졌지만
  그 찬란했던 모습은 남아 있는 신전을 통해 후세인들에게 전해진다.
2 멤논의 거상이다. 비바람에 심각하게 훼손되어 얼굴 부분은 식별할 수 없을 정도지만
  나일강 서쪽 강변과 왕들의 계곡 사이 들판에 우뚝 솟아 과거의 역사를 말해준다.

자기 상승해서 발생한 현상이라고 설명했다. 다시 말해 새벽에 첫 번째 태양 광선으로 발생한 열기가 석상의 몸을 뚫고 지나갈 때 금속성 소리가 난다는 것이다.

로마가 이집트를 통치할 때 강한 지진이 발생해 조각상에 틈이 생겼다. 이후 바람이 불 때마다 멤논상이 노래 부르는 것처럼 신비한 소리를 냈다. 하지만 훗날 틈을 메운 뒤로 소리를 내는 현상이 사라졌다.

# 신비로운 왕들의 계곡

## 왕 들 의 　 계 곡

나일 강은 테베를 동서로 나눈다. 이집트 고대 신앙에 따르면 음지인 명부는 해가 지는 방향에 따라 나일 강 서쪽 먼 곳에 있다. 고대 이집트의 모든 도시는 동쪽 강변에 거주지, 서쪽 강변에 묘지를 조성했다. 이 때문에 테베 역시 나일 강 동쪽 강변에는 파라오의 궁전과 거대한 신전이 있고, 서쪽 강변에는 파라오와 귀족들의 묘지가 있다.

서쪽 테베에 건축 자재인 석회암이 대량 생산되는 눈에 띄지 않는 계곡에 파라오와 귀족들이 자신들의 묘지를 조성했는데, 이곳이 바로 그 유명한 '왕들의 계곡'이다.

나일 강 계곡을 따라 수십 킬로미터에 달하는 지역에 수많은 묘지가 자리를 잡고 있다. 이곳의 묘지 동굴은 모두 산을 파서 만든 것이다. 절벽과 강변 사이에는 각각의 파라오가 만든 신전이 있다. 절벽 뒤편에 위치한 황량한 계곡에는 파라오의 미라가 있는 비밀 묘실이 있다. 신왕국 시대 60여

1
2

1 왕들의 계곡 원경이다.
신왕국 시대 60여 명의 파라오들이 이곳에 잠들어 있다.
2 신왕국 시대의 파라오들은 전대에서 교훈을 얻어
눈에 잘 띄지 않는 깊은 계곡에 자신들의 묘지를 만들었다.

명의 파라오가 이곳에 잠들어 있어서 '왕들의 계곡'이라 불리운다.

고왕국 시대에 스스로를 최고라고 생각한 파라오들은 멤피스 도시 부근에 자신들을 위해 거대한 피라미드를 쌓았다. 위엄이 넘치는 건축물을 쌓아 영생을 누리기 위함이었다. 하지만 결과는 그들의 예상과 달랐다. 피라미드 묘지는 사람들의 관심을 집중시켜 아무리 철저하게 막아도 도굴꾼들의 습격을 피할 수 없었다. 실제로 파라오가 죽은 후 얼마 지나지 않아 그들의 피라미드는 도굴을 당했고 미라는 훼손되고 조각나 황량한 들판에 버려졌다.

전대의 경우를 보고 중왕국 시대의 파라오들은 더 이상 우뚝 솟아 있는 피라미드를 짓지 않았다. 대신 황량한 산을 천연 피라미드로 삼아 산비탈에 길을 뚫어 호화로운 지하 묘실을 만들었다. 이렇게 해서 왕들의 계곡이 형성된 것이다.

왕들의 계곡은 나일 강 서쪽 강변에 있다. 룩소르 신전 및 카르나크 신전과 강을 사이에 두고 바라보고 있다. 멀리서 바라보면 이곳은 황량한 사막으로 보이지만 신왕국 시대에는 테베 외곽의 웅장한 무덤지였다. 신왕국의 제18왕조 때부터 왕과 귀족들이 나일 강 서쪽 가파른 절벽에 자신들을 위한 묘실을 만들면서 아몬 신과 여러 제왕들을 위한 신전도 지었다. 이렇게 거대한 무덤지를 조성하기 위해서는 많은 사람들이 동원되어야 했으며 또 이들을 감독할 관리와 병사들이 필요했다.

왕들의 계곡의 시초를 연 사람은 투트모세 1세(기원전 1545~기원전 1515년)다. 그가 집정하던 시기에 왕들의 계곡이 조성되기 시작했다. 이집트 왕조 통치시기에 결정적인 영향을 끼친 인물 중 하나인 투트모세 1세는 과거의 전통을 많이 깨뜨렸다. 그는 파격적으로 자신의 묘지와 장례식장을 구분했다. 그의 묘지는 장례식장에서 1.6킬로미터 정도 떨어진 곳에 있다. 유언에 따라 그의 시신은 호화롭고 눈에 띄는 피라미드가 아니라 가파른 절벽에 판 동굴 묘실 안에 두었다. 이 결정은 1700년이나 이어져 온 전통을 뒤엎은 것이었다. 투트모세 1세는 선조들의 무덤이 도굴꾼들의 손에 더럽혀지는 것을 보고 자신의 시신은 안전하게 지켜야겠다고 생각했다. 그가 건설을 맡은 총책임자에게 내린 모든 명령은 자신의 묘지가 도굴꾼들에게 더럽혀지는 일을 막기 위한 것과 관련이 있었다. 이를 보면 투트모세 1세는 자신이 죽은 후 미라의 안전에 가장 큰 관심을 기울였다는 사실을 알 수 있다.

　기록에 따르면 제18왕조 때까지 테베 일대에 있는 왕들의 묘지 가운데 도굴 당하지 않은 것이 없었다. 도굴 당할 때 신성한 존재인 파라오의 미라까지 가차 없이 훼손되고 분실되었다. 투트모세 1세가 왕위에 오르기 전에 어떤 사람들이 왕후의 묘실에 몰래 들어가 왕후의 미라를 해체해서 훔쳐간 일이 있었다. 경황이 없던 도굴꾼은 미라의 팔만 묘실에 떨어뜨리고 갔다. 이 팔은 1900년에 한 영국 고고학자에게 발견되었는데, 상한 곳이 한군데도 없이 완전한 형태로 남아 있었다고 한다. 팔에는 자수정과 터키석으로 된 팔찌를 차고 있었다.

　아마 이런 상황을 보고 투트모세 1세가 전통을 깨는 파격적인 결정을 내렸을 것이다. 그는 죽은 후에 과거의 파라오들과 똑같은 운명에 처하지 않기 위해 묘지의 위치와 구조를 절대 비밀에 부치도록 했다. 투트모세 1세 묘지의 총책임자가 왕들의 계곡에서 첫 번째 동굴 묘지를 건설할 때 이렇게 말했다고 한다. "폐하의 동굴 묘지는 저 혼자 감독하며 건설했습니다. 아무도 보지도 듣지도 못했습니다."

몇천 년 후 왕들의 계곡에 있는 묘지는 모두 발견되어 지금은 여행객들에게 개방되었다. 나일 강 계곡을 따라 자리잡은 수 많은 묘지 속에서 파라오들의 숨결이 느껴지는 듯하다.

하지만 현대 고고학자 하워드 카터의 생각은 달랐다. "국왕의 최대 기밀을 아는 노역자만 100명이 넘었을 것이다. 이들은 자유롭게 돌아다니지 못했을 것이며 총책임자가 이들의 입을 막을 방법을 생각했을 것이다." 아마도 이들 노역자는 전쟁 포로로 묘지를 건설한 뒤에 모두 살해당했을 것이다.

왕들의 계곡은 테베산의 서쪽 절벽 아래 외진 곳에 있으며 일반인의 출입이 금지되었다. 파라오들은 석회암 벽에 가파른 굴을 파서 묘지로 삼았다. 투트모세 1세 이후 500년 동안 파라오의 건축사들은 모두 이 방식으로 묘지를 만들었다.

훗날 그리스인이 묘실로 통하는 긴 굴을 보고 목동들이 부는 긴 피리와 비슷하다고 생각해 동굴 묘지를 '피리 구멍'이라고 불렀다. 기원전 1세기,

　그리스 여행가 스트라보는 동굴 묘지 40개를 봤다고 기록했다. 투트모세 1세를 뒤따라 후세 파라오들은 더 이상 피라미드를 짓지 않고 왕들의 계곡에 묻혔다.
　고대 이집트 묘실 앞의 통로에는 이런 문구를 자주 볼 수 있다. "당신은 죽은 후 반드시 다시 살아날 것이다. 영혼은 육체를 떠나지 않는다. 당신이 인간 세상에서 한 일은 마치 꿈과 같다." 파라오들은 이 때문에 무덤을 가장 호화롭게, 은밀하게, 신비롭게 지었다. 묘지가 완성되는 날은 곧 묘지 건축에 동원되었던 수많은 노역자들이 죽는 날이었다.
　괴기할수록 모험가들의 호기심을 자극하는 법이다. 오랜 세월 동안 왕들의 계곡은 발견되지 않았지만 세월이 흐르면서 이곳의 묘지도 알게 모르게 도굴꾼들에게 모두 털렸다. 도굴은 한 번도 중단된 적이 없었고, 그곳에 있는 보물도 모두 강탈 당했다.

투트모세 1세의 유체는 왕들의 계곡에서 오랫동안 평안을 누렸다. 하지만 그가 죽은 후에 도굴꾼들이 더욱 활개를 치자 제사장들은 어쩔 수 없이 투트모세 1세와 그의 딸, 그밖의 몇몇 사람의 미라를 다른 곳으로 옮겼다. 그래도 도굴은 끊이지 않았다. 투트모세 4세가 죽고 몇 년 뒤 도굴꾼들이 그의 묘실에 침입해 벽에 기호를 남겼다. 이 때문에 후대 파라오가 "테베 서쪽의 신성한 묘지에서 투트모세 4세의 장례식을 다시 거행한다."라는 명령을 내릴 정도였다.

몇천 년 동안 각고의 노력 끝에 왕들의 계곡에 잠들어 있던 거의 모든 파라오의 묘지가 발견되었다. 지금까지 총 63개의 동굴이 발견되었다. 그러나 1922년, 영국 고고학자 하워드 카터가 투탕카멘의 묘지를 발견한 후로 사람들은 이곳에서 또 다른 왕릉을 발견할지 모른다는 희망을 품기 시작했다. 고고학자 웍스가 감격한 것처럼 말이다.

"한 세기 전만 해도 사람들은 왕들의 계곡에서 더 이상 찾을 것이 없다고 생각했다. 이후 카터가 투탕카멘 왕릉을 발견하자 사람들은 또 이제 정말 아무것도 남지 않았다고 말했다. 하지만 우리는 5호 묘지에서 신천지를 발견했고 지금은 63호 묘지까지 있다."

이 새로운 동굴을 발견하면서 사람들은 왕들의 계곡에 숨겨진 비밀에 다시 호기심을 가지기 시작했다. 웍스는 앞으로 10년 내에 새 동굴이 발견될 가능성이 있다고 보았다.

현재 왕들의 계곡에 있는 일부 묘실은 여행객들에게 개방되어 있다. 운이 좋으면 신비한 지하 궁전에 들어가 파라오들의 생전, 사후의 세계를 가까이에서 느낄 수 있을 것이다.

## 부 록

### 왕들의 계곡 중 개방된 왕실 동굴

룩소르는 신왕국 시대 대대로 파라오의 묘지가 있는 곳이다. 그중 왕들의 계곡은 석회암질의 지반에 조성된 암굴 묘지로 지금까지 약60개 정도가 발굴되었다. 신왕국 시대 이전의 피리미드 형의 무덤이 계속 도굴되자 투트모세 1세는 자신의 사후를 염려해 무덤의 존재를 숨겨야겠다고 판단했다. 그래서 조성된 곳이 바로 룩소르 왕들의 계곡이다. 이후 투트모세 1세부터 제20왕조 람세스 11세까지 계속해서 묘가 건설되었다. 그러나 파라오들의 바람과는 달리 왕들의 계곡에 있는 무덤도 대부분 도굴되어 현재 온전한 상태로 남아 있는 것이 없다. 현재 일반인들에게는 아래에 소개되는 무덤만 공개하고 있다.

- 투트모세 3세
- 호렘헤브
- 타우스레트
- 람세스 4세

- 아멘호테프 2세
- 세티 2세
- 람세스 1세
- 람세스 6세

- 투탕카멘
- 메렌프타
- 람세스 3세
- 람세스 9세

## 신비의 여파라오

파라오들의 묘지가 있는 왕들의 계곡에 특이하게도 거대한 신전이 하나 있다. 이 신전은 나일 강 동쪽 강변에 신전을 짓는 신왕국의 관례를 따르지 않아 후세 사람들의 주목을 끌었다.

왕들의 계곡에서 동쪽으로 몇 킬로미터 떨어진 곳에 신전이 있다. 이 신전의 주인공은 제18왕조의 유명한 여파라오 하트셉수트(재위 기원전 1479~기원전 1458년)다. 테베산 언덕 근처에 지어진 이 독특한 신전은 계단식 형태, 그리스식 복도와 기둥, 개성적인 돌조각 등으로 세상에 이름을 떨쳤다.

이 신전은 전통적인 신전 양식을 버리고 계곡의 원래 지형을 그대로 살려 3개의 단으로 전체 건축물을 3층으로 지었다. 각 단을 떠받치는 기둥을 평평한 계단식 통로로 연결해 최상층 주랑 뒤에 본당을 만들고 내전은 절벽을 안쪽으로 파서 만들었다. 정면 주랑은 단순한 사각형 기둥을 이용했고 위층의 일부 측랑은 홈을 판 원기둥을 이용했다. 형태가 우아하며 각 회랑 벽은 모두 채색 벽화로 가득 차 있고 주랑 외관은 밝고 순수한 색조를 사용해 배경이 되는 절벽과 서로 조화를 이루고 있다. 이 건축 기법은 여러 고대 건축물 중에서 자연과 가장 조화를 이룬 모범으로 일컬어진다. 두 단은 널찍하고 각 단 앞에는 매우 섬세한 부조가 있는 기둥과 통로가 늘어서 있다. 부조는 여왕의 출생, 홍해 최남단 국가 푼트를 방문한 일, 오벨리스크를 옮

**고대 이집트의 여파라오** 고대 이집트에는 정식으로 인정받은 여성 파라오가 매우 드물다. 이시스 신화에서 왕위에 오른 첫 여왕이자, 만민의 어머니. 다음은 니토크리스로, 그녀는 형제에게 복수를 하고 자살했다. 잘 알려지지 않은 소벡네페루는 머리가 없는 반신상만 남아 있을 뿐이다. 하트셉수트는 통치 기간이 가장 긴 여파라오다. 타우스레트는 이집트 혈통의 마지막 여왕이다. 클레오파트라 7세는 고대 이집트 타우스레트 왕조 말기의 가장 유명한 인물이다.

왕들의 계곡에 있는 묘지의 벽화들이다.
파라오들의 화려했던 생활상을 살펴볼 수 있는 귀한 유적들이다.

긴 일 등을 묘사하고 있다. 이 신전은 고대 이집트의 가장 뛰어난 건축물 가운데 하나로 3,000여 년 동안 대전의 부조가 그대로 보존되어 왔다.

더욱 신기한 일은 지금 우리가 보는 여파라오의 모습이다. 가짜 수염을 달고 남장을 하고 있으며, 가슴을 속박하는 옷을 입고 손에는 홀을 쥐고 있는 위엄 있는 모습을 보여주고 있다.

하트셉수트는 고대 이집트 왕국의 유일한 여파라오이자 이집트 역사상 최초의 위대한 여성이다. 제18왕조 투트모세 1세와 왕후 사이에 난 유일한 혈육으로 어릴 때 총명하고 용감했으며 권모술수에 능했다. 그녀는 자신이 파라오의 유일한 정통 계승자라는 것을 자랑스럽게 생각했고 언젠가 강력한 이집트를 통치할 꿈을 꿨다. 기원전 1512년, 투트모세 1세가 세상을 떠났다. 그와 후궁 사이에서 난 첫째 아들이 하트셉수트와 결혼해 왕위를 이었다. 바로 투트모세 2세다. 병약했던 투트모세 2세는 나라를 다스리는 데 흥미가 없었기 때문에 얼마 후 모든 권력을 하트셉수트가 장악했다. 기원전 1496년, 그녀는 투트모세 2세와 공동 집정을 시작했다. 기원전 1490년, 투트모세 2세가 세상을 떠났다. 하트셉수트는 자신의 딸과 투트모세 2세와 후궁 사이에서 난 10세인 아들을 결혼시킨 후 왕으로 즉위시켰다. 이 사람이 투트모세 3세다. 그녀는 집정왕의 신분으로 국가를 다스리는 전권을 손아귀에 넣었다. 이듬해 하트셉수트는 투트모세 3세를 아예 왕위에서 쫓아내고 스스로 왕좌에 올라 모든 권력과 국왕의 칭호를 장악했노라고 선언했다. 마침내 그녀는 이집트 통치자이자 유일한 여인 파라오가 되었다. 파라오가 된 후 그녀는 전심전력으로 나라를 이끌었고 덕분에 고대 이집트는 오랫동안 번영을 누렸다. 왕위에 오른 명분을 쌓기 위해 그녀는 권력을 장악하자마자 신전의 벽에 그녀가 '신의 뜻에 따라 태어난 것'

을 자세하게 기록했다. 또한 그녀가 부왕, 투트모세 1세의 명으로 왕이 되었다는 벽화도 그렸다. '아몬-라의 딸'의 명목으로 나라를 통치한 이 걸출한 여성은 자신 앞에 이집트 전부가 무릎을 꿇게 했다.

하트셉수트가 장기 집권함에 따라 이집트는 평화롭고 풍성한 시기를 보냈다. 그녀의 집정 시기에 위대한 건축물이 많이 세워졌다. 그녀는 힉소스인이 파괴한 건축물을 다시 짓고 카르나크 신전에 높이 30미터에 달하는 오벨리스크를 세웠다. 이중 가장 위대한 건축물은 바로 그녀의 신전이다.

하지만 하트셉수트가 통치한 지 22년이 되는 해, 투트모세 3세가 갑자기 왕위를 되찾았다. 그녀는 앞으로의 향방에 대해 갈피를 잡지 못했고 그녀의 애인과 딸까지 실종되었다. 그녀에 관한 대부분의 기록은 당시 모두 파괴되었다. 그래서 지금까지도 하트셉수트가 어떻게 왕권을 잃었는지, 어떻게 죽었는지 이유를 알 도리가 없다. 더욱이 나일 강 서쪽 강변에서 수많은 미라를 찾은 현대 고고학자들도 그녀의 미라는 흔적도 찾지 못했다. 그렇다면 그녀의 미라는 다른 곳으로 옮겨졌을까? 완전한 형태로 보존되어 있을까? 가장 보편적인 주장은 하트셉수트가 막 세상을 떠났을 때 투트모세 3세의 군대가 궁전을 침략해 그녀에 관한 모든 것을 파괴했다는 것이다. 그녀의 묘지가 모두 강탈을 당하면서 시체 역시 다른 곳으로 옮겨졌으리라고 여겨진다.

다행히 이 뛰어난 능력과 재능을 겸비한 여파라오의 묘실은 지금도 남아 있다. 하트셉수트의 묘지 디자인은 매우 독창적이며 일부는 현대 건축물의 모습을 띠기도 한다. 왕들의 계곡에 있는 파라오의 묘실이 숨겨져 있는 것과 달리 그녀는 자신의 묘실을 우아하고 대범하게 지었다. 묘실의 계단은 나일 강 서쪽 산비탈에서부터 시작되며 앞에는 망망한 들판이 펼쳐져

1
 2
3  4

1 여파라오 하트셉수트는 자신의 모습을 남성으로 형상화했다.
  하트셉수트 여왕은 이집트 역사에서 유일하게 파라오라는 호칭을 사용한 여인이다.
2 일부 조각상은 여파라오의 진면목을 그대로 반영하고 있다.
3 왕들의 계곡에 있는 하트셉수트 신전의 모습이다. 기원전 1500년경의
  건축물이라 여겨지지 않을 정도로 현대적인 건축물로, 고대 이집트 건축의 걸작이다.
4 여파라오 묘실의 벽화다.

있다. 절벽을 뒤로한 고지대는 널찍한 정원 같다. 고지대 중앙에 문이 있고 문 뒤에는 묘지 통로가 절벽 안쪽 깊숙한 곳까지 이어져 있다. 묘실 내부 석벽에는 하트셉수트의 신비한 출생과 재위 기간 동안 세운 업적을 조각했다.

전설 속에서 하트셉수트는 아름다운 여인일 뿐만 아니라 신비한 사랑 이야기의 주인공이다. 20년 넘게 나라를 다스리는 동안 충신 센무트가 줄곧 그녀를 보좌했다. 센무트는 여러 중대 프로젝트의 총지휘자이자 그녀의 애인이었다. 하트셉수트는 파라오의 석관을 하사하거나 왕들의 계곡 근처에 묘지를 짓게 하는 등 센무트에게 막대한 특권을 줬다. 이 묘지는 그녀의 묘지 바로 뒤에 있어 조금만 깊이 파들어가면 서로 연결된다. 하트셉수트의 묘실 문 뒤쪽에 센무트의 조각상이 있는데, 이는 여파라오가 다시 살아났을 때 사랑하는 애인을 가장 처음으로 보고 싶어 했기 때문이라고 한다. 여파라오와 대신의 심상치 않은 관계는 묘지를 지은 노역자들이 마음대로 그린 그림에서 단서를 얻을 수 있다. 왕관을 쓴 여파라오와 한 남자가 사랑을 나누고 있는 그림인데, 바로 두 사람의 사랑 이야기가 당시 모든 사람이 알고 있는 공공연한 비밀이었음을 말해 준다.

아마 이 여파라오가 왕실에 분란을 초래할까 두려워 그녀가 죽은 후 어떤 이가 일부러 카르나크 신전에 있는 그녀의 초상화를 없애고 왕족 칭호까지 지워버렸을 것이다. 혹자는 투트모세 3세가 자신의 왕위를 빼앗은 계모에게 복수하고자 아랫사람에게 넌지시 시킨 것이라 추측한다.

# 투탕카멘 미스터리

## 미스터리한 죽음의 주인공

기원전 1361년, 제18왕조 파라오 투탕카멘이 9세의 어린 나이로 왕위에 올랐다. 투탕카멘에 대한 기록은 전무하다시피 하며, 심지어 제18왕조 파라오 계보에도 이름이 없다. 이런 이유로 후세 사람들은 투탕카멘에 대해 거의 알지 못했다. 그의 묘지가 발견된 후에야 이런 어린 왕이 있었다는 사실을 알게 되었고, 부장품을 통해 생애 흔적을 조금이나마 이해하게 되었다.

투탕카멘의 출신은 지금까지도 과학자들이 풀어야 할 미스터리로 남아 있다. 그의 통치 기간은 대략 기원전 1361~기원전 1352년 사이다. 객관적으로 보면 이 9년의 통치 기간은 이집트 역사에서 그리 중요한 시기는 아니다. 투탕카멘은 즉위한 후 얼마 지나지 않아 11세의 앙케세나멘과 결혼했고 딸만 둘 낳았다. 전대 파라오가 죽은 후 조정의 대권은 두 재상 아이와 호렘헤브가 장악했다. 9세의 투탕카멘은 정치적으로 특출한 능력을 발휘하지 못했고 특별한 일이 없는 한 이 어린 파라오는 평생을 평온하게

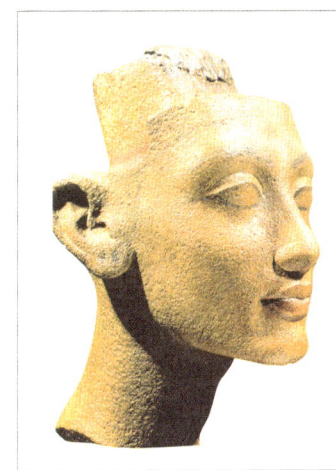

어린 나이에 세상을 떠난 파라오 투탕카멘이다. 지금도 과학자들이 풀어야 할 미스터리로 남아 후세인의 호기심을 자극하고 있다.

살았을지도 모른다.

하지만 기원전 1352년, 큰 사건이 발생했다. 어린 파라오 투탕카멘이 갑자기 세상을 떠났다는 소식이 왕궁 내에 순식간에 퍼졌다. 조정을 장악한 대신들의 지도하에 파라오의 장례식이 다급하게 거행되었다. 더욱 의심스러운 일은 왕위가 계승되고 그의 아내 역시 새 파라오에게 시집갔지만 몇 년 만에 세상을 떠났다는 것이다. 제18왕조의 관례에 따라 투탕카멘은 왕들의 계곡에 있는 한 묘실에 안장되었다. 묘실 문은 폐쇄되었고 이 파라오는 고대 이집트 역사에서 미미한 흔적만을 남겼을 뿐이다. 이후 3,000여 년 동안 그의 이름은 철저히 잊혀졌다.

하지만 투탕카멘이라는 이름은 결국 세상을 떠들썩하게 만들었다. 3,000년이 지난 후 한 탐험가가 그의 묘지를 발견한 것이다. 굳게 닫혀 있던 묘지의 석문이 서서히 열리면서 놀라운 이야기들이 쏟아져 나왔다.

## 카터의 대발견

18세기 이후 오래된 동방의 역사와 전설 속에 등장하는 보물에 현혹된 유럽의 탐험가들이 이집트로 갔다. 이들은 각각 다른 목적을 안고 기적이나 역사의 답을 찾고자 했다. 이집트에 관한 것들 가운데 피라미드가 가장 널리 알려져 있었지만, 고대 보물에 관심이 컸던 탐험가들의 구미를 당긴 것은 파라오의 묘였다. 그들은 파라오가 안장될 때 많은 보물도 함께 묻혔을 것이라 믿어 의심치 않았다.

각종 문헌 기록과 민간의 전설에 따르면 고대 이집트 파라오 투탕카멘의 묘지는 다른 선조들처럼 피라미드에 묻힌 것이 아니라 도굴꾼들의 이목을 피하기 위해 절벽 아래 만들어졌을 가능성이 높았다. 사람들은 이 파라오의 묘지 속에 막대한 규모의 보물이 있을 것이라 생각했다. 그래서 이집트의 신비한 왕들의 계곡으로 눈을 돌렸다. 실제로 이 지역은 전설 속의 많은 파라오들의 묘지가 있는 장소였다.

영국 고고학자 하워드 카터는 유명한 탐험가 중에 한 명이었다. 고대 이집트 역사에 대해 해박했던 카터는 투탕카멘의 묘지를 찾는 것을 평생의 꿈으로 여겼다. 고대 이집트 고고학에 푹 빠진 그는 1891년에 이집트로 건너가 지하에 숨겨져 있는 파라오의 묘지를 찾겠다고 결심했다. 1903년부터 조수를 데리고 왕들의 계곡에 간 카터는 그곳을 이 잡듯이 샅샅이 파헤치기 시작했다. 얼마 후 그는 영국의 유명한 탐험가인 카르나본 경의 든든한 후원을 받기 시작했다. 든든한 자금줄을 얻은 카터는 고고학 탐험대를 이끌고 왕들의 계곡에서 길고도 험난한 작업을 시작했다.

19년 동안 수많은 실패와 좌절을 겪은 끝에 결국 그는 중대한 발견을 했다. 1922년 11월 4일, 카터는 또 다른 유명한 파라오 람세스 6세의 묘지

1 2
3 4

1 투탕카멘의 왕릉을 발견한 하워드 카터와 조력자 카르나본 경이다.
2 왕릉의 보물로 엄청난 가치를 가지고 있다.
3 하워드 카터는 왕릉을 발견했을 때 너무 기쁜 나머지 석문에 새겨진 경고 문구를 무시하고 말았다. 하지만 파라오의 저주는 커다란 불행을 가져왔다.
4 입구가 은폐되어 있어서 투탕카멘의 묘지를 발견하기란 하늘의 별 따기였다.

밑에 굴이 있고 계단으로 연결되어 있는 것을 발견했다. 돌계단 끝에 다다르자 탐험대는 몇 천 년 동안 닫혀 있는 석문을 발견했다. 석문에는 '투탕카멘'이라는 봉인이 선명하게 새겨 있었다. 이 중대한 발견으로 카터는 일순간 미칠 듯이 기뻤다. 그 석문에는 또 다른 문구도 쓰여 있었다. "누구든 파라오의 평안을 방해하는 자는 사신의 날개가 그의 머리 위를 덮치리라."

이 문구를 본 사람들은 서늘한 기운을 느꼈지만, 위대한 발견을 했다는 흥분에 사로잡힌 카터는 이 저주를 무시하고 말았다. 파라오가 죽은 후 자신의 유체와 보물을 도굴꾼들로부터 지키기 위해 겁을 주려고 써 둔 것이라 생각했기 때문이다.

카터는 곧바로 영국에 있는 카르나본 경에게 전보를 쳤고 카르나본은 11월 26일 이집트에 도착했다. 카르나본이 현장에 도착하자마자 탐험대는 묘실 문을 파는 일에 착수했다. 석문은 육중하고 견고해 2월 18일에야 구멍을 뚫을 수 있었다. 카터가 횃불을 들고 먼저 구멍을 통과해 묘실 안으로 들어갔고 카르나본이 바로 뒤따라 들어갔다. 불빛이 묘실을 비추자 그들은 눈앞에 보이는 광경에 순간 멍해졌다. 묘실은 완벽하게 보존되어 있었다. 보물로 가득 한 황금 어좌, 수많은 황금 보석, 그리고 석관이 있었다. 석관 안에는 세 겹의 황금관이 있었고 가장 안쪽에 투탕카멘의 미라가 있었다. 내관은 순금으로 만들어졌고 위에 이 파라오의 명언 "나는 어제를 보았고 내일을 안다."가 쓰여 있었다.

관 안에 누워 있는 투탕카멘은 커다란 황금 마스크를 쓰고 있고 마스크 위에는 커다란 흉터가 있었다. 어린 나이에 죽은 파라오는 비극적이며 엄숙했다. 가슴에는 염주와 꽃 모양으로 새겨진 수레국화, 백합, 연꽃 등이 놓여 있었다. 원래 있던 색은 이미 바라서 희미하게만 남아 있었다. 파라오의 미라는 얇은 천으로 싸여 있고 온몸에 목걸이, 부적, 반지, 금은 팔찌, 각종 보석이 둘러져 있었다. 그리고 전체가 다 금으로 만들어진 단검과 손잡이는 금, 칼날은 철로 만들어진 단검이 하나씩 있었다. 이밖에도 유산한 두 딸의 미라와 당시의 각종 유행 의복 등도 발견되었다. 갑작스럽게 발견한 보물에 둘러싸이자 탐험대는 미칠 듯이 기뻐했다. 투탕카멘의 묘실 세 곳에서 발견한 보물은 현재 화폐로 따지면 수백 억 달러에 달했다.

이렇게 3,300년 동안 유일하게, 완전무결하게 보존된 파라오의 묘실이 세상에 드러났다. 현존하는 고대 이집트의 묘실 중 가장 화려한 이 투탕카멘의 묘실은 고대 이집트 역사, 더 나아가 세계 고고학 역사에서 가장 위대한 발견으로 손꼽힌다. 현재 투탕카멘은 고대 이집트 역사상 가장 유명한 파라오 중 한 명이다. 고고학계는 숨겨진 보물의 무한한 역사적 가치와 아직 풀리지 않은 미스터리 때문에 투탕카멘 묘실이 세계 제일의 보물 대열에 합류하기에 조금도 부족하지 않다는 데 동의한다.


## 어린 파라오의 사인은?

사람들이 투탕카멘의 묘지를 찾은 쾌거에 기뻐하고 있을 때 또 다른 문제가 수면 위로 등장했다. 바로 어린 파라오의 진정한 사인이었다.

그렇다. 평생 평온한 삶을 살 수 있었던 이 파라오가 왜 기원전 1352년에 갑자기 세상을 떠났을까? 고대 이집트에서 젊은 나이에 죽는 것이 드문 일은 아니었지만, 투탕카멘의 죽음은 모든 것이 미스터리 투성이었다. 당시 파라오의 장례식은 급하게 치러졌는데, 이는 당시 관례에 전혀 맞지 않았다. 더욱 놀라운 일은 파라오의 사체에서 상처 몇 군데가 발견되었다는

투탕카멘은 순식간에 안장되었다.
죽기 전에 도대체 무슨 일이 일어났던 것일까?

점이다. 이 모든 것으로 사람들은 투탕카멘의 죽음에 분명히 내막이 있을 것이라는 의심을 품기 시작했다.

　1922년, 하워드 카터가 투탕카멘의 묘지를 발견한 후 파라오의 죽음을 둘러싼 의구심은 세계 고고학계의 핫이슈가 되었다. 당시 사람들이 투탕카멘 미라의 물품을 정리할 때 유명한 황금 마스크에 가려진 파라오의 얼굴에 흉터가 있는 것을 발견했다. 1925년, 카터 등이 투탕카멘의 미라를 해부할 때 어떤 사람이 얼굴의 상처에 대해 의심을 내비친 적이 있다. 연구 작업을 계속함에 따라 몇 십 년 후 더 많은 의문점이 생겨났고 사람들의 관심은 자연히 이 문제들에 쏠렸다.

　상식적으로 강성한 왕조의 파라오인 투탕카멘은 죽은 후 당연히 수준 높고 성대한 장례식을 치르고 부장품도 풍부해야 마땅했다. 하지만 사실상 같은 왕조의 다른 파라오와 비교했을 때, 투탕카멘 묘지는 남루하기 짝이 없었다. 실제로 투탕카멘의 묘실 내부는 협소했으며 제대로 짓지도 않고

벽화에서는 의문점을 찾을 수 없다.
하지만 투탕카멘의 죽음을 둘러싼 미스터리는 풀리지 않고 있다.

급하게 안장한 듯한 인상을 남겼다. 일부 고고학자들은 이런 묘지는 파라오의 묘지라기보다는 일반 귀족의 묘라고 하는 게 낫다고 하기도 했다. 고대 이집트 고분은 묘실 벽에 벽화를 남기는 관습을 이어왔다. 죽음 사람의 계급이 높을수록 벽화는 더욱 아름답고 수량도 많았다. 하지만 투탕카멘 묘실 내의 벽화는 단순하다 못해 허술했고 위에 많은 물감이 흩뿌려져 있는데도 깨끗하게 정리되어 있지도 않았다.

이뿐만 아니라 투탕카멘의 부장품이 겉보기에는 보물 창고와 다름없으나 파라오의 신분에 입각해 보면 그렇게 대단한 보물은 아니었다. 오히려 당시 기준으로 보면 파라오의 신분에 전혀 걸맞지 않을 정도로 궁색하다고 할 수 있었다. 고고학자들은 많은 부장품이 실은 파라오가 생전에 사용했던 물품에 불과하다는 것을 알게 됐다. 심지어 일부 물품 위에는 다른 사람의 이름이 새겨져 있었는데 그 이름을 지우고 투탕카멘의 이름을 임시로 새겨 넣은 흔적도 보였다.

고대 이집트에서 사람이 죽은 후 미라를 제작하는 일은 매우 경건한 일이었다. 왕족이나 귀족들에게는 더욱 그러했다. 특수한 종교적 신앙으로 고대 이집트인은 영혼 불멸이라는 사상을 믿었다. 이 때문에 육체는 영혼이 돌아와 다시 결합할 때까지 긴 시간 동안 기다린다고 믿었다. 그래서 많은 정성을 들여 미라를 제작했다. 이 과정은 매우 세밀한 작업이 요구되었는데, 거의 70일간 여러 가지 복잡한 의식을 치러야 했다. 더욱 중요한 사실은 고대 이집트인은 미라가 영생의 능력을 얻으려면 부패해서는 안 된다고 생각했다. 그런데 고고학자들은 투탕카멘의 미라를 제작하는 과정이 비정상적이며 부패한 흔적이 있다는 것을 발견했다. 이는 파라오의 신분에 전혀 걸맞지 않는 것이었다. 더욱 정밀하게 분석해본 결과 투탕카멘의 미라를 제작하는 과정에서 다른 파라오처럼 부패 방지 향료를 서서히 넣은 것이 아니라 통 안에 가득 든 향료를 미라 위에 쏟아부어 대충 처리했다는 것을 알게 되었다.

연구자들은 당시 황실 내부에 큰 일이 발생해 투탕카멘을 급하게 안장했을 것이라 판단했다. 시체가 부패한 현상은 어떤 이유로 그의 죽음을 오랫동안 숨겨야 했기 때문에 제대로 미라를 제작할 시간이 없었던 탓이라고 추측했다. 더욱 눈에 띄는 허점은 파라오의 금관의 방위조차 잘못 놓였다는 것이다.

1968년, 투탕카멘의 사인을 제대로 규명하기 위해 영국 리버풀 대학 연구원들이 미라를 X선으로 투시했다. 그 결과 미라 머리 부분에 뼈가 어긋나 있고 후두부에 피가 고여 있는 그림자가 있다는 것을 발견했다. 연구팀의 책임자 해리슨 박사는 다음과 같이 주장했다.

"이 그림자가 생긴 원인은 이상할 것이 없지만 이 부위의 뇌막 내출혈로 인해 형성된 것은 틀림없습니다. 이 내출혈은 아마 후두에 충격을 받아 생겼을 것입니다. 다시 말해 이 일격이 사망의 원인일 가능성이 높습니다. 즉 투탕카멘은 살해당했을 가능성이 높습니다."

물론 해리슨 박사는 사고로 발생한 결과일 수도 있다는 의견도 덧붙였다. 하지만 더욱 이상한 것은 미라를 만든 사람이 투탕카멘의 경골 부분을 세심하게 접합한 흔적이 있다는 것이다. 그렇다면 암살 외에 파라오의 경추가 부러질 수 있는 원인이 또 뭐가 있을까?

1998년, 고대 인류 병리학자인 블리에가 『투탕카멘의 암살』을 출판했다. 고대 이집트 유물, 문서, 묘지 및 미라를 연구한 끝에 그는 다음과 같은 결론을 내렸다. 투탕카멘은 의외의 사고로 사망한 것이 아니라 암살당했다. 그는 파라오가 자던 중에 몽둥이로 머리 부분을 맞고 죽었다고 추측했다. 그 증거로 1968년 X선 촬영할 때 발견한 두골 접합부의 '어두운 부분'을 들었다. 이를 근거로 블리에는 흉수가 바로 권력을 장악했던 두 재상, 아이와 호렘헤브라고 지적했다.

하지만 다른 연구자는 이런 주장을 완전히 부인했다. 고대 이집트 역사를 연구하는 저명한 학자들은 이 결론은 엉터리라고 일축했다. 투탕카멘을 전문적으로 연구하는 독일학자는 이런 말을 했다.

"모든 사람이 추측하기를 좋아하지만 현재 이 추측을 증명할 그 어떤 증거도 없다."

이를 보면 투탕카멘의 사인을 밝히기 위해서는 아직도 많은 연구가 필요한 듯하다.

## 파라오의 저주

투탕카멘을 둘러싼 미스터리한 사인 외에도 '파라오의 저주'라는 소문이 세계 고고학계의 큰 현안으로 남아 있다. 이 모든 것은 묘지를 발굴할 당시로 거슬러 올라간다.

당시 카터의 발굴 팀이 투탕카멘의 묘지 입구를 발견했을 때 모든 사람들이 광분할 정도로 기뻐했다. 하지만 그 누구도 앞으로 닥쳐올 불행에 대해 예상하지 못했다. 훗날 어떤 이들이 묘사한 것처럼 투탕카멘의 묘지는 그리스 신화에 등장하는 '판도라의 상자'와 같았다. 열자마자 불행이 쏟아져 나온 것이다.

사실 묘실을 개방하기 전에 이미 불길한 조짐이 나타났다. 1922년 11월 26일 저녁, 카터가 정성껏 기르던 카나리아가 뱀에게 잡아먹힌 것이다. 카터가 이집트까지 카나리아를 가지고 왔을 때 고고학 팀의 한 인부가 이런 재미있는 말을 했다. "황금의 새로구나! 이 새가 우리를 묘지까지 인도해 줄 겁니다!" 얼마 후 이 말은 현실로 나타났다. 하지만 그들이 묘지 석문을 발견한 11월 4일 저녁, 카터의 시중이 다급하게 와서 카나리아가 뱀에게 잡아먹혔다는 소식을 전했다. 이 시중이 노란색 깃털을 가지고 와 카터에게 말하길, "파라오의 뱀이 카나리아를 먹어버렸습니다! 이 카나리아가 당신을 묘지로 인도했기 때문이에요! 절대 문을 열지 마세요!"라고 경고했다. 하지만 이런 미신을 전혀 믿지 않은 카터는 오히려 이 시중을 해고해 버리고 말았다.

이 일은 시작에 불과했다. 몇 개월간의 노력 끝에 1923년 2월 14일, 마침내 석문을 열었다. 깜짝 놀랄 만한 보물을 보고 기뻐하던 것도 잠시, 곧 애통한 소식이 전해졌다. 카르나본 경이 병으로 세상을 떠났다는 것이다.

1
2

1 파라오의 묘실 입구. 신비한 분위기가 물씬 느껴진다.
파라오의 저주가 흘러나올 것 같다.
2 벽화는 황급하게 완성되었다.
다른 파라오의 무덤의 벽화와 비교했을 때
단순하다 못해 허술했고 심지어 깨끗하게 정리되어 있지도 않았다.

사인은 더욱 이상했다.

　카르나본 경은 당시 57세로 건강 상태가 양호한 편이었다. 그러던 3월 어느 날, 독모기에 왼쪽 볼을 물렸는데 이 작은 상처 때문에 급성 폐렴에 걸렸다. 급하게 카이로로 이송되어 치료를 받았지만 결국 세상을 떠났다. 그의 애견도 슬픔을 이기지 못하고 주인을 따라 죽었다. 더 이상한 일은 파라오의 미라를 검사하던 의사가 미라의 왼쪽 볼에도 똑같은 흉터가 있고 카르나본이 물린 곳과 위치까지 같다고 보고한 것이다. 카르나본의 아들이 부친이 세상을 떠나던 날, 옆방에서 계속 기도하던 중에 카이로의 모든 불이 갑자기 꺼져 암흑에 휩싸였다고 회상했다.

　뒤이어 발생한 사건들도 결국 한 단어로 밖에 표현할 수 없다. 바로 '죽음'이다. 카르나본 경의 친구 조지 굴드가 이 부고를 듣고 곧장 이집트로 왔다. 호기심에서 그는 파라오의 묘지를 한 바퀴 둘러보았다. 그러고는 바로 다음날 갑작스러운 고열에 시달리다가 12시간 후에 사망했다. 그뿐만이 아니다. 얼마 후에 파라오의 미라를 X선 촬영한 방사선 사진기사는 알 수 없는 피로에 시달리다가 영국으로 돌아간 지 얼마 되지 않아 세상을 떠났다. 이후 묘지를 처음으로 참관한 영국 기업가도 영문을 알 수 없는 고열에 시달리다 죽었다. 발굴 당시 묘실의 벽을 밀어 투탕카멘의 미라를 찾은 고고학자는 정신착란을 앓다가 고통스럽게 죽었다. 고고학 팀에 참여한 카르나본 경의 조카 허버트는 복막염으로 죽었다. 카터를 도와 묘지 문화재 목록을 작성하던 리처드 베텔은 1929년에 자살했다. 이듬해 2월, 베텔의 아버지가 런던의 어느 건물에서 뛰어내려 자살했고, 그의 시신을 운반하던 영구차에 여덟 살짜리 아이가 치여 죽었다. 베텔의 아버지 침실에 투탕카멘 묘실에서 가져온 화병이 있었다고 전해진다.

1930년 말, 투탕카멘 묘지 발굴에 참여했던 사람들 가운데 12명이 알 수 없는 이유로 갑자기 죽었고, 두 사람만이 목숨을 부지했다. 1935년까지 투탕카멘 발굴과 직접적이거나 간접적으로 관련이 있는 사람 21명이 비명횡사했다. 이들은 모두 카터의 조수, 비서, 그들의 가족 등이었다.

하지만 이후 몇 년간 카터에게는 아무 일도 발생하지 않았다. 그렇다고 의문의 사건이 끝난 것은 아니었다. 다행히 불행이 비껴 갔다고 생각하고 있던 카터는 은거하며 살다가 1939년 갑자기 세상을 떠났다. 이집트 카이로 박물관 관장은 인부들을 인솔해 묘지에서 문화재를 운반하는 일을 맡았다. 그는 평소에 그런 '저주' 따위는 절대 믿지 않는다고 주위 사람들에게 말해 왔다. "내 평생 고대 이집트 묘지와 미라를 얼마나 많이 접해 왔는지 아나? 그래도 아직 끄떡없지 않은가?" 하지만 이 말을 한 지 한 달도 지나지 않아 갑작스런 심장병으로 세상을 떠났다.

이 일련의 의문의 사건은 미신을 믿지 않는 사람들조차 동요시켰다. 사람들은 파라오의 저주가 정말 있는 것이 아닌가 하는 의구심을 가질 수밖에 없었다. 이에 따라 파라오의 저주는 세계 각지로 전파되기 시작했다.

특히 영국에서는 큰 반향을 불러 일으켰다. 한 일간지는 "계속되는 불길한 징조로 사람들은 파라오의 저주 때문이라는 결론을 내렸다."라고 보도했고, 고대 이집트학 권위자인 아서 웨이걸은 "이는 고대 이집트의 신령한 저주가 틀림없다."라고 단언했다. 순식간에 영국의 각계각층은 카르나본 경이 '파라오의 저주' 때문에 죽었다고 동의했으며, 그 유명한 추리 소설가 코난 도일도 예외는 아니었다. 그는 소설에 이 이야기를 등장시키기까지 했다.

이후로도 몇 십 년간 파라오의 저주 이야기는 끊이지 않았다. 1966년,

상형문자로 된 죽음의 저주다.
몇천 년이 지나서 전 세계에 큰 공포를 몰고 왔다.

  프랑스가 이집트의 투탕카멘 유물을 초청해 파리에서 전시를 열고자 했다. 유물을 관리하던 아브라함이 어느 날 꿈을 꿨다. '만약 유물을 이집트에서 내보내면 엄청난 재앙을 가져올 것이다.' 그래서 그는 상부에 여러 번 허가해서는 안 된다고 주장했지만 아무런 효과가 없었다. 어쩔 수 없이 허가증에 사인한 그는 회장을 떠난 후 차에 치이고 이틀 후 세상을 떠났다. 1970년, 당시 고고학 팀의 마지막 생존자가 TV 인터뷰에서 "저는 이 저주를 믿은 적이 없습니다."라고 대답했다. 하지만 집에 돌아가는 길에 차 사고를 당해 목숨을 잃었다.
  몇 십 년에 걸쳐 이렇게 기이한 일이 발생하자 사람들은 '파라오의 저주'에 관해 의구심을 가질 수밖에 없었다. 원래 사람들은 고대 이집트의 파라오가 도굴꾼들을 겁주기 위해 이런 저주의 말을 써놓은 것이라고 생각했다. 최초로 서양학자들과 탐험가들이 고대 유적을 발굴했을 때는 이런 일이 발생하지 않았다. 하지만 몇 십 년 동안 이상한 일이 계속 발생하자 저주를 두려워하는 마음이 생겨났다. 투탕카멘 묘실 문에 있던 명문은 음모 이야기의 소재로 지금까지도 기이한 이야기를 좋아하는 많은 사람들을 끌어들이고 있다.

## 풀 리 지  않 는  미 스 터 리

투탕카멘의 묘지에서 발생한 일련의 사건을 둘러싸고 사람들은 '파라오의 저주' 때문이라는 의심을 품었다. 그러자 역사학자, 고고학자, 과학자를 포함한 많은 전문가들은 이런 과학적 근거 없는 의심을 풀기 위해 많은 노력을 기울였다. 몇십 년간 과학적, 이성적으로 이 문제의 원인 규명에 나선 사람들은 여러 가지 근거를 찾아냈다. 물론 각자 주장은 달랐다.

먼저 당시 '파라오의 저주'에 대한 보도와 떠도는 이야기에 대해 많은 연구자들이 의심을 품었다. 저명한 고대 이집트 고고학자 하바스 박사는 당시 많은 기자들이 '파라오의 저주'에 열중한 데는 말할 수 없는 목적이 있었을 것이라고 주장했다. 다시 말해 죽은 자에 대한 보복 때문이라는 것이다. 당시 파라오 묘지를 발굴하는 일은 세계 각지에서 큰 반향을 불러일으켰는데 신문사 모두 독점 취재를 하길 원했다. 하지만 카르나본 경은 영국의 『더 타임즈』를 선택했고, 그 결과 다른 신문사의 몇몇 기자들이 이에 대해 악의적인 기사를 실었다. 그는 고대 이집트의 피라미드와 파라오의 묘지와 관련된 소문은 속임수로 큰돈을 벌고자 한 작가와 편집인들이 조작한 것이라고 주장했다.

카르나본 경이 병으로 죽은 후 많은 사람들이 모종의 자연의 힘이 작용한 것 아니냐고 의심을 품기 시작했지만 과학자들은 이를 믿지 않고 카르

 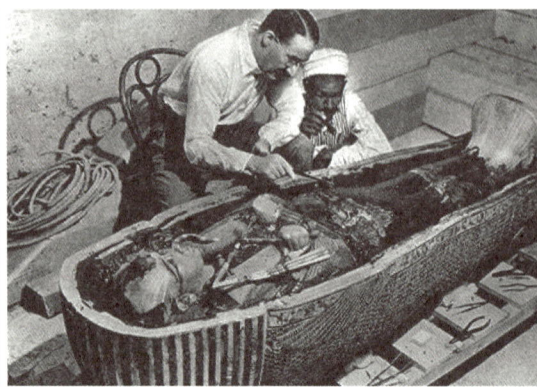

1 어린 파라오의 석관을 본 사람들은 저절로 경외심을 가지게 된다.
2 카터는 파라오의 저주를 전혀 믿지 않았다.
  하지만 사망 사건은 계속 일어났고, 미스터리는 풀리지 않고 있다.

나본의 죽음의 과학적 근거를 찾고자 노력했다. 그들은 카르나본이 묘지의 독균이나 허약한 면역 체계 때문에 죽었을 것이라 여겼다.

연구원들은 조사를 통해 카르나본이 이집트로 가기 전에 만성병을 앓고 있었다는 것을 알게 되었다. 바로 이 병이 그의 면역체계를 망가뜨린 것이다. 미라를 연구하던 과학자는 미라에서 위험한 병균을 발견했는데, 이 병균은 충혈에서부터 폐출혈까지 각종 과민 반응을 불러일으킬 수 있다. 이 밖에 과학자들은 봉쇄되어 있던 관 속에서 암모니아, 포름알데히드 등을 발견했다. 이들 유독가스는 눈과 코를 상하게 하고 폐렴 비슷한 증상을 유발한다. 심각한 경우에는 사망까지 이르게 한다. 어떤 사람은 묘지에 기거하던 박쥐가 죽음에 이르게 한 원인일 것이라고 주장하기도 했다.

또 다른 관점은 카르나본 경의 죽음은 묘지 내부의 유독 물질과 전혀 관계가 없다는 주장이다. 일부 전문가들은 원래 늙고 허약했던 데다 만성병까지 앓고 있던 카르나본 경이 처음 묘지에 들어간 후 몇 개월이 지나서야 죽었는데, 만약 그가 정말 묘지의 유독물질에 감염된 것이라면 증상은 더 일찍 나타났어야 했다고 주장했다. 미국 하와이대학의 한 유행병 학자는 "카르나본 경은 묘지 안이 묘지 바깥보다 더 안전했을 것이다!"라고까지 말했다.

투탕카멘 묘 발굴에 가장 중심인물이었던 하워드 카터는 저주에 대해 전혀 믿지 않았다. 투탕카멘의 저주는 황당한 보도일 뿐이라고 일축했다. 그는 이후에 이 문제 관해 책까지 냈는데 다음과 같은 문구가 있다. "현대 이집트인들의 전통 종교에 따르면 저주와 같은 것을 용납하지 않는다. 오히려 진심으로 죽은 사람의 명복을 기원했다." 1933년, 사람들의 의심을 풀기 위해 독일의 고대 이집트 학자가 이 문제와 관련한 글을 발표했다. 그는 여러 증거자료들을 제시하며 '파라오의 저주'는 존재하지 않는다고 주장했다.

하지만 일련의 사망 사건은 이미 눈앞에 발생한 사실이고 미스터리는 여전히 풀리지 않고 있다.

일부 연구자는 '파라오의 저주'가 도굴꾼에 대비하기 위한 바이러스라고 여겼다. 1963년, 카이로 대학의 의학교수가 파라오의 묘지에 들어갔던 사람은 모두 바이러스에 감염되어 죽었다는 결론을 내렸다. 많은 고고학자들을 대상으로 실험해본 결과, 이들의 호흡기에 염증을 일으키는 바이러스가 있다는 사실이 밝혀졌다.

1983년, 어느 프랑스 여의사가 새로운 견해를 내놓았다. 그녀는 진정한 살인자는 독균이라고 주장했다. 하지만 이 독균은 파라오가 일부러 놓아둔 것이 아니라 부장품 중 식품이 부패하면서 생겨난 독균 먼지라고 했다. 묘지에 들어간 사람은 어쩔 수 없이 이 먼지를 흡입하게 되고 폐부가 감염되어 죽음에 이른다고 주장했다.

또 다른 연구자들은 '파라오의 저주'가 묘지의 구조 때문에 생긴 것이라고 주장했다. 투탕카멘 묘지의 설계 때문에 특수한 자장이나 에너지파가 발생하고 모이게 되어 사람들을 죽음에 이르게 했다는 것이다. 하지만 이에 대해서는 새로운 의문이 든다. 현대의 과학기술로도 이런 구조를 설계할 수 없는데, 몇 천 년 전의 고대 이집트인들이 정말 이런 능력을 갖추고 있었을까?

결론을 말하자면, 이상의 주장들은 제각각 논리가 있지만 또 많게 적게 허점도 있다. 독균설이든 바이러스설이든 구조설이든 모두 설명할 수 없는 부분이 있다. 바이러스가 원흉이라면 어떤 바이러스가 밀폐된 공간에 4,000년이나 생존할 수 있을까? 또 독균 때문이라면 묘지를 연 후 공기가 유입되면 독균 먼지는 곧 흩어지기 마련인데 어떻게 몇 년이나 지속되었을까……

지금까지 가장 설득력 있는 연구 결과는 '발암 기체설'이다. 이 새로운 이론은 고대 이집트 고고학자 하바스 박사가 제시한 것이다.

1999년, 고고학계가 '유해 병균'에 대한 추측을 할 때 독일 미생물학자 크레이머가 미라 몸에 치명적인 세균 포자가 있고 이 포자는 수세기 동안 번식할 수 있다고 밝혔다. 이 중대한 의학적 발견을 근거로 하바스는 묘지에 들어갈 때마다 묘실 벽에 공기구멍을 뚫고 부패한 공기가 외부로 빠져나갈 때까지 몇 시간가량 기다렸다가 들어갔다. 하지만 그는 이것이 유일한 원인은 아닐 것이라 생각했다. 그래서 새로운 실험으로 여러 파라오의 묘지 석회벽에 라돈이라는 기체가 가득하다는 것을 발견했다. 의학 전문가들은 이 기체가 암을 유발할 수 있다는 데 모두 동의했다. 이때부터 하바

투탕카멘의 황금 마스크 역시 고대 이집트 문명의 상징이 되었다.

스는 이것이 일부 고고학자들의 병을 유발하고 생명까지 앗아가는 직접적인 원인이 아닐까 의심했다. 이로써 정말 '파라오의 저주'가 풀린 것인지도 모른다.

하바스가 발굴한 고대 이집트 파라오 묘지 및 접촉한 미라 수는 세계 어느 고고학자들보다 훨씬 많을 것이다. 이미 수없이 많이 '파라오의 평안을 방해했는데도' 그는 아직까지 건재하다. 기자들이 하바스를 취재할 때 '파라오의 저주'가 두렵지 않느냐고 물은 적이 있다. 그때 그는 단호하게 그런 미신은 믿지 않는다고 말했다. 최근에도 하바스는 이탈리아, 스위스, 미국 등에서 온 방사선 학자와 유행병 학자, 법의병리학자들과 함께 최신식 스캔 기술로 투탕카멘의 유체를 연구하고 있다. 이번 연구 결과는 그 과정의 첫걸음일 뿐이다.

사람들의 의구심을 해소하기 위해 하바스는 자신도 '저주'와 맞닥뜨린 적이 있다고 말했다. 어느 날 발굴하던 중에 비석에 "누구든지 나의 무덤을 어지럽히는 자는 악어, 하마, 사자에게 먹히리라."라는 문구를 발견했다고 한다. 하지만 이 저주는 실제로 일어나지 않았다. 그도 그럴 것이 현실 생활에서 악어나 하마를 맞닥뜨릴 일은 거의 없기 때문이다. 한번은 고대 이집트 고분에서 발굴 중일 때, 갑자기 어떤 물체가 머리에 떨어져 기절했다. 그가 깨어나자 누군가 파라오의 저주 때문이라고 말했지만, 그는 웃으며 단순한 사고일 뿐이라고 일축했다.

아무리 많은 과학자들이 어떤 각도에서 '파라오의 저주'를 부인해도 역사적으로 두려운 일이 발생하면 사람들의 심리에 영향을 미치게 마련이다. 얼마 전에는 로봇으로 피라미드의 신비를 파헤치고 TV로 방송했을 때 많은 매체가 선동하는 바람에 시청자들은 여전히 책임자들과 현장의 인부들에게 파라오의 저주가 쏟아질까봐 손에 땀이 흥건할 정도로 걱정에 사로잡혔다. 이집트 문화재위원회도 사람들의 걱정을 잠재우면서 이렇게 말할 뿐이었다. "'파라오의 저주'와 쿠푸 피라미드는 아무런 관련이 없습니다. '파라오의 저주'의 미스터리는 아직 풀리지 않았습니다."

  파라오의 저주가 사실이든, 아니든 가까이에서 미스터리한 파라오와 유물을 접하게 되면 사람들은 저절로 두려운 마음을 가지게 될 것이다.

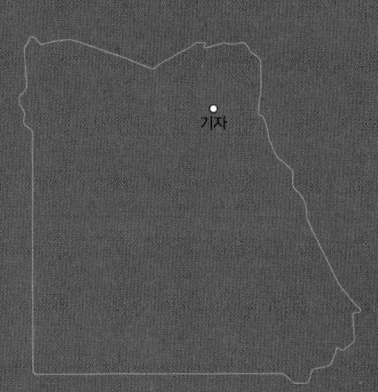

## 3장 | 영원한 기적 기자 피라미드

기자 지역에는 크고 작은 피라미드 96개가 흩어져 우뚝 서 있다. 피라미드는 도대체 누가, 언제, 왜, 어떻게 지었을까? 이 모든 미스터리는 사람들의 머릿속에 물음표로 남아 있다. 인류가 습득하는 지식의 양이 아무리 많아지고 기술이 나날이 진보해도 피라미드에 대해 여전히 풀지 못하는 수수께끼가 많다. 그렇기 때문에 수백 년 동안 많은 탐험가, 역사학자, 고고학자, 과학자, 여행가들이 수수께끼를 풀 열쇠를 찾기 위해 끊임없이 피라미드를 방문하고 있다.

햇빛 아래서 대피라미드는 위엄이 넘치는 장관을 연출한다.
미스터리한 피라미드의 신비함이 전해져 오는 듯하다.

룩소르의 찬란한 문명을 살찌우기 위해 너무 많은 힘을 쏟아부어서일까, 나일 강이 왠지 피곤해 보인다. 앞에는 끝도 보이지 않는 망망한 대사막이 펼쳐져 있다. 이 때문에 나일 강마저 적막해지는 듯하다. 하지만 사막의 질곡을 벗어나면 다시 문명의 어머니의 모습을 되찾는다. 곧 하이집트로 들어갈 때쯤 나일 강은 인류에게 위대한 기적을 선사한다. 바로 모든 사람들의 관심을 한 몸에 받는 기자 피라미드다. 고지대인 기자는 나일 강 하류 서쪽 강변의 시리아 사막에 위치해 있다. 고대에 이 지역에서 처음으로 정치와 종교, 문화를 꽃피운 곳이 바로 멤피스였다.

세계에서 오래된 도시 가운데 하나인 멤피스는 5,000여 년의 역사를 가졌으며 고대 이집트 고왕국 시기의 수도였다. 기원전 3100년, 첫 왕조의 첫 번째 국왕 메네스가 건설한 것으로 전해진다. 도시의 벽을 회반죽으로 칠해서 '하얀 도시'라고도 불렀다. 중왕국 시대와 신왕국 시대에 이집트의 정치 중심이 남부 테베로 옮겨간 뒤에도 멤피스는 여전히 주요 도시로 굳건한 자리를 차지하고 있었다. 기원전 1000년 이후 아시리아, 페르시아 제국, 그리스, 로마 제국 등이 멤피스를 점령하거나 침략했다. 기원전 7세기 아랍인들이 이집트를 점령한 후 멤피스는 철저하게 파괴되어 지금은 흔적도 찾아볼 수 없다. 다만 나일 강변에 수수께끼 같은 피라미드만 남아 지난 일을 조용히 전해줄 뿐이다.

  이집트를 말하면 우리는 자연스럽게 나일 강을 떠올리고 또 피라미드를 떠올린다. 어떤 의미에서 보면 피라미드는 이집트의 절대적인 상징이며 인류 고대 문명의 상징이라고도 말할 수 있다. 이 때문에 나일 강의 수원은 머나먼 에티오피아 고원일지라도 이집트 역사의 원천은 피라미드에서부터 시작한다.

## 신화의 수도 멤피스

고대 도시 멤피스는 수많은 고대 묘지와 피라미드로 유명하다. 멤피스는 이집트 북동부 나일 강 서쪽에 위치해 있다. 멤피스는 '아름다운 건물'이라는 뜻으로 기원전 3100년 메네스가 건설했다. 도시 역사가 5,000여 년이 넘으며 고왕국 시대의 행정, 종교, 군사 중심지였다. 상하이집트가 처음으로 통일된 후의 수도이기도 했다. 기원전 7세기에 이 천년고도는 철저하게 파괴되어 지금은 부근의 피라미드 지역을 제외하고 람세스 2세 시대의 신전 유적, 제26왕조의 왕궁 유적 등만 남아 있다.

### 나폴레옹의 발견

1798년 5월 19일, 거대한 함정 부대가 프랑스 남부 항구 툴롱에서 출발했다. 7월 2일, 지휘관 나폴레옹 보나파르트의 진두지휘로 함정 부대는 지중해를 건너 최종적으로 이집트 알렉산드리아 항에 상륙했다. 배에서 내린 병사들은 곧바로 이집트의 수도 카이로로 진격했다. 선진적인 무기에 힘입어 7월 24일, 프랑스 군대가 카이로에 입성했다. 나폴레옹 장군은 그가 서 있는 땅 어디에나 금빛 찬란한 사원, 거대한 피라미드, 쳐다보는 것만으로 저절로 두려움이 생기는 신전으로 가득하다는 것을 깨달았다. 이 모든 것을 본 나폴레옹은 몇 개월 전의 한 장면을 떠올렸다.

몇 개월 전 어느 날, 프랑스 파리의 프랑스 학원 홀에서 과학자 회의가 열렸다. 프랑스의 영웅으로 추앙받는 나폴레옹 장군이 이 회의에 초청받아 연설을 했다. 혁혁한 무공을 자랑하는 이 장군이 니버가 쓴『아랍 여행』이라는 책을 들고 수많은 과학자들 앞에서 이집트를 거론할 줄은 그 누구도 몰랐다. 설령 안다 해도 이집트는 유럽인들에게 멀고도 낯선 나라였다.

세계에서 가장 유명한 문명국가 가운데 하나인 이집트는 유럽에서 근동 지역의 나라로만 줄곧 알려져 있었다. 일찍이 고대 그리스 시대에 서양 '역사학의 아버지'로 불리는 헤로도토스가『역사』에서 고대 이집트에 관한 기록을 남겼다. 기원전 4세기, 위대한 정복자 알렉산드로스 대왕 역시 이집트에 자신의 족적을 남겼으며 그의 장군 프톨레마이오스가 이곳에서 그리스인이 통치하는 왕조를 열었다. 로마 시대에 이집트는 행정구로서 제국에 병합되어 있었다. 이 모든 것들은 유럽과 이집트의 관계에 큰 영향을 미쳤다. 하지만 이슬람 문명이 부흥한 뒤 로마 제국이 무너지면서 이집트는 아랍제국의 세력에 편입되었다. 이때부터 양대 문명 간의 오랜 대립으로 이집트는 유럽인의 마음속에 더욱 모호해져 갔고 몇 백 년 동안 지리적인 개념으로만 남아 있었다. 이 사이에 많은 유럽인들이 이집트를 방문했고 수많은 저서를 남겼지만 몇천 년 전의 빛나는 문명에 대해 아는 사람은 드물었다. 신화와 같은 역사는 나일 강변의 모래 속에 천천히 묻혀 갔

1  2
3  4

1 프랑스 집정관 정부 시기의 나폴레옹 장군이다. 이집트에서 군사 모험의 서막을 열었다.
2 기이한 동방의 거대한 건축물을 본 프랑스인들은 호기심과 흥분을 억누를 수 없었다.
3 나폴레옹의 명령으로 과학자들은 이집트의 고대 유적을 살펴보기 시작했다.
4 뛰어난 언어학자 장 프랑수아 샹폴리옹이다. 부단히 노력한 끝에 마침내
  하늘의 책과 같았던 고대 이집트 상형문자를 해석했다.

다. 18세기에 이르러서야 한 무분별한 침입자가 겨우 고대 이집트의 신비한 베일을 벗겼다. 바로 위대한 군사 통솔자이자 프랑스 제국의 황제, 나폴레옹이다.

1798년 봄, 장군에 불과했던 나폴레옹은 영국과의 전쟁에서 승기를 잡기 위해 이집트 원정을 결정했다. 과학을 매우 중시했던 나폴레옹이 신비한 고대 이집트 문명에 깊은 관심을 보인 것은 예상 밖의 일이었다. 역사의 미스터리를 풀고 전설 속에 등장하는 보물을 찾기 위해 나폴레옹은 프랑스 과학자들을 불러 모아 이집트 원정에 참여해야 한다고 설득했다. 결국 많은 과학자들이 이 야심찬 계획에 동참했다. 나폴레옹은 5월 중순에 거대한 함대를 이끌고 이집트로 출발했다. 그의 휘하에는 전선 300척, 군인 4만여 명뿐만 아니라 프랑스 과학원의 천문학자, 수학자, 화학자, 광물학자, 동방학자, 기술자, 화가, 시인, 문학가 200여 명도 포함되어 있었다.

이집트에 도착한 후 나폴레옹은 계획을 착착 진행해 나갔다. 카이로를 점령한 후 나폴레옹은 수하들을 데리고 각지를 살펴봤다. 성 밖에서 그들은 수많은 고대 유적과 폐허를 발견했다. 거대한 피라미드를 맞닥뜨린 순간에는 잠시 어안이 벙벙해질 정도로 충격을 받았다. 위엄이 넘치는 기자 피라미드 앞에서 나폴레옹은 신비한 스핑크스상을 쓰다듬으며 부하들에게 말했다. "병사들이여! 4,000년의 역사가 그대들을 깔보고 있다!" 이때의 스핑크스상은 수천 년 동안 모래 바람 속에 파묻혀 있었다. 머리의 갈기는 비바람에 마모되었고 눈과 코는 동굴처럼 변해 있었다. 이는 이집트 마멜루크인이 스핑크스 머리를 타깃으로 사격 연습을 한 결과였다.

과학자들은 나폴레옹의 바람을 저버리지 않았다. 고대 도시 폐허에서 과학자들과 예술가들은 열정을 가득 품고 자신의 작업을 시작했다. 바쁘게

측량하고 점검하고 조사하며 이집트에서 찾을 수 있는 모든 것을 찾았다. 4,000여 년의 역사가 이집트에 남긴 것은 정말 많았다. 눈을 들어 슬쩍 보기만 해도 도처에 파라오의 묘지, 우뚝 솟은 돌기둥, 위용을 뽐내는 조각상, 거대한 석관, 신비한 미라, 뾰족하게 솟은 오벨리스크, 이해할 수 없는 상형문자들이 널려 있었다.

이들 과학자 중에 도미니크 비방 드농이라는 귀족 예술가가 있었다. 그는 나폴레옹의 아내 조세핀이 추천한 인물로 설명도를 제작하는 일을 맡았다. 이집트에 들어온 순간 그는 이 모든 것에 깊이 매료되었다. 이집트 문화가 내포하고 있는 깊이에 대해서 전혀 알지 못했지만 날카로운 관찰력에 의지해 익숙한 붓놀림으로 본 모든 것을 그렸다. 도미니크가 프랑스로 가지고 온 수많은 그림은 고고학자들이 이집트를 연구하는데 진귀한 자료가 되었다.

수많은 역사학자들이 평가한 것처럼 나폴레옹의 이집트 원정은 비록 실패로 끝났지만 여러 전문가들이 참여하는 국제적인 이집트 탐사 활동의 서막을 여는 쾌거를 얻었다. 이런 탐사 및 연구 활동은 지금까지도 이어지고 있다. 이집트 고고학 역사상 놀라운 발견은 모두 나폴레옹의 이집트 원정 이후 이루어진 것이다. 나폴레옹의 군대에 참여한 과학자 중 한 명이 세 가지 문자가 새겨진 로제타 비석을 프랑스로 가져왔다. 이는 훗날 이집트의 미스터리를 푸는 열쇠가 되었다. 20년 후 장 프랑수아 샹폴리옹이라는 프

---

**장 프랑수아 샹폴리옹**(1790~1832년)　　프랑스 역사학자이며 언어학자. 처음으로 고대 이집트의 상형문자 구조를 파악하고 로제타 비석의 내용을 해석했다. 어릴 때부터 뛰어난 언어적 재능을 발휘했던 그는 19세 때 그레노블의 역사학 교수가 되었다. 동방의 언어, 특히 고대 이집트의 콥트어에 큰 흥미를 느낀 그는 1822년부터 1824년까지 로제타 비석을 체계적으로 연구하기 시작했다. 그리고 마침내 고대 이집트 상형문자의 구조를 해석하는 데 성공했다. 완전한 형태의 문자 부호와 그리스 자모 대조표를 만들어 훗날 이집트가 남긴 대량의 파피루스를 해석하는 데 크게 기여했다.

랑스의 천재 언어학자가 이 로제타 비석을 근거로 고대 이집트 상형문자를 해독했다. 이로써 후세 사람들은 몇천 년 전 고대 왕국을 더 가까이 들여다 볼 수 있게 되었다.

## 피 라 미 드    왕 조

신비의 상형문자를 해독한 후에야 사람들은 비로소 고대 이집트의 역사적인 맥락을 분명하게 이해할 수 있었다. 몇 천 년 동안 고대 이집트 역사에서 중요한 역할을 담당해 온 것은 바로 바다를 향해 끊임없이 흘러가는 나일 강이었다.

근대 이후 사람들은 고대 이집트를 기원전 4000년부터 기원전 332년 알렉산드로스 대왕 정복 전까지의 역사로 정의했다. 또 어떤 이는 전기 왕조, 초기 왕조, 고왕국, 제1중간기, 중왕국, 제2중간기, 신왕국, 후기 왕조의 8개 시대, 총 31개 왕조로 나누기도 한다. 세계 다른 지역과 마찬가지로 고대 이집트 문명의 부흥과 찬란함은 강과 밀접한 관련이 있다. 나일 강이 정기적으로 범람했기 때문에 고대 이집트인들은 천혜의 자연조건에 의지해 인류 역사의 최초 문명 중 하나를 창조할 수 있었다.

고대 이집트의 주민들은 북아프리카 토착인과 서아시아 셈족이 통합해 형성되었다. 기원전 4000년 말기부터 나일 강변에는 국가적인 성격을 띤 문명이 서서히 형성되기 시작했다. 이집트 전기 왕조를 대표하는 것은 나카다 문화인 것으로 증명되었다. 기원전 4000년에서 기원전 3500년에는 이집트에 사유제와 계급 관계의 씨앗이 등장했다. 여기에서 발견된 왕권의 상징 중 하나인 데슈레트(붉은 왕관)와 왕의 칭호를 상징하는 매의 신인 호루스의 모습이 그려진 도자기 조각은 이미 왕권이 싹텄다는 것을 의미한다. 기원전 3500년에서 기원전 3100년까지 사유제가 이집트에서 확립되었다. 나카다 문화 후기에는 사유제가 확립되고 계급이 형성됨에 따라 이집트에 국가가 등장했다. 이때의 국가는 규모가 작았고 인구도 적었다. 나일 강변에 넓게 흩어져 살았으며 주요 나라로는 테베, 멤피스, 부토, 히에라콘폴리스, 엘레판티네, 아비도스, 티니스, 사이스 등이 있었다. 재미있는 것은 당시 국가의 상형문자 부호가 강의 관개와 밀접한 관련이 있었다는 것이다.

시간이 흘러 기원전 3100년쯤, 메네스라는 국왕이 상이집트와 하이집트의 여러 소국을 통일하고 제1왕조를 세웠다. 제1왕조는 지금의 카이로 서쪽 지역에 있는 멤피스를 수도로 삼았다. 이로써 초기 왕조 시대(기원전 3100~기원전 2686년)가 시작되었다.

고대 역사학자 마네토의 기록에 따르면 메네스는 제1왕조의 창시자일 뿐만 아니라 이집트 국가의 건국자이자 통치자다. 그는 남방에 자신의 국가를 세운 후 북방 삼각주 지역을 정복했다. 북방 지역의 통치를 견고히 다지기 위해 그는 하곡과 삼각주 접경 지역에 요새 도시, 멤피스(원래 이름은 하얀 도시, 멤피스는 그리스인이 붙인 이름)를 세웠다. 도시의 수호신은 프타(세상을 창조한 자, 예술과 수공업의 수호신)로 삼았다. 현대 고고학자들은 지금까

**마네토**  기원전 4세기 말에서 기원전 3세기 초까지의 고대 이집트 제사장이자 역사학자다. 기원전 3세기에 마네토는 파라오 프톨레마이오스의 명으로 그리스 문자를 이용해 파라오 시기의 역사를 기록했다. 그는 이집트 통치자들을 31개 왕조로 나누고 그리스 문자로 『이집트사』를 펴냈다. 한 교회 역사학자가 이 책의 일부를 보관한 덕분에 현재 고대 이집트 역사를 연구하는 데 중요한 자료가 되고 있다. 마네토가 이집트 역사를 구분한 방법은 매우 정확해 현재도 그대로 사용하고 있다.

1 고대 이집트 제1왕조의 창립자 메네스의 모습이다.
그는 상이집트와 하이집트를 통일하고 멤피스를 수도로 삼았다.
2 이집트의 전제 시대 진입을 상징하는 나르메르 팔레트다.
이 조각은 고대 이집트의 기념물 중 역사적 기록이 담긴 최초의 기념물이다.

지 메네스가 존재했다는 증거는 단 하나도 발견하지 못했지만, 카이로 부근의 나일 강 서쪽 유적지에서 초기 왕조 시대의 유물 자료를 대량 발굴했다. 이 자료는 당시의 이집트가 통일된 군주제 왕국이었다는 사실을 증명한다.

이집트 전체가 얼마나 나일 강에 의지하는지를 살펴보면 당시 이집트 정치, 경제, 문화 발전에 따른 필연적인 결과로 통일되었다는 것을 알 수 있다. 국가가 통일되어야만 나일 강이 이집트의 남북 교류를 강화하는 연결 고리가 되며, 더 큰 규모로 나일 강을 이용하고 관개 농업을 발전시켜 경제, 문화를 더욱 발전시킬 수 있기 때문이다. 초기 왕조 시대에 이집트 문명은 놀랄 만한 성과를 거두었고 이는 농업, 수공업, 건축, 천문, 역법, 수학, 의학 등에서 잘 나타난다.

기원전 2686년에서부터 기원전 2181년까지는 이집트의 고왕국 시대로 제3왕조부터 제6왕조까지를 포함한다. 이때의 수도는 멤피스였다. 유명한 피라미드가 이 시기에 대부분 건축되었기 때문에 고왕국 시대를 피라미드 시대라고 부르기도 한다.

이 시대에 나일 강은 이집트인의 생활에서 더욱 중요한 위치를 차지했다. 국가가 통일되면서 사회, 경제가 발전할 수 있는 더욱 안정적인 환경이 마련되었다. 또한 수리 설비가 개선되어 농업의 발전에 중요한 여건이 형성되었다. 보리, 밀, 아마, 포도, 무화과 등과 같은 작물들은 고왕국 시대에 이미 재배되고 있었다. 일부 자료를 통해 당시 이집트인의 농업 기술이 여전히 원시적이었다는 것을 알 수 있다. 하지만 나일 강이 범람한 후 쌓인 진흙이 매우 비옥했기 때문에 식량 생산량은 고왕국 시대의 막대한 국가 기계 및 수공업자들을 먹여 살릴 수 있을 정도로 풍족했다. 이를 기반으로 고왕국은 각 영역에서 빠르게 성장하기 시작했다. 농업, 수공업뿐만 아니라 건축업, 나아가 대외 무역에서 놀라운 발전을 이뤄냈다.

고왕국 시대 500여 년간, 이집트는 역사적인 황금시대에 진입했다. 외세의 침탈이 없었고 내부적으로도 반란이 일어나지 않아 국왕의 권위가 점차 확립되었다. 군주제를 실행하던 고왕국에서 국왕은 국가 권위의 상징이었다. 국왕은 직접적으로 대량의 토지, 노동력, 기타 여러 가지 부를 차지했을 뿐만 아니라 국가의 토지, 관개 시스템, 대외 무역을 통제하고 모든 전리품을 차지했다. 이밖에도 국왕이 직접 군대를 통솔했다. 고왕국의 신하들에게 국왕은 절대 권력이었다. 국왕이 국가의 최정점에 오른 사람이라면 모든 신하와 백성들은 그의 종이었다. 관리와 백성이 국왕을 알현할 때에는 그의 발 앞 모래에 입을 맞췄다. 만약 발에 입 맞추도록 허락을 받는다면 무한한 영광으로 여겼다.

고왕국의 국왕들은 자신을 더욱 신격화했다. 고왕국 초기 및 그 이전 시기에 매신 호루스가 왕권의 주요 수호신이었는데 이때 국왕은 호루스라는 명칭을 사용하기도 했다. 하지만 이후 고왕국이 태양신 라를 더욱 숭배하게 되면서 많은 국왕들이 자신의 이름 끝에 라의 이름을 붙여 썼다. 이런 절대적인 권위 덕분에 고왕국의 국왕들이 전국의 인적, 물적 자원을 끌어들여 피라미드와 같은 거대한 건축물을 축조할 수 있었던 것이다.

하지만 제4왕조의 전성 시기를 지난 후 제5왕조부터 고왕국은 쇠락의 길을 걷기 시작했다. 신전 세력 간의 갈등이 심해지고 대규모의 반란이 발생하면서 국왕의 세력이 심각하게 약해졌다. 제6왕조 때 페피 2세가 장기 집권한 후 고왕국의 통일 이집트는 결국 귀족들의 분열과 반란으로 끝이 나면서 제1중간기에 들어섰다.

전대와 비교해서 왕국의 중심이었던 멤피스의 지위는 더 큰 도전에 직면하게 되었다. 이후에도 여러 왕조가 멤피스를 수도로 삼았지만 그들의 통치 범위는 전체 이집트까지 아우르지 못했다. 더욱 심각한 일은 장기간의 전란으로 나일 강 양안의 관개 시스템이 심각하게 파괴되어 수많은 밭과 논이 잡초가 무성한 습지로 변하고 만 것이다. 때때로 기근이 발생했고 백성들의 부담은 더욱 무거워졌다. 이와 함께 남쪽의 테베에서 새로운 세력이 형성되기 시작했다. 제10왕조가 멤피스에서 출범했을 때 남쪽 테베에서도 제11왕조가 들어섰다. 테베의 멘투호테프 2세는 멤피스의 헤라클리오폴리스 왕조를 무너뜨리고 마침내 다시 이집트를 통일했다. 이로써 이집트는 중왕국 시대에 들어섰다. 이후 이집트의 정치 중심은 테베로 옮겨갔다.

## 신 화 의　국 가

　문명이 형성된 순간부터 고대 이집트인들은 나일 강 유역을 수많은 신들의 나라로 여겼다. 전제 통치를 받으면서는 국가 최고 통치자인 국왕, 즉 파라오가 더욱 신격화되었고 이런 전통은 고대 이집트 전체를 관통했다.

　고대 이집트는 많은 신을 숭배하는 국가로 섬기는 신이 2,000여 명이 넘

---

**파라오**　고대 이집트 군주의 칭호로 '궁전'이라는 뜻이지만 고왕국 시대에는 왕궁만을 가리켰다. 신왕국 제18왕조 투트모세 2세 때부터 국왕을 지칭하는 말로 사용되기 시작했다. 제22왕조(기원전 940~기원전 730년) 이후 국왕의 정식 칭호가 되었다. 하지만 사람들은 습관적으로 모든 고대 이집트의 국왕을 파라오라고 부른다. 파라오는 노예제 전제 군주로 전국의 군사, 사법, 종교 권력을 장악했다. 그의 의지는 곧 법률이 되었기 때문에 파라오는 명실상부 고대 이집트의 최고 통치자였다.

은 것으로 추산된다. 신을 둘러싼 종교 활동이 활발하게 벌어졌고 이런 활동은 고대 이집트인의 생활에서 가장 중요한 부분을 차지했다. 수많은 종교 절기는 고대 이집트인의 다채로운 종교 생활을 반영할 뿐만 아니라 특별한 내세 신앙과 세계관을 보여준다. 이집트는 종교 절기가 매우 많아 4~5일에 한 번꼴로 명절이 있다. 종교 절기는 대략 세 부분으로 나눌 수 있다. 첫 번째는 나일 강이 범람하고 식물이 성장하는 등의 계절과 관계가 있다. 두 번째는 파라오의 등극, 파라오 즉위 30주년 등과 같이 파라오와 관련이 있다. 세 번째는 신화 속에 등장하는 신들의 활동에 따라 형성되었다.

　이런 명절을 통해 우리는 나일 강이 특별한 지위를 누렸음을 알 수 있다. 고대 이집트 사람들은 나일 강의 수위와 식물의 성장 상황에 따라 일 년을 세 계절, 다시 말해 한 계절 당 4개월로 나누었다. 첫 번째 계절은 나일 강이 범람하는 계절로 '아케트'라고 불렀다. 두 번째 계절은 씨를 뿌리고 농작물이 성장하는 계절로 '페레트', 세 번째 계절은 수확의 계절로 '셰무'라고 불렀다. 이 때문에 많은 신들의 명절이 나일 강과 직접적으로 연관되었다. 나일 강의 신인 하피의 명절은 아케트 계절 초기에 있다. 명절 당일 사람들은 하피 신에게 제물을 바치고 선물 목록을 쓴 파피루스를 강에 던지며 하피 신이 물과 풍요를 선사해주기를 바랐다.

　초기 왕조와 고왕국 시대에 호루스를 숭배하는 일이 더욱 전형화되었다. 당시 이집트에서 호루스는 가장 높은 신으로 여겨졌으며 모든 파라오들이 자신을 그의 화신이라고 칭했다. 신화에서 호루스는 이시스와 오시리스가 낳은 아들로 등장한다. 처음에 그는 하늘의 신이었다. 매처럼 이집트의 상공을 선회하며 그의 아버지 오시리스 국왕을 보호했다. 이후 전체 이집트의 국왕이 된 호루스는 매의 머리를 하고 있고, 위쪽은 상이집트를 상징하

1
3
2

1 호루스 신에 대한 숭배는 고대 이집트 초기 종교의 중요한 부분이다.
  모든 파라오들은 자신을 호루스의 화신이라고 칭했다.
2 신의 가족인 호루스, 이시스, 오시리스다.
  호루스는 이시스와 오시리스가 낳은 아들로 하늘의 신이었다.
3 호루스의 어머니인 이시스다. 고대 이집트에서 숭배된 최고의 여신인
  이시스는 아내와 어머니의 본보기로 알려졌다.

는 하얀색, 아래쪽은 하이집트를 상징하는 붉은색으로 된 왕관을 머리에 쓰고 있다. 이런 특색 때문에 이집트의 통치자들이 자신을 인간 세상에 내려온 호루스라고 여긴 것이다.

고대 이집트에는 호루스에 관한 신화가 전해진다. 호루스의 아버지 오시리스는 대지의 아버지와 하늘의 어머니에게서 난 첫째 아들이다. 오시리스는 후에 여동생인 달의 여신 이시스를 아내로 맞이했다. 그들은 이집트인들에게 농경을 숭상하고 빵과 포도주, 맥주를 생산하는 법을 가르쳤다. 이시스는 아녀자들에게 곡식을 빻는 법과 아마실을 짜는 법, 천을 만드는 법을 가르쳤다. 오시리스는 첫 신전을 만들고 첫 신상을 조각해 인류에게 신을 숭배하는 것을 가르쳤다. 하지만 얼마 후, 동생인 세트의 질투로 오시리스는 음모의 희생양이 되고 말았다. 거칠고 교양이 없으며 성격이 광폭했던 세트는 오시리스를 대신해 세상을 다스리겠다고 결심했다. 어느 날, 세트는 가짜 연회를 베풀어 오시리스를 초대한 다음, 연석에서 그를 죽였다. 그런 후 시체를 상자에 담아 나일 강에 버렸다. 오시리스가 살해당한 것을 안 이시스는 슬픔을 주체할 수 없었다. 그녀는 자신의 머리카락과 옷을 자른 뒤 상자를 찾으러 나섰다. 고생 끝에 상자를 찾았지만 세트가 이번에는 상자를 빼앗아 오시리스의 시체를 조각 내 각지에 버렸다.

오시리스를 열렬히 사랑하는 이시스는 포기하지 않고 각지를 돌아다니며 남편의 시신 조각을 하나하나 찾았다. 모든 조각을 찾은 그녀는 완전한 형태로 꿰맨 후 향료를 발라 살해당한 영혼의 영생을 찾아주는 부패 방지 의식을 진행했다. 이시스는 오시리스 옆에 누워 그가 되살아나길 기다리며 잠을 청했다. 그렇게 해서 호루스가 탄생했다. 부활한 오시리스는 다시 세상을 다스렸다. 하지만 얼마 후 지하 세계로 돌아가 죽은 자들을 다스리는데 전념했고 복수의 임무는 아들 호루스에게 맡겼다. 온갖 역경을 이겨내고 성인으로 성장한 호루스는 원수 세트를 물리치고 모든 신들의 지지를 받으며 이집트의 통치자가 되었다.

고대 이집트 초기에 호루스 신에 대한 숭배는 매우 중요한 종교 행사였다. 파라오는 왕위에 오른 날부터 호루스 신이 되었다. 사적 기록에 따르면 호루스 신을 기념하고 파라오의 등극을 경축하는 명절은 이집트 전 지역에서 지켜졌고, 이 명절 의식은 멤피스에서 거행되었다. 경축 의식 때마다 파라오는 어깨와 무릎을 덮는 넓은 가사를 걸치고 의식 순서에 따라 남북왕 즉위 의식, 남북 이집트 통일 의식, 하얀 벽을 도는 의식을 행했다. 이는 파라오가 호루스를 대신한다는 사상을 다시 불러일으키기 위함이었다. 마지막으로 파라오는 작은 마차를 타고 호루스 신전과 세트 신전에 가서 참배했다.

독특한 종교적 신앙은 고대 이집트인의 모든 행위를 결정했다. 고대 이집트인은 죽음에 관심이 깊었기 때문에 종교 활동은 모두 내세를 위한 물질적인 준비였다. 이런 분위기 속에서 신의 화신인 파라오는 자연히 내세를 위한 준비를 국가의 최대 사업으로 삼았다. 이에 따라 파라오가 내세에 영생하며 세상을 계속 다스릴 수 있도록 미라를 만들고 묘지인 피라미드를 건설하는 일이 순조롭게 진행될 수 있었다. 이는 고대 이집트 문명의 가장 두드러지는 특징이기도 하다.

**파라오 영혼의 안식처**

멤피스가 휘황찬란한 이집트 역사의 근간이라면 피라미드는 그 휘황찬란함의 증거라고 할 수 있다. 현재 카이로 부근 기자 지역에는 크고 작은 피라미드 96개가 흩어져 있다. 피라미드는 큰 바위를 쌓아 만든 거대한 각뿔형의 건축물이다. 밑받침은 정사각형이고 옆면은 삼각형으로 한자의 '금金'자와 비슷하게 생겨 중국에서는 피라미드를 '진즈타'이라고 부른다. 세계 7대 불가사의 중 하나인 피라미드에는 정말 많은 이야기가 숨어 있다.

## 신 기 한 장 례 식 미 라

독특한 종교 때문에 고대 이집트인들은 빈부귀천을 막론하고 죽은 후 모두 미라를 만든다. 인간은 육체와 영혼으로 이루어져 있으며, 음부의 세계에 있더라도 죽은 자는 자신의 육체가 있어야 한다고 믿었다. 시체는 결코 '쓸모없는 껍데기'가 아니며, 이것을 잘 보존해야 계속 사용할 수 있다고

이 벽화는 사람이 죽은 후 다시 살아난다는 고대 이집트인들의 특이한 사상을 반영한다.
그래서 고대 이집트인들은 빈부귀천을 막론하고 모두 사후 세계를 위해 미라를 만들었다.

생각했다. 그래서 영혼은 육체가 조금씩 훼손될 때마다 서서히 사라지고, 육체가 철저히 파괴당하면 영혼이 완전히 소멸된다고 여겼다. 또한 육체를 잘 보존해야만 영혼이 잠시 머물다 갈 수 있고 죽은 사람이 세상에 다시 태어난다고 믿었다. 세계 다른 지역에서도 미라가 발견된 적이 있지만, 어떠한 민족도 이집트인처럼 이렇게 열광적으로 미라를 제작하고 보존하지는 않았다. 오시리스와 관련된 신화에서도 볼 수 있듯이 미라를 제작하는 것은 고대 이집트인들의 종교 생활에서 중요한 일일 뿐만 아니라 어떤 때는 국가 정치 활동과도 연관되는 일이었다.

몇천 년 전에 위대한 그리스 역사학자 헤로도토스가 이집트를 방문했을 때 직접 미라 제작 과정을 본 적이 있었다. 그는 이 신기한 풍속을 접한 후 상세한 기록으로 남겼다. 사람이 죽으면 시체는 먼저 '의부衣部'라는 곳으로 보내져서 정화 과정을 거친다. 시체를 소다수로 깨끗하게 씻은 후에

**헤로도토스** 고대 그리스의 위대한 역사학자로 '역사의 아버지'라고 불린다. 기원전 484년에 태어나서 기원전 445년에 아테네에 입성했다. 이 시기에 그는 페르시아 전쟁을 제대로 설명한 역사책을 편찬해 세상에 남기겠다고 결심했다. 이것이 바로 『역사』다. 이 책은 서아시아, 북아프리카, 그리스 등 여러 지역의 지리환경, 민족분포도, 경제생활, 정치제도, 역사 이야기, 풍토, 종교, 유적지 등을 설명했다. 또한 20여 개의 고대 국가의 민족 생활상을 그렸다. 그는 기원전 425년에 세상을 떠났다.

'순결의 장소'나 '아름다운 집'이라고 불리는 곳으로 보내 향료를 채운다. 이후의 제작 순서는 다음과 같다.

① 송진을 얼굴에 발라 얼굴을 보호하고 빨리 건조되는 것을 막는다.
② 뇌수를 처리한다. 기술자가 정을 왼쪽 콧구멍으로 집어넣어 사골(코와 두개골을 분리하는 뼈)을 부순다. 그런 다음 작은 꼬챙이를 콧구멍으로 넣어 뇌수를 꺼낸다. 마지막으로 약물과 향료를 두개골에 넣는다. 일반적으로 뇌수는 보관하지 않는다.
③ 내장을 꺼낸다. 위, 장, 간, 폐는 복부의 왼쪽에 구멍을 내서 꺼낸다. 종려나무 기름으로 복강을 깨끗하게 닦는다. 위의 장기는 송진단에 가지런히 싸서 미라의 복부 내에 넣거나 뚜껑이 있는 작은 항아리에 넣어 다시 복부 내에 넣는다. 고왕국에서 신왕국에 이르기까지 작은 항아리는 점점 복잡한 형태로 변해갔다. 단순한 항아리 뚜껑에서 시작해 중왕국 때는 사람 머리 모양의 뚜껑이 등장했다. 제18왕조 초기에는 신의 형상 '호루스의 아들'이 신성한 내장 기관을 지켰다. 내장 중에서 심장을 꺼내는 것은 금기였다. 심장을 지혜의 상징으로 여겼기 때문에 모든 방법을 동원해 체내에 남겨두었다. 신왕국 시대의 『사자의 서』에는 3명이 돌아가며 심장을 지켰다는 기록이 있다.
④ 수분을 제거한다. 이 과정은 가장 중요한 건조 단계다. 기술자들은 먼저 천으로 싼 나트론(탄산나트륨의 옛 이름)과 기타 임시 충전물을 넣고 건조된 나트론 가루 안에 40일간 둔다. 수분이 다 빠져나가고 나면 속에 채웠던 충전물을 빼고 잘게 부순 몰약, 계피, 나트론, 톱밥을 싼 천으로 바꿔 넣는다. 마지막으로 구멍을 세심하게 꿰맨 후 호루스의 눈이 그려져 있는 가죽을 붙인다. 고대 이집트인들은 이 가죽이 강력한 보호 능력을 가지고 있다고 믿었다.

1
2
3

1 사후 세계를 믿었던 이집트인들의 종교 사상 때문에
  우리는 몇천 년 후 각양각색의 고대 이집트 미라를 발견할 수 있었다.
2 미라를 제작할 때 필요한 재료다. 다양한 약물과 향료 등이 사용되었다.
3 미라는 고대 이집트인들의 신기한 장례 풍속이다.
  사람뿐만 아니라 동물도 미라로 만들었는데, 고양이 미라도 전해진다.

⑤ 화장을 한다. 미라의 피부를 부드럽게 보호하기 위해 우유, 포도주, 향료, 꿀, 송진, 역청 혼합물 중 일부를 선택해 바른다. 미라의 눈은 생동감 있어 보이게 아마와 돌로 채운다. 마지막으로 건조된 시체 위를 송진으로 덧바른다. 미라의 볼에 연지를 바르고 머리에는 가짜 땋은 머리를 얹는다. 그리고 좋은 옷을 입히고 가장 좋은 보석으로 치장한다.

⑥ 천으로 싼다. 이집트인들은 시체를 싸는 일은 매우 위험한 일이라고 생각했기 때문에 시체를 싸는 동안(일반적으로 15일) 계속 기도를 드린다. 시체를 싸는 손이 움직일 때마다 장엄한 기도나 신기한 주문을 외우고 호신 부적을 붕대 사이에 넣는다. 그들은 부적을 심장의 위치에 두는 것을 굉장히 중시했다. 호신 부적은 녹색 돌을 풍뎅이나 사람의 심장 모양으로 만든 것으로 위에 "죽은 자의 심장을 보호해 주인을 해하는 그 어떤 것도 생기지 않도록 하라" 같은 문구가 새겨져 있었다. 기타 호신 부적은 미라의 몸에 붙이거나 아마포 안에 함께 싼다.

⑦ 70일이 지난 후, 미라는 아누비스에 의해 비밀리에 가족들에게 인도되어 매장된다.

고대 이집트인들은 망자가 내세에도 튼튼한 거주지를 두어야 한다고 생각했다. 그래서 고왕국 시대에 그렇게 많은 피라미드를 지은 것이다. 이들은 현세는 짧고 일시적이며 내세가 영원하다고 여겼기 때문에 망령의 집을 짓는 데 많은 노력과 자원을 아까워하지 않고 쏟아부었다. 물론 통치 계급인 파라오나 귀족들만 이런 특권을 누렸으며, 일반 백성들은 나일 강변 모래에 미라를 매장하는 것으로 그쳤다.

더욱 신기한 것은 고대 이집트인은 사람 미라뿐만 아니라 동물 미라도 대량으로 제작했다는 것이다. 이들이 제작한 동물 미라는 종류가 매우 다양하다. 악어, 매, 원숭이, 소, 개의 미라 등이 있고 고양이 미라는 수십만, 새의 미라는 수백만 개나 발견되었다. 사카라에서 동물 무덤이 발견된 적이 있는데, 무덤 안에는 400만 마리의 따오기 미라가 발견되었다고 전해진다. 심지어 한 마리씩 각각 항아리에 완벽하게 보존되어 있었다고 한다. 이런 동물 미라는 깜짝 놀랄 정도로 수가 많았다. 그래서 후세 이집트인들과 일부 유럽인들은 도처에 보이는 동물 미라 유체를 화학비료로 사용하기도 했다. 30만 구가 넘는 고양이 미라는 영국 리버풀까지 보내져서 화학비료로 사용되기도 했다.

## 피라미드, 파라오의 안식처

고대 이집트의 최고 통치자인 파라오는 인간 세상의 주재자로 여겨졌다. 그래서 파라오는 죽은 후에도 명계의 왕이 될 것이라 믿었다. 이 때문에 파라오의 미라는 최고의 준비와 정성으로 제작해야 했고, 이 미라가 놓일 장소 역시 '영원한 장소'여야 했다. 이런 사상 때문에 초기 왕조 때부터 파라오들은 막대한 인적, 물적 자원을 총동원해 자신의 무덤을 지었다. 이것이 바로 인류 역사상 가장 위대한 건축물, 피라미드다.

피라미드는 두 가지 종류인 계단식과 대피라미드로 나눌 수 있다. 계단식 피라미드의 전신은 마스타바이고, 대피라미드의 전신은 계단식 피라미드다. 초기 왕조 때는 '마스타바'라고 불리는 왕릉이 등장했다. 이 왕릉은 지하에 여러 묘실을 만들고 지상에 다시 건축물을 세우는 형식이다. 형태가 아랍의 정원 중 마스타바의 긴 의자와 비슷해 이름이 붙여졌다. 마스타

1
2
3
4

1 피라미드의 초기 모델 '마스타바'다. 아래에 파라오의 미라를 두는 묘실이 있다.
2 파라오 조세르의 계단식 피라미드다.
이 피라미드는 파라오가 하늘로 올라갈 수 있는 이상적인 왕릉이었다.
3 파라오 스네프루의 피라미드로 과도기의 피라미드다.
4 고왕국 시대의 파라오들은 피라미드를 짓는 데 열중했다.
이 때문에 현재 멤피스 고대 도시 기자 고원에는 기이한 장관이 연출된다.

바 내에 있는 많은 묘실에는 국왕의 시체뿐만 아니라 순장하는 사람들의 시체도 안치했다. 처와 첩, 신하, 하인 등이 함께 순장되었는데 어떤 때는 100명, 200명에 달하기도 했다. 이밖에도 음식물, 도구, 의복 등을 함께 넣었다. 최초의 파라오는 마스타바를 자신이 죽은 후 영원히 머무를 곳으로 꾸몄다. 하지만 제2왕조와 제3왕조 때는 파라오가 죽은 후 신이 되고 그의 영혼이 승천한다는 믿음이 생겼다. 이는 훗날 발견된 「피라미드 명문」에서도 잘 나타난다. "파라오가 하늘로 올라갈 수 있는 계단을 만들었다." 피라미드가 바로 그런 계단이다.

제3왕조를 연 조세르가 마침내 이런 계단을 실제로 제작했다. 조세르는 임호테프에게 하늘로 올라갈 수 있는 이상적인 왕릉을 지으라는 명을 내렸고, 임호테프는 고민 끝에 새로운 건축 방식을 발명해냈다. 임호테프가 맨 처음 만든 묘지는 기존의 거대한 석조 마스타바였다. 조세르는 장엄한 위용이 느껴지지 않는다며 흡족해하지 않았다. 마음이 급해진 임호테프는 위로 올라갈수록 좁아지는 마스타바 5층을 다시 쌓았다. 바로 이렇게 조세르식 계단형 피라미드가 탄생한 것이다. 피라미드 높이는 61.2미터이고 가장 밑층의 동서 길이는 123.3미터, 남북 길이는 107.4미터에 달한다. 피라미드 아래에 복도와 묘실이 있고 옆에는 신전이 있다. 건축물 전체는 담으로 둘러싸여 있다. 이 최초의 피라미드는 오늘날에도 볼 수 있다.

조세르 이후의 파라오들도 이 방법을 사용해 내세를 위한 피라미드를 쌓았고 형태를 끊임없이 개선했다. 제4왕조의 첫 번째 파라오 스네프루는 3개의 피라미드를 건축했다. 첫 번째 피라미드는 메이둠에 있으며 원래 계단형 피라미드였는데, 후에 각 계단을 평평하게 깎아 각뿔형의 피라미드로 형태를 바꾸었다. 이후 다시 다흐슈르에 진정한 각뿔형의 피라미드를 만들도록 명했다. 하지만 설계상의 오차로 절반 정도 지었을 때 각도가 너무 크다는 것을 발견하고 다시 조정한 끝에 지금의 마름모꼴 피라미드가 되었다. '굴절 피라미드'라고 부르기도 한다. 이를 본 스네프루는 당연히 불만을 표시했고 다시 명을 내려 다흐슈르에 새로운 각뿔형 피라미드를 축조하게 했다. 스네프루 시기는 계단형 피라미드에서 각뿔형 피라미드로 전환된 시기라고 할 수 있다. 이렇게 피라미드 건설 열풍은 고왕국 시대 내내 이어졌다. 이 때문에 고왕국을 '피라미드 시대'라고 부르는 것이다.

　고왕국 시대에 이집트인은 수십 개에 달하는 피라미드를 축조했다. 이들 피라미드는 멤피스 고대 도시 주위에 흩어져 있으며 주로 기자 고원에 몰려 있다. 이중에서 가장 대표적인 것은 쿠푸 피라미드와 카프레 피라미드다.

　쿠푸 피라미드는 규모가 가장 큰 피라미드로 제4왕조 파라오 쿠푸(그리스인은 케오프스라고 부름—옮긴이)의 피라미드다. 쿠푸의 동생 헤미우누가 멤피스 부근의 나일 강 서쪽 기자 지역에 건설했다. 높이는 146.5미터이고, 각 변은 약 230미터에 달한다. 이 피라미드는 약 230만 개의 크고 작은 바위를 사용했다고 전해지며, 각 바위의 평균 무게는 2.5톤이다. 묘실은 원래 피라미드 아래에 지었지만 후에 피라미드 중간에 다시 지었다. 피라미드 입구는 지면에서 13미터 떨어진 북쪽 면에 삼각 형태로 만들었다. 이 덕분에 피라미드 중량이 고르게 흩어져 통로가 무너지는 일을 방지했다. 헤로도토스는 쿠푸의 피라미드를 축조하는 데 총 30년이 걸렸는데, 처음 10년은 바위를 운반하는 길을 만들고 지하 묘실을 건설하는 데 소비했고, 나머지 20년은 피라미드 본체를 건설하는 데 소비했다고 말한다. 매년 동원된 인부는 10만 명을 넘었다. 몇천 년 동안 비바람에 시달린 탓에 이 거대한 피라미드의 꼭대기 부분은 약 10미터 가량 침식되었다. 쿠푸 피라미

1 2
3 4

1 대피라미드의 주인인 쿠푸다. 그는 이집트 고왕국 제4왕조의 파라오로
  자신의 무덤으로 밑변 230미터, 높이 146.5미터의 최대 피라미드를 남겼다.
2 카프레 피라미드다. 카프레는 아버지 쿠푸의 대피라미드 옆에 기자의 제2피라미드를 지었다.
3 파라오 멘카우라다. 그의 피라미드는 아름답고 정교하기로 유명하다.
4 카프레 피라미드와 스핑크스다. 일반적으로 카프레는 스핑크스의 건설자이며,
  스핑크스의 얼굴은 그를 본딴 것으로 알려져 있다.

드는 거대한 규모 외에 수준 높은 건축 기법으로도 유명하다. 피라미드를 구성하는 바위 사이에는 시멘트 같은 접착 물질이 전혀 사용되지 않았는데도 아래위 바위가 완벽하게 밀착되어 있다. 모든 바위는 평평하게 깎여 있고 수천 년 동안 그 자리를 지키고 있다. 아무리 날카로운 칼날이라도 바위 사이에 끼워 넣기 힘들다. 그래서 수천 년 동안 무너지지 않고 원래 형태를 유지하고 있는 것이다. 이는 건축 역사의 기적이라고밖에 말할 수 없다. 이 때문에 피라미드는 줄곧 세계 7대 불가사의 중 하나로 꼽혀왔다.

이렇게 거대한 피라미드를 건설하기 위해서는 막대한 인적, 물적 자원이 필요하다. 쿠푸왕은 피라미드를 지을 때 모든 이집트 백성을 강압적으로 동원했다. 약 10만 명의 무리로 나누어 한 번에 3개월간 작업을 진행하도록 했다. 이들 인부들 중에는 노예뿐만 아니라 일반 농민과 수공업자들도 있었다. 고대 이집트 노예는 가축과 통나무를 이용해 거대한 바위를 건축 지점까지 운반했고 공사장 주위에 천연 모래로 경사면을 만들어 피라미드까지 끌어올렸다. 이렇게 한 층씩 쌓고 또 쌓아 점차 피라미드의 형태를 갖춰갔다.

카프레 피라미드는 쿠푸의 아들 카프레가 지은 피라미드로 이집트에서 두 번째로 크며 지대가 높은 곳에 지어졌다. 밑변의 길이는 215.7미터, 높이는 143.6미터다. 석회암과 화강암으로 쌓았다. 카프레 피라미드가 유명한 이유는 바로 사자 몸과 사람 얼굴을 한 스핑크스가 함께 있기 때문이다. 스핑크스는 거대한 암석을 깎아 만들었고 높이는 20미터, 길이는 60미터, 발톱의 길이는 15미터에 달한다. 그리스 신화에 등장하는 사람 얼굴을 한 괴물 스핑크스와 비슷하게 생겨서 서양 사람들이 이 조각상을 '스핑크스'라고 불렀다. 조각상의 얼굴은 카프레의 생김새에 따라 조각된 것으로 전해진다. 멘카우라 피라미드도 상당한 위용을 자랑한다. 밑변의 길이는 108.7미터, 높이는 66.5미터에 달하고 매우 섬세하고 독특한 장식으로 유명하다.

제4왕조 이후의 파라오들 역시 많은 피라미드를 건설했지만 규모나 질적인 면에서 위에서 언급한 피라미드보다 뒤떨어진다. 제6왕조 이후 고왕국은 서서히 분열되었고 파라오의 권력은 점차 약해졌다. 백성들이 반란을 일으키고 도굴꾼이 창궐하면서 파라오의 미라가 거칠게 다뤄지는 사례가 빈번하게 발생했다. 이 때문에 그들이 바라던 '영생'의 꿈은 물거품이 되었다. 여기에서 교훈을 얻은 신왕국의 파라오들은 더 이상 피라미드를 건설하지 않고 깊은 산속에 비밀스러운 왕릉을 만들기 시작했다.

## 스핑크스의 수수께끼

카프레 피라미드 앞에 바로 그 유명한 스핑크스가 있다. 높이 22미터, 길이 57미터에 달하고 조각상 귀의 길이만 해도 2미터다. 사자 발톱을 제외하고 전체 부분은 천연 암석을 조각한 것으로 얼굴 부분은 카프레의 얼굴을 본 따 조각했다고 전해진다.

호메로스의 시에는 유명한 이야기가 등장한다. 고대 이집트 테베에 갑자기 스핑크스라는 이름을 가진 신기한 동물이 나타났다. 여인의 얼굴에 사자 몸을 한 동물이었다. 이 신기한 동물은 테베 앞에 있는 작은 산 위에 자리 잡고 앉아 테베 주민들이나 지나가는 여행객들 앞을 가로막았다. 그리고 질문을 하나 던졌다. "새벽에는 다리가 네 개이고, 낮에는 두 개이며, 저녁에는 세 개인 동물은 무엇인가?" 많은 사람들이 대답을 못해 스핑크스

사자 몸과 사람 얼굴을 한 스핑크스는
고대 이집트 문명의 중요한 상징으로 매우 신비롭다.

에게 잡아 먹혔다. 이 때문에 테베는 일대 혼란에 빠졌다. 어느 날 그리스 영웅 오이디푸스가 테베에 당도했다. 스핑크스가 그에게도 똑같은 질문을 던지자 오이디푸스는 "정답은 사람이다. 어릴 때는 네 발로 기어 다니고 성인이 되어서는 두 발로 다니며 늙어서는 지팡이를 짚고 다닌다."라고 대답했다. 이 대답을 들은 스핑크스는 수치와 분노를 느끼며 절벽에 몸을 던져 죽었다.

고대 이집트인은 사자가 천국의 문을 지키는 수호자라고 여겼기 때문에, 사자 몸과 인간의 얼굴을 한 조각상을 세워 파라오의 묘지를 지키게 했다. 이는 지혜와 용맹의 결합을 의미했다. 피라미드와 이름을 나란히 하는 건축물로서 카이로 부근 리비아 사막 중간에 있는 스핑크스는 고대 이집트 문명의 가장 대표적인 유물이다.

피라미드를 건축할 당시 이 지역은 채석장이었다. 채석 공인들이 채석장에서 단단한 바위를 캐가고 나면 조개 따위의 이물질을 함유한 암석만 남

1 2
3 4

1 스핑크스 이야기는 유명한 그리스 신화 중 하나다.
2 후세 사람이 상상한 아틀란티스다. 아틀란티스는 대서양에 있었다고 전해지는 전설상의 대륙이다.
3 고대 그리스 사상가 플라톤이다. 플라톤 역시 그의 책에서 아틀란티스를 언급했다.
4 혹시 이 해저의 유적이 아틀란티스 문명이 파괴된 후 남겨진 것은 아닐까?

앉다. 이들 암석은 단단하지 않아 쓸모가 없었다. 피라미드를 준공한 후 채석장에는 작은 산이 하나 새로 생길 정도였다. 기원전 2610년, 카프레가 자신의 묘지를 시찰할 때 피라미드 앞에 이 산이 있는 것을 보고 불만을 나타냈다. 그의 불만을 잠재우기 위해서 고민하던 천재적인 설계사는 고대 신화와 산의 외형을 보고 좋은 생각을 떠올렸다.

먼 고대에 이집트인은 부락의 안전을 책임지고 외세의 침략을 막는 추장을 용맹한 사자에 비유했었다. 신화에서 사자는 왕릉과 신전 등 신성한 땅을 지켰다. 여기서 아이디어를 얻은 설계사는 작은 산을 카프레의 머리와 사자의 몸통으로 조각했다. 즉, 사람의 지혜와 사자의 용맹함을 한데 표현한 것이다. 이로써 수천 년 동안 이어져 내려온 조형 예술품이 탄생했다. 이는 세계에서 가장 오래되고 가장 큰 스핑크스다. 4,500년 동안 스핑크스는 충성스런 병사처럼 카프레 피라미드 앞에 엎드려 해가 떠오르는 동쪽을 바라보며 묵묵히 인간 세상의 격변을 살폈다. 카프레의 얼굴을 본 따 만든 얼굴 부분은 오랜 세월의 흔적으로 주름이 가득하고 외부의 붉은 색 점토는 대부분 떨어져 나갔다. 왕관, 뱀, 긴 수염 역시 사라졌다. 코는 깊이 팼고 가슴과 몸통의 '근육'은 사라졌으며 곳곳에 흉터와 상처가 가득하다. 목걸이와 채색 부분은 흔적도 없이 사라졌고 머리 위에 있는 정사각형 왕관에는 깊은 구멍만 남아 있다. 어떤 이는 나폴레옹이 이집트를 침공했을 때 대포를 쏴 스핑크스의 코를 파괴한 것이라고 주장했다. 하지만 사실은 이와 다르다. 나폴레옹이 당도하기 전에 이미 코가 사라졌다는 기록이 남아 있다.

스핑크스의 신비함 때문에 사람들은 건설 내력과 시기에 대해 의문점을 제시했다. 고고학자들의 연구에 따르면 스핑크스는 틀림없이 가장 오래된 건축물이다. 가장 분명한 증거는 사자 몸통의 바위에서 발견됐다. 겉모습을 보면 대부분 바위 위에 침식을 방지하기 위한 장식을 상감한 것을 알 수 있다. 고고학자들은 오랫동안 이 상감 공예 기술은 스핑크스 건설 후기의 것이며, 사자 몸통의 대부분이 완성된 후 장식을 상감한 것이라 여겼다. 하지만 1980년에 전문가들이 더욱 자세히 연구한 결과, 놀라운 결론을 얻었다. 이 연구의 책임자인 미국 시카고 대학의 고고학 교수 마크 러너 박사는 "스핑크스의 사자 부분에서 그 어떤 가공의 흔적을 찾아볼 수 없었다. 도구를 사용하거나 맨 처음 채석 단계에 바위의 표면을 가공한 흔적은 없다."라고 말했다. 그리고 그는 "사자 몸통은 심각하게 침식되었다.", "스핑크스는 주요 부분에 침식 방지 장식을 상감하기 전에 이미 심각하게 침식된 상태였다. 그래서 신왕국 시대부터 스핑크스를 보수했을 것이다."라는 주장도 덧붙였다.

하지만 1992년에 러너 박사의 주장은 완전히 뒤집어졌다. 당시 전문적으로 기자 건축물을 연구하는 이집트 고대유물연구소 소장 자히 하와스 박사가 스핑크스의 오른쪽 허벅지를 연구한 자료로 사자 몸통 부위의 바위 표면에 최초로 장식을 상감한 시기는 기원전 2700~기원전 2160년까지 거슬러 올라간다고 증명했다. 다시 말해 피라미드가 건축되던 시기다. 이에 따라 어떤 이들은 한 발 더 나아가 카프레가 자신의 피라미드를 짓기 시작했을 때는 이미 스핑크스가 건설된 지 오래되었고 심각하게 침식된 상태였다고 추측했다.

스핑크스를 건설한 시대에 대해서는 여러 주장이 난무한다. 금세기 초 이집트 학자들이 이미 열띤 논쟁을 벌인 바 있다. 스핑크스 건축 부지는 지면을 파서 조성했다. 이때 파낸 흙이 주위에 언덕을 형성했고 언덕 위에 많은 도랑이 생겨났다. 스핑크스 표면에는 가로로 길게 깊이 팬 홈이 여러 겹 있다. 이는 오래된 석조상이 더욱 늙어 보이고 신비해 보이는 효과를 더했다. 사람들은 이 신기한 현상은 고대 이집트 지역의 건조한 기후와 강렬한 모래 폭풍이 스핑크스를 침식하는 과정에서 생겨난 것이라 여겼다. 오랫동안 고대 이집트를 연구한 학자나 현지에 가서 조사를 한 각계 전문가 모두 이 해석을 기정사실로 받아들이고 있다. 또한 누구도 이 석조상을 건설한 목적에 대해서도 의구심을 나타내지 않는다. 하지만 왜 사람의 머리와 사자의 몸, 소의 꼬리, 독수리의 날개를 하고 있는지에 대해서는 아직 아무도 이유를 밝혀내지 못했다.

또 어떤 사람들은 스핑크스는 고대 이집트인이 만든 것이 아니라 신비의 선사 시대 문명이 남긴 것이나 외계인이 만든 것이라고 주장한다. 미국의 유명한 예언가 에드가 케이시는 1933년부터 1만여 년 전의 인류는 가장 빛나던 아틀란티스 문명을 가지고 있었지만 갑자기 사라졌다고 주장했다. 고대 문헌에는 이 신비한 문명에 관한 기록이 많이 남아 있다. 고대 그리스의 유명한 사상가 플라톤도 이에 대해 자세하게 기술했다. 에드가 케이시는 이 스핑크스가 사실은 아틀란티스 문명과 관련이 있는 상징적인 건축물이라고 추측했다. 그는 스핑크스 몸 아래 놀랄 만한 비밀이 숨겨져 있다고 주장했다. 즉 아틀란티스 문명에 관한 모든 기록이 이 비밀스런 곳에 봉인

**아틀란티스 문명**  아틀란티스의 전설은 고대 그리스 철학의 시조 플라톤(기원전 427~기원전 347년)의 대화록 『크리티아스』와 『티마이오스』에 등장한다. 『티마이오스』에서 플라톤은 이런 말을 남겼다. "헤라클레스 기둥 해협 맞은편에 거대한 섬이 있다. 그곳에서 다른 섬으로 갈 수 있는데, 이들 섬 맞은편에 바다가 둘러싸고 있는 커다란 육지가 있다. 바로 그곳이 '아틀란티스' 왕국이다." 당시 아틀란티스는 아테네와 큰 전쟁을 벌였는데 갑작스런 지진과 수해가 이곳을 덮쳐 하룻밤 사이에 바다 밑으로 가라앉았다. 초고도 문명을 가진 대국이 눈 깜짝할 사이에 사라진 것이다.

되어 있다는 것이다. 에드가 케이시는 아틀란티스가 기원전 1만 500년 전에 침몰했기 때문에 스핑크스도 그 시기쯤 건설되었을 것이라 추측했다.

에드가 테이시의 추측에 따라 행동에 나선 사람들이 있었다. 이들은 조그마한 실마리라도 찾으려고 스핑크스 주위를 샅샅이 뒤졌다. 그 결과 실제로 스핑크스 몸통 부분에서 지하로 이어지는 통로로 보이는 비밀스런 길을 발견했다. 당시 꼬리 부분, 발 부분, 머리 뒷부분에서 각각 통로를 발견했다고 전해진다. 이 놀라운 발견을 한 사람들은 기쁨을 억누를 수 없었다. 하지만 통로를 따라 밑으로 내려가던 이들은 곧 벽에 부딪쳤다. 끝까지 이어져 있는 것이 아니라 막다른 통로였던 것이다. 도대체 왜 이런 통로를 만들었을까? 이에 대해 그 누구도 이유를 밝히지 못했다.

스핑크스에 관한 신기한 이야기는 더 있다. 과거에 스핑크스가 나일 강변에 불어 닥친 모래 폭풍에 묻힌 적이 있었다. 목만 밖으로 나와 있고 몸통 대부분이 모래에 묻혀 있었는데 신왕국 제18왕조 때 신기한 일이 발생했다. 어느 날 투트모세 왕자가 이곳을 천천히 거닐던 중 갑자기 강한 모래바람이 불어왔다. 정신없는 경황 중에 투트모세는 스핑크스 머리 뒷부분으로 피신했고, 곧 잠이 들었다. 이때 갑자기 깊은 울림을 띤 목소리가 그에게 말을 걸었다. "나는 스핑크스다. 지금 내 몸은 모두 모래에 파묻혀 몹시 괴롭다. 그대가 이 모래를 모두 제거해주면 다음 파라오로 만들어 주겠다." 잠에서 깬 투트모세는 곧 사람을 시켜 스핑크스를 덮어씌운 모래를 깨끗이 치우도록 명했다. 얼마 후 투트모세가 수십 명이나 되는 왕자들 중에서 두각을 나타내며 실제로 파라오로 등극했다. 이 파라오가 바로 투트모세 4세다. 실제로 왕위에 올라 감격한 투트모세는 스핑크스 앞에 거대한 비석을 세웠다.

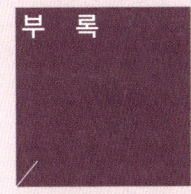
부록

## 이집트 제4왕조 파라오

### 스네프루
고대 이집트 제4왕조의 창시자로 파라오 쿠푸의 아버지다. 24년간 이집트를 다스렸다. 즉위 후 메이둠에 아버지 후니의 피라미드를 완공하고 다흐슈르에 자신을 위한 계단식 피라미드를 건설하기 시작했다. 현명한 통치자로 알려져 있다.

### 쿠푸
고대 이집트 제4왕조의 두 번째 통치자다. 스네프루의 아들이다. 재위 기간은 기원전 2590년부터 기원전 2568년이다. 기자에 지은 이집트 최대 피라미드인 쿠푸 피라미드 덕분에 그의 이름이 대대로 전해지고 있다.

### 제데프레
쿠푸의 아들, 카프레의 이복형제다. 그는 사람들의 부담을 조금이라도 줄어주기 위해 고지에 규모가 조금 작은 피라미드를 지었다. 그래서 쿠푸 피라미드와 높이가 비슷해 보인다. 제데프레는 태양신 라의 이름을 피라미드에 처음으로 사용한

파라오다. 동생인 카프레에게 암살당했다는 설도 있다.

카프레

쿠푸의 아들이다. 카프레는 '라의 왕관'이라는 뜻이다. 그는 기자에 이집트에서 두 번째로 큰 피라미드인 카프레 피라미드와 스핑크스를 건설했다.

멘카우라

28년간 이집트를 통치했다. 멘카우라는 '라의 힘이 영원히 존재하리'라는 뜻이다. 헤오도토스는 그가 쿠푸의 아들이며 형제(혹은 숙부) 카프레가 죽은 후 즉위했다고 보았다. 기자에 있는 피라미드 세 개 중 가장 작은 것이 멘카우라 피라미드다.

셉세스카프

재위 기간은 4년이다.

데데프타

재위 기간은 2년이다.

## 사자의 서

이집트의 「사자의 서」는 고대의 기록 관리가 망자를 위해 쓴 경문을 말한다. 주문, 찬미시, 각종 의식 진언, 신의 이름 등이 적혀 있다. 일반적으로 피라미드나 무덤 벽에 새기거나 일부는 관에 찍거나 정교한 석관 위에 새겼다. "육체의 죽음으로 영혼이 영생으로 가는 문을 열었다." 고대 이집트에 이런 사상이 등장하면서 죽음을 중시하는 「사자의 서」를 완성한 것이다.

「사자의 서」의 기본 사상은 영혼은 육체를 따라 죽지 않는다는 것이다. 고대 이집트인들은 인생은 내세에서 두 가지 요소를 따른다고 믿었다. 다시 말해 눈에 보이는 육체와 눈에 보이지 않는 영혼을 말한다. 사람이 죽은 후 영혼은 자유롭게 육체에서 벗어날 수 있다. 하지만 사체는 여전히 영혼이 존재할 수 있는 기반이다. 이 때문에 망자를 위해 매우 복잡한 의식을 치르는 것이다. 이 의식을 통해 각 장기가 회생하고 미라가 부활해 내세에서 계속 살아갈 수 있다.

# 수천 년의 수수께끼, 피라미드의 신비

 인류 최고의 문명을 창조한 이집트인은 수학, 의학, 문학, 예술, 종교, 건축 등 많은 영역에서 눈부신 성과를 거두었다. 이중에서 피라미드는 단연 최고의 업적이라고 할 수 있다. 피라미드는 줄곧 세계 7대 미스터리 중 하나로 꼽혀왔다. 다른 미스터리들은 이미 사라졌지만 피라미드만은 남아 '인류의 위대한 유산'으로 불리고 있다.

 위대한 건축물 피라미드에는 수많은 미스터리와 전설이 남아 있다. 인류가 습득하는 지식의 양이 아무리 많아지고 기술이 나날이 진보해도 피라미드에 관해 여전히 풀지 못하는 수수께끼가 많다. 그렇기 때문에 수백 년 동안 많은 탐험가, 역사학자, 고고학자, 과학자, 여행가들이 수수께끼를 풀 열쇠를 찾기 위해 끊임없이 피라미드를 방문하고 있다.

 피라미드는 도대체 누가, 언제, 왜, 어떻게 지었을까? 이 모든 미스터리는 사람들의 머릿속에 물음표로 남아 있다. 피라미드의 신비한 현상과 재미있는 이야기도 사람들을 미궁 속으로 인도한다.

## 파라오의 무덤일 뿐일까?

　세계 각국의 고대 역사를 살펴보면, 전제 통치를 펼친 국가들에서 제왕이 사후를 위해 호화롭고 거대한 규모를 자랑하는 묘지를 건설했음을 알 수 있다. 중국의 진시황과 병마용이 그 전형적인 예다. 통치자들이 왕릉을 짓는 목적은 죽은 후에도 명계에서 생전과 같은 부위와 영화를 누리기 위해서였다. 하지만 고대 이집트의 파라오들이 단순히 이를 위해서만 피라미드를 지은 것은 아니다. 근본적으로 다른 이유가 있다.

　앞서 설명했던 대로 나일 강의 하류 서쪽 강변에는 약 90여 개의 피라미드가 흩어져 있다. 모두 고대 이집트 파라오의 왕릉이다. 고대 이집트인은 태양신을 숭배했기 때문에 사람이 죽은 후 다시 살아난다고 믿었다. 그들은 영혼의 영원함을 갈망했기 때문에 미라를 제작하고 미라를 두기 위한 피라미드를 만들었다. 고대 이집트의 모든 피라미드가 나일 강 서쪽의 기자 고원에 있는 이유는 이집트인들이 마음속에 태양이 솟는 나일 강 동쪽을 생명의 원천으로 믿었기 때문이다. 해가 지는 서쪽은 망자를 열반의 언덕으로 인도하는 세계로 보았다. 이 때문에 최고 통치자인 파라오는 '영생'을 얻기 위해서 '하늘나라'에서 계속 부귀와 영화를 누리고자 신하와 백성들을 시켜 피라미드를 지었다.

　하지만 과거의 전통 관념상, 고대 이집트인이 피라미드를 짓는 목적은 매우 단순했다. 바로 파라오의 무덤이었다. 지금으로부터 2,500년 전, 그리스 역사학자 헤로도토스는 당시 이집트인의 주장에 따라 '피라미드는 왕릉'이라고 설명했다. 근대 이후 사람들이 기자 대피라미드 등 건축물에서 석관으로 여겨지는 돌로 만든 상자를 발견했다. 하지만 시대가 변하면서 연구자들은 새로운 의문을 제시했다. 헤로도토스가 쓴 글은 단순히 전

수천 년간 우뚝 서 있는 피라미드의 모습이다.
오랜 시간이 흐른 지금에도 신비로운 분위기로 후대인들의 호기심 어린 눈빛을 사로잡고 있다.

해들은 말에 불과하다는 것이다. 당시 발견된 석관 안에 미라는 한 구도 없었다. 이 때문에 피라미드가 묘지라는 주장은 설득력이 부족했다.

반면에 피라미드가 무덤이 아니라는 근거는 더욱 많이 발견되었다. 무덤은 시체를 매장하는 장소이기 때문에 지하에 있을 수밖에 없다. 석관 안에는 완벽한 형태의 미라는 물론이고 붕대나 미라의 파편조차도 없었다. 파피루스와 비문 등에는 피라미드가 무덤이라는 문구가 단 한 줄도 없다. 이 역시 최대의 수수께끼다. 이렇게 피라미드가 무덤이라는 주장을 반박하는 근거가 더욱 힘을 얻었다. 이뿐만 아니라 파라오 스네프루처럼 한 사람이 몇 개의 피라미드를 지은 왕이 있는데, 만약 피라미드가 정말 무덤이라면 왕의 시체를 나눠서 각각의 피라미드에 안장했다는 말인가? 또한 피라미드에서 발견된 석관은 봉인된 상태였다. 열린 적이 없던 상자를 개봉했지만 안에 미라는 없었다. 그렇다면 피라미드는 도대체 무슨 용도로 지은 것일까? 이집트 연구 고고학자들도 이 질문에 대한 답이 없다. 일부 학자는 피라미드가 매장 시설의 역할은 했지만 무덤은 아니라고 주장했다. 약 20년 동안 일부 학자들이 피라미드 시대의 파라오들의 진정한 무덤을 찾는 데 전력을 다했다. 이들은 모든 해답이 거기에 있다고 여기고 있다.

이밖에 또 다른 연구자들이 발견한 신기한 현상도 사람들의 의심을 불러일으켰다. 그렇게 많은 노력과 자원을 들여 무덤을 건설한 이유 중에 파라오의 사치스러운 욕망을 제외하고 또 다른 이유가 있을까? 과학자들은 피라미드의 형태 때문에 기이한 힘이 발생하고 시체를 빠르게 탈수시켜 '미라화'를 가속화한다는 연구 결과를 발표했다. 녹이 슨 금속 동전을 피라미드 안에 두면 얼마 후 금빛 찬란한 동전으로 바뀐다든지, 신선한 우유를 두면 24시간 후에도 여전히 신선한 상태를 유지하고 있다든지……. 여러 주장이 나왔다.

1963년, 오클라호마 대학의 생물학자들은 죽은 지 몇천 년이 지난 이집트 공주의 피부 세포가 여전히 살아 있다는 것을 증명했다. 이집트 발굴 현장에서는 모골이 송연해지는 일이 발생했다. 한 이집트 고고학자가 왕들의 계곡에서 발굴 작업을 하던 중 묘실 석문을 열었을 때 커다란 회색 고양이가 있는 것을 발견했다. 온몸에 먼지를 뒤집어쓰고 흉흉한 눈빛으로 사람들을 쏘아보고 있었다고 한다. 몇 시간 후에 실험실에서 죽고 말았는데, 정말 충실하게 무덤을 지키고 있던 고양이가 4,000년이나 살아 있었을까? 마치 할리우드 영화 「미이라2」를 연상시키는 장면이다.

일부 과학자들은 피라미드 구조 자체가 마이크로웨이브가 공명하는 공간이 된다고 주장했다. 여기에서 발생한 마이크로웨이브 에너지의 가열 효과가 살균 작용을 하고 시체를 탈수시켰다는 것이다. 하지만 4,000년 전의 파라오가 어떻게 마이크로웨이브를 이용할 수 있었겠는가? 또 일부 과학자들은 모든 건축물은 외부 형태에 따라 각각 다른 우주파를 흡수하는데 피라미드 내의 화강암이 축전지 작용을 한다고 주장했다. 각종 우주파를 흡수해 저장한 피라미드 내부에 초자연적인 에너지가 발생한다는 것이다. 하지만 4,000년 전의 고대 이집트인들이 정말 이 오묘한 신비를 파악하고 있었을까?

피라미드에 관해 널리 알려진 이야기가 있다. 상당히 긴 시간 동안 쿠푸 피라미드 앞에는 오싹한 문구가 쓰여 있다고 잘못 전해져 왔다. "누구든지 파라오의 평안을 방해하는 자는 사신의 날개가 그의 머리 위를 덮치리라." 과학자들은 이 유명한 저주가 사실 피라미드와는 아무런 관련이 없으며 다른 파라오의 왕릉에서도 종종 발견되는 것이라고 밝혔다. 하지만 이 저주에 관한 이야기는 여전히 많은 사람들의 이목을 집중시키고 있다. 가장 처음 발견한 과학자들과 탐험가들이 '파라오의 저주'를 대수롭지 않게 여겼지만 '파라오의 평안을 방해하는' 사람들 대부분이 액운과 재난을 피하지 못했다. 왕릉을 발견한 뒤 얼마 지나지 않아 중병으로 죽거나 정신 이상으로 죽거나 영문도 모를 자살을 하는 사람이 늘어났다. 미국의 한 조사 보고에 따르면 피라미드 관광을 떠난 영국 여행객 100여 명 중 10년 내에 암으로 죽은 사람이 40퍼센트에 달하는 것으로 나타났다. 심지어 연령대가 그렇게 높지도 않았다. 피라미드 꼭대기까지 오른 사람은 곧 혼수 상태에 빠졌고 회복된 사람은 한 명도 없었다.

이것은 정말 파라오의 저주 때문이 아닐까? 과학자들은 많은 연구와 조사를 벌여 추론을 하나 제시했다. 카이로 대학의 타야 박사는 피라미드 안에 독성을 지닌 세균이 있어서 이에 감염된 사람은 호흡기 계통의 염증을 일으키게 되고 피부에 붉은 반점이 생겨 결국 호흡 곤란으로 사망한다고 주장했다. 얼마 전 미국 마이애미 대학의 화학과 교수가 피라미드 안에서 약한 방사선을 검출했다. 이것이 영국 여행객들에게 암을 유발한 주요 원인임이 분명하다. 또한 피라미드 외에는 이런 방사선이 없기 때문에 박사는 피라미드는 선사 시대에 외계인이 세운 핵폐기물 저장소라는 새로운 가설을 제시했다.


### 피 라 미 드 는   누 가   지 었 을 까 ?

분명하게 기록된 역사 자료가 있기 때문에 피라미드를 건설한 대상에 대해서는 일반적인 공감대가 형성되어 있다. 피라미드는 고대 이집트인의 지혜의 결정체라고 평가받고 있다. 하지만 '서양 역사학의 아버지' 헤로도토스는 피라미드는 노예들의 고역 결과라는 기록을 남겼다. 그의 기록에 따르면 쿠푸 피라미드를 지을 당시 파라오는 모든 이집트인을 10만 명 단위로 묶어 3개월씩 강제 노역을 시켰다. 수많은 이집트 노예들이 멀리 아라비아산(어떤 이는 지금의 시나이 반도라고 여긴다)에서 거대한 바위를 끌고 왔다. 가축과 통나무를 이용해 바위를 끌고 온 뒤, 건설지 사방에 모래와 자갈로 경사면을 쌓은 후 거대한 바위를 피라미드까지 끌어올렸다. 경사면을 한 층 쌓고 바위를 한 층 쌓는 식으로 완전한 형태의 피라미드를 지었다. 이렇게 20년 동안 쉬지 않고 노역을 해야 피라미드 하나를 완성할 수 있었다. 이 때문에 피라미드를 건축하는 일은 당시 이집트인들에게 재난이나 마찬가지였다. 피라미드를 짓는 데 이집트 3개 왕조의 모든 자원을 쏟아부었기 때문에 이집트에는 황량함만 남았다. 결국 이것은 백성들의 반란을 초래했다.

1 대피라미드를 올려다보면 저절로 '이렇게 정교한 건축물을 정말 고대 이집트인들이 세웠을까?' 하는 의구심이 솟구친다.
2 고대 그리스 역사학자 헤로도토스다. 그는 고대 이집트인들이 지은 피라미드에 대해 자세하게 기술했다. 하지만 그의 주장에 대해서는 논쟁의 여지가 있다.

 하지만 이 정설에 도전을 하는 주장이 나타났다. 이집트에는 크고 작은 피라미드가 70~80여 개나 있는데, 이중에서 가장 큰 피라미드는 제4왕조 쿠푸의 피라미드다. 기원전 2700년에 지어졌으며 높이는 146.5미터로 40여 층에 달하는 초고층 빌딩과 맞먹는다. 피라미드 밑변은 정사각형을 이루고 있으며 가장 가벼운 바위의 무게만 1.5톤으로, 바위 하나당 평균 무게가 2.5톤에 달한다. 영국의 고고학자 피터는 이들 바위를 평균 1입방피트로 나누면 적도의 3분의 2를 덮을 것이라고 추산했다. 1798년, 나폴레옹이 이집트를 침략했을 때 피라미드가 있는 곳에서 터키 및 이집트 연합군과 격전을 벌였다. 전투 후 쿠푸 피라미드를 살펴본 그는 거대한 규모에 탄복해 오체투지를 했다고 전해진다. 또한 쿠푸 피라미드와 카프레 피라미드, 멘카우라 피라미드의 바위로 높이 3미터, 두께 1미터 벽을 쌓으면 프랑스 국경을 다 에워쌀 정도라고 한다.

대피라미드보다 조금 작은 카프레 피라미드 옆에는 거대한 석상이 우뚝 솟아 있다. 이것이 바로 그 유명한 스핑크스다. 기원전 2610년에 제4왕조 파라오 카프레가 곧 완성될 자신의 묘지를 둘러보던 중 채석장에 버려진 거대한 바위를 발견했다. 그는 곧 석공에게 자신의 얼굴대로 조각하라는 명을 내렸다. 1798년에 나폴레옹이 이집트로 원정을 나섰을 때 스핑크스에 엄청난 보물이 숨겨져 있다는 얘기를 듣고 대포를 마구 쏘아댔다. 하지만 스핑크스는 미동도 하지 않았고 콧수염 몇 개만 떨어졌다. 그것은 지금 영국박물관에 전시되어 있다.

이때쯤 사람들은 이런 의문을 가질 것이다. 이 거대한 건축물을 정말 몇천 년 전의 이집트인들이 건설할 수 있었을까? 헤로도토스가 묘사한 바에 따르면 재석, 운반, 적재, 하역 등을 진행하기 위해서는 수많은 석공, 건축 인부, 운반 인부, 뱃사공이 필요한 데다 상당한 규모의 엔지니어, 시공 기술자, 관리자, 반란을 진압하기 위한 군대 역시 빠질 수 없었다. 그리고 이들이 먹고, 입고, 자고, 소비하는 것을 제공해줄 사람들도 대거 동원해야 했다. 이런 건축 과정에는 약 5,000만 명이 필요하다고 추산했다. 일반적으로 기원전 3000년 이전의 전 세계 인구는 2,000만 명 남짓했을 것으로 추산되고 있다. 그런데 지금까지 발견된 피라미드만 해도 80개 정도다. 헤로도토스가 『역사』에서 밀한 대로 30년에 하나씩 완성했다고 가정하면 2,400년이 걸린다. 이집트가 이렇게 오랜 세월 동안 거대한 역사를 건설하며 수많은 자원을 소비했어도 문제가 없었을까?

그래서 사람들은 피라미드가 지구인이 아니라 외계인이 지은 것이며, 그들이 버리고 간 착륙 기념물이라고 여겼다. 또 어떤 사람은 인류 역사상 첫 번째 신비의 신전에는 천지개벽 이후부터 세계 종말까지의 모든 중요한 문헌이 보관되어 있다고 여겼다. 하늘을 관찰하고 별의 운행을 살펴 미래를 점치는 천문대라는 사람도 있으며, 여러 기능을 갖춘 계량기라는 사람도 있다. 또 어떤 사람은 쿠푸 피라미드 안에 진정한 석관이 없는 이유는 기자에 있는 세 피라미드 아래에 완벽한 지하 도시가 있기 때문이라고 주장했다. 지하 도시의 길은 사방으로 뚫려 지상의 모든 피라미드로 이어지고, 지하 성문에서 특수한 소리를 내야 그들이 들을 수 있다는 것이다. 그래서 이런 주장을 한 이들은 성문과 쿠푸의 관을 찾기만 하면 기적이 눈앞에 펼쳐질 것이라고 여겼다. 심지어 어떤 이들은 이 모든 것이 '잃어버린 부락 문명'의 창작물이라고 주장했지만 추측에 불과할 뿐 정확한 근거는 전혀 없다.

  고고학은 세계 역사의 신비를 밝히는 과학적인 수단이기 때문에 고고학계에서 발견한 증거들은 설득력을 지닌다. 고고학자들은 피라미드의 부장품 중에서 석기를 측량, 계산, 가공하는 도구를 대량 발견했다. 이는 피라미드에 매장된 사람들이 바로 건설한 사람들이라는 것을 증명한다. 또한 원시의 금속 수술 기계와 죽은 자가 골절된 후 치료 받은 증거도 함께 발견했는데 이는 살아생전 수준 높은 치료를 받았다는 것을 보여준다. 이러한 발견은 피라미드를 건설한 이들이 이집트 노예라는 주장에 의문을 제시했다. 고대 이집트에서 가장 지위가 낮은 노예는 이런 치료를 받을 수 없고 죽어서도 장례를 치르지 못하기 때문이다. 또한 유적을 측량한 결과, 대략 2만 5,000명 정도가 피라미드 건설에 참여한 것을 밝혀냈는데, 이는 헤로도토스의 계산이 정확하지 않다는 것을 의미한다.

  최근 10년 동안 고고학자들은 중요한 성과를 거두었다. 기자 고원의 피라미드 지역에서 규모가 아주 큰 인부 묘지, 인부 도시, 현존하는 석관 가운데 가장 오래된 것일 가능성이 높은 것을 연이어 발견했다. 유적에 대해 심도 깊은 연구를 진행한 고고학자들은 이전의 생각을 버리고 피라미드를 지은 사람들은 자유인이며 휴농기의 농민들이 노역에 동원되었을 것이라고 주장했다. 현존하는 기록에는 고대 이집트 정부가 인건비로 빵과 양파를 지급했다고 한다. 또한 인부들이 더 높은 수당을 받기 위해 파업한 적이 있다는 기록도 있다.

  2002년 9월, 피라미드를 건설한 사람들의 신분을 더 밝히기 위해 이집트 고고학자가 기자 고원 피라미드 지역에서 발견된 신비의 석관을 열었다. 4,500년 동안 운반된 적 없는 석관의 길이는 2미터, 넓이는 1미터로, 기자 피라미드 지역의 남동쪽 귀퉁이에 매장되어 있었다. 석관의 주인은 피라미드의 감독관으로 생존 시기는 제4왕조 시대(기원전 2613~기원전 2494년)로 추산된다. 당시 중국 CCTV를 포함한 수많은 방송국이 생방송으로 석관을 개봉하는 모습을 내보냈다. 해골 외에 중대한 발견은 없었지만, 고고학적인 발견으로는 큰 가치를 지닌다.

## 피 라 미 드  건 설  수 수 께 끼

피라미드를 건설한 사람이 누구인가라는 문제 외에도 피라미드의 건설 과정 역시 최대의 미스터리로 남아 있다. 기술적으로 정말 불가사의한 작업이기 때문이다.

  누구나 아는 것처럼 피라미드는 거대한 돌을 쌓아 만든 것이다. 하지만 고대 이집트에는 이런 거대한 바위가 생산되지 않았다. 그래서 헤로도토스는 머나먼 아라비아산에서 돌을 운반해 왔다고 기록했다. 그렇다면 이런 거대한 돌을 어떻게 운반했으며 또 어떻게 쌓아 올렸을까? 오늘날 현대적인 기술을 총동원해도 이렇게 거대한 작업을 완수하기는 어렵다. 그런데 그렇게 오래전 조잡한 기술을 가진 시대에 이렇게 거대하고 불가사의한 대건축물을 지었다는 것은 정말 상상하기 힘들다. 당시에는 기중기도, 도르래도, 심지어 바퀴조차도 발명되기 전이었다. 그런데 그들은 어떻게 자동차 10대의 무게와 맞먹는 거대한 돌을 피라미드 위까지 운반했을까?

피라미드 건설에서 가장 중요한 부분은 돌을 운반하고 쌓는 것이다. 당시에 충분한 인력이 있었다고 해도 2.5톤에서 160톤까지 나가는 거대한 돌을 건설 부지까지 옮기는 것은 불가능했다. 이에 대해서도 여러 가지 추측이 난무한다. 어떤 이는 통나무를 깔아 운반했을 것이라 주장했지만, 이 방법을 사용하려면 엄청난 양의 목재가 필요하다. 하지만 당시 이집트에서 나던 주요 나무는 종려나무인 데다, 수량이나 성장 속도, 목재의 단단함으로 보았을 때 돌을 운반했을 것이라 보기는 어렵다. 목재 수입은 더군다나 불가능했다. 또 다른 이는 물을 이용해 운반했을 것이라 주장하지만 이 역시 근거가 부족해 받아들여지지 않았다.

2000년, 프랑스의 한 과학자가 새로운 견해를 제시했다. 피라미드 위에 있는 거대한 돌은 천연 돌이 아니라 일종의 콘크리트라고 주장했다. 그는 현미경과 화학 분석을 이용해 돌의 구조를 연구했고, 실험 결과, 새로운 결론을 얻었다. 피라미드 위에 있는 돌은 인부들이 석회와 조개를 섞어 만든 것이며 현대에 콘크리트를 주입하는 것과 비슷한 방법이라는 것이다. 혼합물의 응고 및 결합 정도가 뛰어나기 때문에 사람들이 이 돌과 천연 돌을 구분하지 못했다고 주장했다. 자신의 주장에 설득력을 더하기 위해 그는 두 가지 증거를 제시했다. 첫째는 돌에서 발견한 사람 머리카락이다. 이 발견은 인부가 돌을 주조할 때 머리카락이 안으로 떨어져 지금까지 보존되어 있던 것이라고밖에는 설명할 방법이 없다. 둘째는 석재에 광물질과 기포가 섞여 있는 것을 발견한 것이다. 화학 실험을 통해 이 두 물질이 돌에는 함유되어 있지 않다는 것을 증명했다. 그래서 그는 피라미드가 사실은 거푸집에 석재를 주입해서 한 층, 한 층씩 쌓은 것이라고 주장했다. 이는 또한 돌 사이에 왜 틈이 없는지, 매우 얇은 칼날조차 끼워 넣을 수 없는지를 설명한다. 현대적인 고고학 연구를 통해 수천 년 전의 인류가 콘크리트 제조 방법을 알고 있었다는 것을 증명했기 때문에 많은 과학자들이 이 의견을 지지한다.

다음으로는 설계 문제를 들 수 있다. 오랫동안 쿠푸 피라미드는 인류 역사상 가장 위대하고 가장 오래된 건축물 가운데 하나로 인정받고 있다. 건축 기술이 놀라울 정도로 정교해 지금까지도 많은 이들의 감탄을 자아낸다. 피라미드는 바닥의 네 밑변의 오차는 20밀리미터로, 오차율이 천 분의 일도 되지 않는다. 지금의 건축물도 소위 '정직각 기술'로 불리는 이 정도의 오차 범위 안에 들기란 매우 어렵다. 신기하게도 고대 이집트의 건축 대가들은 이 기술을 피라미드의 모퉁이에 그대로 응용했는데 극도로 적은 오차만을 형성했다. 수평기도, 동력 설비도, 현재적인 측량 수단도 없는 시절에 피라미드의 밑면을 탐측하고 시공한 것이다.

서기 9세기부터 도굴꾼, 탐험가, 고고학자들이 쿠푸 피라미드 안에 수없이 들어갔지만 내부 구조는 여전히 미스터리로 남아 있다. 피라미드 안에는 미궁 같은 통로와 묘실이 있고 전체 계단이 혈관처럼 묘실까지 이어져 있으며 지하 깊은 곳까지도 연결되어 있다. 묘실에는 공기구멍 두 개가 피라미드 외부까지 뚫려 있다. 죽은 자의 '영혼'이 이 구멍을 통해 자유롭게 드나든다고 한다. 신기한 것은 공기구멍 하나는 용자리(영생을 의미)를 향해 뚫려 있고 또 다른 하나는 오리온자리(부활을 의미)를 향해 뚫려 있다는 것이다. 이렇게 정교한 설계와 구상을 정말 몇천 년 전의 고대 인류가 생각하고 완성한 것일까?

피라미드의 내부 구조는 매우 복잡하고 신기하며 조각과 회화 등으로 장식되어 있다. 묘실과 복도는 매우 어둡다. 이렇게 정교한 예술 작품을 창작하기 위해서는 조명이 필요했기 때문에 횃불이나 등잔불을 이용했을 것이다. 그런데 바로 이 사실이 연구자들을 당황시켰다. 당시에 횃불이나 등잔불을 사용했다면 많든 적든 흔적이 남아 있어야 했다. 그런데 연구자들이 묘실과 통로에서 5,000여 년 된 먼지를 자세하게 실험하고 분석해본 결과, 먼지에는 그을음이나 진 같은 미립자가 전혀 포함되어 있지 않았다. 즉 횃불이나 등잔불을 사용한 흔적을 조금이라도 찾아볼 수 없었다. 이는 고대 예술가들이 쿠푸의 피라미드 지하 묘실과 복도에서 조각하거나 그림을 그릴 때 조명을 아예 사용하지 않았다는 것을 의미한다. 정말 누군가의 추측처럼 5,000여 년 전의 고대 이집트인은 현대의 전등과 비슷한 기술을 보유하고 있었을까?

역사 기록에 의하면 고대 세계에 7대 기적이 있었는데 세월이 지나면서 무너지고 사라져 피라미드만 사막 가운데 수천 년 동안 잠들어 있었다고 한다. 이는 신비할 정도로 정교한 설계와 밀접한 관련이 있다.

사람들은 자연스럽게 형성된 52도의 각도가 가장 안정적인 각도라는 것을 알게 됐다. 그리고 이 52도를 '자연스러운 붕괴 현상의 극한 각도 및 안정 각도'라도 불렀다. 신기하게도 피라미드의 각도가 딱 51도 50분 9초로, 이는 피라미드가 이 '극한 각도 및 안정 각도'에 따라 건설되었다는 것을 설명한다. 피라미드는 사막 한가운데에 우뚝 솟아 있다. 피라미드의 독특한 디자인 때문에 사막의 매서운 모래 바람이 피라미드의 경사면이나 모서리를 따라 천천히 올라간다. 아래에서 위로 올라가기 때문에 바람을 맞는 피라미드의 면적은 점점 좁아지고 꼭대기에 다다르면 바람의 저항이 사라진다. 이런 부드러움으로 강함을 이기는 독특한 디자인 덕분에 바람의 파괴력을 최소한으로 낮출 수 있었다. 이뿐만 아니라 자력선의 쏠림 작용도 있다. 높은 산이 붕괴하는 한이 있어도 쿠푸 피라미드는 무너지지 않는다. 자력선의 중심에 있는 쿠푸 피라미드는 자력선의 운동에 따라 운동하고 지구의 운동에 따라 운동하기 때문에 진폭의 영향을 거의 받지 않고 지진이 발생해도 큰 영향을 받지 않는다. 52도의 '각'과 각뿔 형의 '형태', 자력선과 함께 운동하는 '위치'가 바로 피라미드가 굳건히 서 있는 해답이다. 하지만 고대 이집트인들이 이런 신비의 비밀을 모두 알고 있었다니, 우리가 어떻게 신기하게 여기지 않을 수 있을까?

## 수 수 께 끼 중 의 수 수 께 끼

고고학이 발전하고 현대 과학기술이 진보하면서 피라미드를 둘러싼 많은 문제들은 언젠가 해결될 것이다. 하지만 인류 역사상 최대 미스터리인 피라미드가 우리에게 던진 질문은 짧은 시간 내에는 해결되지 않을 것이다.

고고학 발굴 수준이 높아지면서 전통적으로 피라미드 건축 시기에 대해서도 의구심을 품을 만한 많은 증거들이 등장했다. 먼저 스핑크스가 카프레 통치 기간에 지어진 것이 아니라는 주장이다. 1992년, 미국의 법의학자 프랑크 도밍고가 이집트 파라오 카프레 조각상의 두부 및 스핑크스의 '사

1 파라오 카프레다.
2 그의 피라미드와 유명한 스핑크스는 도대체 어느 시기에 만들어진 것일까?
  아마 이 수수께끼는 영원히 풀 수 없을지 모른다.

람의 얼굴' 부분을 세밀하게 연구했다. 그 결과 둘 사이의 차이가 크기 때문에 동일 인물이라고 할 수 없다고 주장했다. 이는 선사 시대 고고학자가 얼굴 부분에 대해 주관적으로 한 해석이 완전히 틀렸다는 것을 보여준다. 1992년 8월에는 보스턴 대학의 지질학 박사가 스핑크스의 부식 정도와 특징을 연구해 놀랍고도 신중한 결론을 내렸다. 스핑크스는 이집트 역사상 마지막 우기의 초기, 즉 기원전 7000년에서 기원전 5000년 전에 건설되었다는 것이다. 기원전 3000년 이후 기자 고원에는 스핑크스가 침식당할 만한 비가 온 적이 한 번도 없었다. 따라서 이런 흔적들은 아주 오래전 기자 고원에 비가 많이 내리고 온도가 높던 시대에 남겨진 것이라고밖에 설명할 수 없다. 이 주장은 미국 지질학회 연차총회에서 3,000명의 지지를 얻었다. 사실상 이집트 고고학자들의 분석에 따르면 피라미드 건축기술은 몇천 년 후의 건축물보다도 수준이 훨씬 높다. 그렇다면 고왕국 이전에 고대 이집트인들은 이미 사회 조직을 구축하고 있었으며 이런 대규모 공사에 동원할 만큼 충분한 인력이 있었다는 것일까?

다음으로 세계 각지에 퍼진 재미있는 숫자에 관한 것이다. 이 숫자들은 또 다른 측면에서 보면 피라미드의 오묘한 이치를 암시한다.

① 피라미드 무게 × 1015 = 지구의 무게
② 피라미드 높이 × 10억 = 지구에서 태양까지의 거리(1.5억 킬로미터)
③ 피라미드 높이의 제곱 = 삼각 면의 면적
④ 피라미드의 밑면 둘레 : 높이 = 둘레 : 반지름
⑤ 피라미드 밑면 둘레 × 2 = 적도의 시분도
⑥ 피라미드 밑면 둘레 ÷ (높이 × 2) = 원주율($\pi$ = 3.14159)

이러한 숫자들은 단순히 우연의 일치일까, 아니면 정교한 계산의 결과일까? 이 역시 고고학자, 건축학자, 지리학자, 물리학자 모두 풀지 못하는 문제다.

또 다른 것으로는 대피라미드를 중심으로 수직선과 수평선을 그리면 전 세계 대륙 면적이 거의 4등분된다. 피라미드는 지구 각 대륙의 인력의 중심에 있다. 대피라미드의 크기와 북반구의 크기는 비율상에서 거의 흡사하다. 고대 이집트인들이 정말 지구의 비율까지 생각했을까?

많은 과학자들은 이런 숫자의 관계는 그렇게 신비한 일이 아니며 단지 우연에 불과하다고 주장한다. 52도의 경사면으로 지어진 사각뿔은 높이 h로 밑면의 2배를 나누면, 즉 2s/h는 $\pi$값에 근접한다. 고대 그리스 역사학자 헤로도토스는 이집트인들이 쿠푸 대피라미드를 지을 때 각뿔의 한 면의 면적은 높이의 제곱이라고 설명했다. 이 방안의 설계대로 이런 숫자 관계를 얻을 수 있다.


## 신 비 의   태 양 선

나일 강변의 멤피스 고대 도시에 도착하면 웅장한 기세를 자랑하는 쿠푸 피라미드 외에 작고 귀여우며 독특한 설계로 우아한 아름다움을 뽐내는 박물관이 여행객을 맞이한다. 이 박물관이 바로 그 유명한 태양선 박물관이다. 박물관에 전시되어 있는 태양선 역시 찬란했던 고대 이집트 문명의 또 다른 증거다. 그렇다면 태양선은 도대체 어떤 유래를 가지고 있을까?

　고대 이집트인은 태양을 만물을 창조하고 모든 것을 주관하는 라로 여겼다. 그들은 광활한 사막이 펼쳐진 나일 강변 양쪽에서 생활했기 때문에 양 지역을 이어주는 교통수단은 배밖에 없었다. 그래서 고대 이집트인들 사이에는 이런 신화가 전해졌다. '태양은 동쪽에서 떠올라 서쪽으로 지며, 매일 이 과정이 반복된다. 하늘은 끝이 없는 광활한 바다이며, 태양이 매일 배를 타고 낮과 밤, 두 번 항해를 한다. 낮의 배를 타고 동쪽에서 서쪽으로 우주를 지나가고 밤의 배를 타고 서쪽에서 동쪽으로 명부를 통과한다.' 이것이 바로 태양선의 유래다. 고대 이집트인은 밤을 죽음에 비유했고 태양을 부활, 세상의 변화로 보았다. 파라오가 라의 아들이라 자칭했을 때 그들은 태양신의 영원한 삶을 갈망하며 태양선을 제작했다. 그런 뒤 영혼이 태양신과 마찬가지로 우주를 유영할 수 있도록 피라미드 옆에 설치했다.

　고대 이집트 문명이 재조명되면서 사람들은 전설에 따라 피라미드 아래에 태양선이 매장되어 있을 것이라 추측했다. 이 미스터리를 풀기 위해 이

복원된 태양선이다. 피라미드의 또 다른 대발견이다.
고대 이집트인들은 태양신의 영원한 삶을 갈망하며 태양선을 제작했다.

집트 고고학자들은 부단히 노력했다. 1954년 5월, 당시 카이로 남서쪽의 기자 고원에서 작업하던 고고학자이자 『피라미드 일보』의 부편집장이 쿠푸 피라미드에서 남쪽으로 18.5미터 떨어진 곳에서 벽으로 둘러싸인 부분을 발견했다. 이 지역을 발굴한 결과 동쪽과 서쪽에 직사각형의 석판진 두 개가 모습을 드러냈다. 둘 사이의 간격은 3미터로 각각 다듬어진 백색 석회암 석판 41개가 나열되어 있었다. 같은 해 11월, 동쪽 구덩이의 첫 번째 석판을 열고 고고학자가 안으로 들어갔다. 아무것도 보이지 않았지만 은은한 향기가 코를 찔렀다. 흥분한 그는 안경을 들고 석판 틈으로 들어온 햇빛에 의지해 안을 들여다보았다. 크고 작은, 길고 짧은 목판과 갈대로 만든 밧줄이 눈에 들어왔다. 이미 4,600여 년이나 지났는데도 하나도 썩지 않았다. 2개월 후 동쪽 덮개가 모두 제거되었다. 고증에 의하면 구덩이 앞에 숨겨져 있던 것은 쿠푸가 생전에 사용한 선박으로 밝혀졌다. 쿠푸가 죽은 후 그의 아들 제데프레가 이 배를 이용해 쿠푸의 미라를 당시 이집트 수도 멤피스에서 기자로 옮겼다. 미라를 대피라미드 안에 매장한 후 목재 1,244개로 만든 이 배를 650등분 해 돌구덩이 속에 가지런히 놓은 것이다. 쿠푸 태양선 출토는 20세기 중엽 이집트 고고학계의 최대의 발견으로 여겨졌으며 현존하는 배 중에서 가장 오래되고 완전한 형태를 유지하고 있는 배로 평가받는다. 이는 고대 이집트의 조선, 해운, 쿠푸 생존 당시 상황, 사회, 경제, 생활을 밝히는 데 매우 중요한 가치가 있다. 태양선 출토는 전 세계 고고학계를 흔들었고, 당시 이집트 나세르 대통령까지 현장에 나와 축하를 전했다.

　태양선을 배치한 돌구덩이의 높이는 31미터, 넓이는 2.6미터, 깊이는 3.5미터다. 구덩이를 덮고 있는 석판은 당시 이집트의 41개 주를 상징한다. 석판 하나의 높이는 4.5미터, 넓이는 0.8미터, 두께는 1.8미터, 평균 무게는 18톤이다. 석판 위에 제데프레의 이름이 분명하게 남아 있다. 구덩이는 완벽하게 봉인되어 있고 내부에는 벌레를 쫓는 향료가 있었다. 목판은 대부분 히말라야 목재로 최장 23미터, 최단 10밀리미터 등 여러 종류가 사용되었다. 쿠푸의 아버지가 40여 척의 배를 보내 레바논에서 히말라야 목재를 운반해 오도록 명을 내린 적이 있는데, 배를 만들 때 사용된 목재가 아마 이때 운반된 목재일 것이다. 쿠푸 시대에는 이미 철이 등장했지만 배에서 못 하나도 발견되지 않았다. 배를 만드는 이가 목판에 4,000개의 구멍을 뚫고 종려나무로 만든 밧줄 5,000개를 이용해 옷을 꿰매듯이 모든 배를 연결시켰다. 이집트의 유명한 유물 복원가가 도면이나 참고할 만한 자료가 전무한 상황에서 여러 난관을 극복한 끝에 11년 만인 1968년에 쿠푸 시대 때의 모습 그대로 태양선을 복원했다.

　복원된 태양선은 유선형의 대추씨와 같은 형태를 띤다. 전체 길이는

43.4미터, 넓이는 5.9미터, 배의 앞부분 높이는 6미터에 달했다. 나무 기둥이 우뚝 서 있는 것 같고 파피루스 조각 도안이 있다. 배의 중간에는 나무로 만든 창고가 두 군데 있다. 길이 9미터, 넓이 4미터다. 배의 앞부분에는 천막이 있고 위에 갈대로 덮었다. 바로 선장의 지휘실이다. 양 옆에는 길이 8.5미터에 달하는 노가 5개 있다. 뒷부분에는 조타용으로 또 다른 노 2개가 있다. 선원 두 명씩 조를 이루어 노를 저었기 때문에 항해에는 총 24명의 선원이 필요했다. 배 위에는 물의 깊이를 재는 나무 막대기와 정박할 때 사용하는 나무망치와 나무못이 있다.

  1982년 3월 6일, 이탈리아 엔지니어가 설계한 태양선 박물관이 준공됐다. 박물관의 외형은 배 모양이고 양쪽에 투명한 유리를 만들어 박물관 안으로 햇빛이 잘 들도록 했다. 넓고 밝고 깨끗한 전시장에서 관람객은 특수 제작된 신발을 신고 전시품을 감상한다. 관람객들이 태양선의 각 위치를 볼 수 있도록 박물관은 1, 2층으로 구성되어 있고, 관람객은 태양선을 따라 돌면서 2층으로 올라간다. 태양선 선체 색깔은 갈색인데, 먼 곳에서 바라보면 마치 아름다운 예술품을 보는 듯하다.

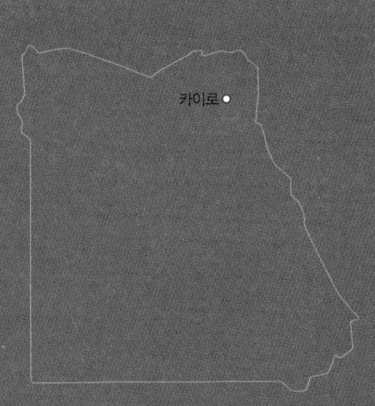

## 4장 | 이슬람 문명의 결정체 카이로

나일 강 삼각주 남단에 국제적인 도시 카이로가 있다. 카이로의 뜻은 아랍어로 승리자이자 전쟁의 신인 마르스를 뜻한다. 성 건축이 끝난 첫날 밤, 하늘에 전쟁의 신인 화성이 나타났다는 전설이 전해진다. 973년에 파티마 왕조가 카이로로 천도하면서 왕조의 중심이 이집트로 옮겨졌다. 이곳은 아시아와 아프리카, 지중해와 홍해를 연결하는 전략적인 요충지로, 나일 강변이 주는 경제적 풍요 아래 다양한 문화가 섞여 발전해왔다. 그래서 카이로는 지금도 옛것과 새것, 동양과 서양이 함께 공존한다.

카이로 시내의 모습이다.
과거와 현재가 공존하는 카이로는 중동과 아프리카, 유럽을 잇는
위치에 있어 오래전부터 북아프리카를 대표하는
국제 도시의 역할을 해오고 있다.

사람들은 줄곧 피라미드가 카이로의 일부라고 착각해왔다. 그러나 고대 이집트 역사를 살펴보면, 지금의 이집트 수도인 카이로와 피라미드의 역사는 근본적으로 아무런 관계가 없으며 다른 시대의 산물이라는 사실을 알 수 있다. 나일 강 유역의 기자, 멤피스, 피라미드는 카이로보다 선대에 이루어진 것이다. 문명의 뿌리로 구분 짓는다면 둘의 차이는 더욱 극명해진다. 전자는 고대 이집트 본토 문명에, 후자는 외래에서 유입된 이슬람 문명에 속하기 때문이다.

1세기 무렵, 프톨레마이오스 왕조가 로마 제국에 함락된 후 이집트는 변방에 불과한 존재로 다른 종족의 통치를 받았다. 서로마 제국이 멸망 후에는 또 다시 비잔틴 제국의 통치를 받았다. 훗날 비잔틴 제국이 쇠락하고 아시아의 유목 민족인 아랍인이 빠르게 발전하면서, 이집트에는 다시금 변화의 바람이 불기 시작했다. 이집트 역사의 중심이 나일 강 동쪽의 새로운 도시, 카이로로 서서히 옮겨진 것이다.

**이집트에
뿌리내린
아랍왕조**

### 새로운 도시 건설

639년, 아랍의 아무르 이븐 알 아스 장군이 이끄는 군대가 비잔틴 제국을 물리치기 위해 시나이 반도를 넘어 나일 강 유역까지 진군하면서 이집트 정복의 서막이 올랐다. 640년 7월, 아인 샴스 성의 결전에서 아랍인이 비잔틴 군대를 물리쳤다. 642년 9월, 이집트의 중심 도시인 알렉산드리아가 투항하고 비잔틴 군대가 퇴각했다. 그 해에 아무르 군대는 나일 강 삼각주 남단에 있는 작은 마을인 푸스타트에 다다랐다. 푸스타트는 나일 강변에 있는 보잘깃없는 작은 마을에 불과했지만, 토지가 비옥하고 고대 이집트의 첫 번째 수도인 멤피스 근처에 있었다. 크고 작은 피라미드는 아랍대군의 눈길을 끌었다. 아무르는 천 년간 이집트 정치 도시의 위용을 지켜왔던 알렉산드리아를 버리고, 푸스타트에 진을 치기로 결정했다. 이를 거점으로 세력을 키워 결국 이집트 통일의 위업을 달성했다.

아랍인들은 이집트의 새로운 도읍을 정하면서 라틴어로 '성을 보호하는

이븐 툴룬 사원이다. 이집트의 가장 유명한 이슬람 사원으로 웅장한 모습은 중세 이집트 이슬람 건축 예술의 걸작 중 하나로 꼽힌다.

강'의 의미를 지닌 '카이로'라는 이름을 붙였다. 초기에는 이슬람교의 내부 분열로 인해 이집트 통치자는 알리파를 섬겼다. 661년, 우마이야 왕조가 건립되면서 칼리프 무아위야가 다시 이집트의 지배권을 빼앗았다. 그리고 750년까지 이집트는 우마이야 왕조의 일개 성으로 강등 당했다. 그 후 750년에서 868년까지는 우마이야 왕조를 전복시킨 아바스 왕조가 이집트를 통치했다. 이처럼 나일 강의 선물인 풍요로운 땅 이집트는 수백 년간 아랍 제국의 중요 자원으로 전락했다.

  868년, 투르크족 출신인 아흐메드 이븐 툴룬이 이집트에 툴룬 왕조(868~905년)를 건립했고 카이로에 수도를 세웠다. 이븐 툴룬(835~884년)은 중앙아시아 페르가나 투르크족 출신이다. 그의 부친은 부하라 총독 살만의 노예였는데, 817년 아바스 왕조 칼리프 마문의 노예로 보내졌다. 바그다드에서 태어난 이븐 툴룬은 성장하면서 마문을 섬겼고 그의 큰 총애를 받아 종교와 문화 교육을 받았다. 이븐 툴룬은 칼리프 무타심 집권 시기에 궁에서 근위대를 통솔했다. 또한 다서스 성에서 짧은 시간 공직에 있으면서 이슬람 경전을 공부했다. 그는 868년, 이집트에서 바야커바커 총독의 보좌를 맡으며 총독 권한 대행에 임명되었다. 얼마 후에 칼리프가 임명한 세수관의 손아귀에 있던 이집트의 모든 세수권을 빼앗았다. 이븐 툴룬은 세입의 일부만 국고에 반납하고 나머지 세수를 기반으로 이집트 독립을 이루었다. 10만여 명 규모의 군대를 조직하고 터키 노예와 흑인 노예로 구성된 용맹한 근위대를 만들었다. 군대와 지방관과 국민들이 모두 이븐 툴룬에게 충성을 맹세했다. 아바스 왕조의 칼리프는 이집트에 대한 지배권을 회복하고자 이집트에 세수를 바칠 것을 명령했지만, 이븐 툴룬은 따르지 않았다. 그리고 그는 877년에 시리아 총독이 사망하고 칼리프가 바스라 흑인 노예 봉기를 제압하는 틈을 타서 시리아를 합병시켰다. 재위 16년간 대대적인 개혁, 경제 부흥, 수리 시설 개선, 관개 시설 확대, 수공업 및 상업 진흥, 재정 개혁, 세수 감면에 힘썼다. 그 결과 식량 생산율이 증가하고 국고는 탄탄해졌다. 국방을 강화하기 위해 팔레스타인 아크레와 알렉산드리아에 해군기지를 구축하고 요새를 만들었다. 카이로의 낡은 성을 손질하고 궁전, 병원, 종교 학교, 사원을 수리하고 새롭게 지어서 수도를 새로운 모습으로 탈바꿈시켰다. 이븐 툴룬의 통치 기간 동안, 아랍 제국의 이집트 수탈이 막을 내림으로써 이집트는 새로운 번영기를 맞았다.

현재 카이로의 고대 도시 남쪽 야시카르산의 고지에는 웅장한 사원이 위용을 뽐내고 있다. 이는 바로 이븐 툴룬 시대의 최대 건축물인 이븐 툴룬 사원이다. 이븐 툴룬 사원은 이집트의 가장 유명한 이슬람 사원으로, 이븐 툴룬의 명령에 따라 876년에서 879년까지 지어졌으며 12만 디나르가 투입되었다. 사원은 토치카 형으로 총면적은 2만 6,143제곱미터에 달한다. 한때 무너졌으나 후대 왕조가 여러 차례 복원했다. 가장 눈여겨볼 만한 곳은 길이 92미터, 넓이 91미터인 노천 정원이다. 정방형이며 정원 내에는 1297년 만들어진 '굽바'(선대 현명한 사람의 묘)가 있는데 상부는 팔각형에 금이 도금된 돔 모양이다. 정원 사방은 돌기둥으로 외부는 높은 벽으로 둘러싸여 있다. 북쪽, 서쪽, 남쪽에 각각 정원 벽과 평행되는 벽이 있는데 남쪽과 북쪽 벽의 길이는 162미터, 서쪽 벽의 길이는 161미터다. 예배를 드리는 대전은 돌기둥이 지탱하고 있고, 기둥에는 흰색의 갖가지 기하학 무늬가 장식되어 있다. 대전 사방에 있는 목재 장식에는 쿠파Al-Kufi체로『코란』이 새겨져 있다. 지붕은 목재 골격의 평평한 형태이고 사방에 열주 회랑이 늘어서 있다. 대전은 동향이며 다섯 군데에 아치 형태의 오복한 벽이 있다. 중간에 가장 큰 벽은 맘루크 왕조의 술탄 나세르 라가 1928년에 세운 것으로 반원 형태의 오목한 벽이다. 유리와 금속장식이 박혀 있고 중간에는 쿠파체로 '사원문'이 새겨져 있다. 사원의 서쪽은 첨탑으로 4층으로 이루어져 있고, 이라크 사마라 사원의 나선형 첨탑 모양을 본떴다. 탑의 끝은 작은 돔 모양이며 돌사각 기둥과 고딕 아치가 특히 눈길을 끈다. 첨탑 밖에는 탑의 벽을 따라 나선형 계단이 있어 첨탑 꼭대기까지 올라갈 수 있다. 이븐 툴룬 사원의 웅장한 건축은 중세 이집트 이슬람 건축 예술의 극치를 보여준다.

하지만 툴룬 왕조의 이집트 통치는 오랜 시간 지속되지 못했다. 905년, 툴룬 왕조의 제4대 군주 때 또다시 아바스 왕조에 귀속되었다. 그러나 아바스 왕조 역시 이후 30년밖에 이집트를 통치하지 못했다. 935년에 페르가나 투르크 출신인 무함마드 빈 투그즈(재위 935~946년)이 이집트에 이흐시드 왕조를 일으켰다. 30년 후에는 파티마 왕조가 나타나서 969년에 이흐시드 왕조를 멸망시켰다.

## 이 슬 람 교 의    성 지

파티마 칼리프(909~1171년) 왕조는 이슬람의 선지자 무함마드의 딸 파티마의 이름에서 따왔다. 중국 역사서에는 이들을 '녹의대식'이라 표기했고, 서양 문헌에는 '남사라센 제국'이라 명명했다. 909년, 시아파 수장 압둘라가 튀니지에서 파티마 칼리프의 후손임을 자처하며 자신을 칼리프라 칭하였다. 마디아를 수도로 정하고 모로코의 이드리스 왕조를 공격해 모로코를 정복하고 나아가 마그레브까지 점령했다. 969년, 칼리프 무이즈 파 가와르 장군이 카이로의 구시가지 북쪽에 성을 새로 세우고 '승리의 성'이라 명했다. '카이로'는 아랍어로 승리자이자 전쟁의 신인 마르스를 뜻한다. 성 건축이 끝난 첫날 밤, 하늘에 화성(전쟁의 신)이 나타났다는 전설이 전해진다. 973년, 파티마 왕조가 카이로로 천도하면서 왕조의 중심이 이집트로 옮겨졌다.

975~996년까지 파티마 왕조의 제5대 왕인 칼리프 아부 만수르 니자르 알지즈의 재위 당시에 파티마 왕조는 최고의 전성기를 누렸다. 영토는 동쪽 시리아, 팔레스타인, 헤자즈, 예멘에서 서쪽 모로코에 이르렀으며 바그다드의 아바스 왕조와 코르토바의 후예인 마야 왕조와 함께 삼국이 대등하게 대립하는 형태였다. 이때 이집트의 도시 상업이 크게 발달함에 따라 이집트는 지중해의 가장 번영한 국가로서 다른 국가와 빈번하게 무역 거래를 했다. 인도와의 무역도 크게 발전했다. 파티마 왕조의 칼리프는 시아파 교

---

**시아파**   이슬람교 종파에서 아랍어 '시아'는 당원을 의미하며 알라의 추종자를 가리킨다. 시아파는 알라와 그 후손을 무슬림 사회의 수장으로 추대하는 특징을 갖는다. 시아파는 자이드파와 열두 이맘파, 이스마일파 등 많은 분파가 있는데 주로 이란, 이라크, 파키스탄, 인도, 아라비아 반도 남서부 등지에 분포한다.

리를 전파하고자 문화 교육에 깊은 관심을 가졌다. 972년에 세워진 아즈하르 사원은 당시 이름난 종교 학교였다.

카이로에 위치한 아즈하르 사원은 전 세계적으로 유명한 건축물일 뿐만 아니라 아즈하르 대학의 기원이다. 아즈하르 사원은 파티마 왕조의 고하르 장군이 세웠다. 988년, 칼리프 알지즈는 부속 건물인 '마드라사'라는 고등교육 시설을 세웠고, 이것이 바로 현존하는 아즈하르 대학의 전신이자 가장 오래된 이슬람 대학이다. 파티마 왕조는 이슬람교의 소수파인 시아파가 정권을 잡았기 때문에 수니파 정권인 아바스 왕조와 줄곧 대립했다. 아즈하르 사원과 대학은 시아파 신앙을 전파하고 선교사를 육성하여 세계 각지에서 선교 활동을 하는데 매우 중요한 의미를 가졌다.

파티마 왕조는 11세기 후반부터 쇠락하기 시작했다. 1096년에서 1144년 사이, 십자군이 침략하고 파티마 왕조의 지배하에 있던 튀니지와 알제리가 독립을 선언했다. 시칠리아는 노르만인에게, 시리아는 셀주크 왕조에게 빼앗기고 예루살렘 등지는 십자군의 수중에 들어갔다. 1171년, 살라딘 대신이 근위대의 지원 속에 정변을 일으켜 파티마 왕조의 칼리프 하디드 정권을 전복시키고 아이유브 왕조를 창시하면서 파티마 왕조는 결국 멸망했다.

아이유브 왕조(1171~1250년)는 이집트와 시리아 지역의 쿠르드족 출신이 세운 이슬람 왕조다. 창시자는 쿠르드족 출신인 살라흐 앗딘 유수프 이븐 아이유브(살라딘)다. 살라딘은 장기 왕조에서 군을 통솔했고 숙부인 시르쿠 휘하에 있었다. 1164년과 1168년에 두 차례 이집트 파티마 왕조의 지원을 요청받았을 때 누르딘의 명을 받들어 십자군을 물리치는 공을 세웠다. 1169년, 살라딘은 파티마 왕조의 수상 자리에 올라 이집트 군사 대권을 장악했다. 1171년, 파티마 왕조의 칼리프 하디드가 병상에 누워 있는 틈을 타서 살라딘은 시아파의 칼리프를 폐지하고 스스로 술탄이라 칭하면서 이집트에 아이유브 왕조를 세웠다. 얼마 뒤, 그는 카이로와 다마스커스의 각 사원에 명하여 주마(이슬람교에서 매주 금요일 정오 이후에 행해지는 예배)에 행해지는 합동 예배의 설교에서 아바스 왕조의 칼리프를 축복하는 내용을 다시 넣고 동전에 칼리프의 칭호를 새기도록 했다. 이렇게 이집트는 다시금 이슬람교 수니파의 통치를 받게 되었다. 1174년, 살라딘은 장기 왕조의 술탄 누르딘이 급사한 틈을 타서 군대를 이끌고 북상해 아이유브 왕조의 독립을 선언했다. 1175년, 살라딘은 아바스 왕조 칼리프에게 재차 충성을 맹세했고, 칼리프 무타심은 그를 이집트, 시리아, 마그레브, 히자즈, 예멘의 술탄으로 책봉했다. 1183년, 알레포를 점령하고 장기 왕조를 멸망시켰다. 1185년, 모술을 손에 넣으면서 이집트, 시리아, 수단, 이라크 북부, 파키스탄, 히자즈, 예멘을 정치적으로 통일시켰고 십자군의 각 공국을 포위했다. 이로써 십자군 침략에 대항하는 유일한 무슬림 왕조가 되었다.

 1187년, 살라딘은 아랍 연합군 6만 명을 이끌고 예루살렘 국왕에게 성전을 선포했다. 살라딘 군대는 하딩에서 십자군을 대파하고 예루살렘 국왕을 포로로 잡았다. 기세를 이어 지중해 동부 연안의 요새와 내륙의 모든 성을 함락시키고 최후에는 예루살렘까지 수복했다. 연이어 십자군을 대파하면서 평화 조약을 맺었다. 살라딘은 생전에 영토를 그의 세 아들과 아우

---

**쿠르드인** 서아시아에서 가장 오래된 민족 가운데 하나다. 이슬람교를 숭배하고 수니파를 따르며 쿠르드어를 사용한다. 쿠르드 문자의 경우, 이라크와 이란에서는 아랍 문자를 사용하고 터키와 시리아에서는 라틴 문자를 사용한다. 오스만 제국이 붕괴된 후 쿠르드인은 터키, 이란, 이라크, 시리아, 레바논, 아제르바이잔, 아르메니아 등지로 흩어졌다.

| | 3 | |
|1| 4 | |
|2| | |

1 아즈하르 사원이다. 전 세계적으로 유명한 건축물일 뿐만 아니라 아즈하르 대학의 시초다.
2 맘루크 왕조의 걸작 건축물인 술탄 하산 사원이다.
3 술탄 하산 사원의 내부 모습이다. 이 사원의 정교함과 세밀함으로 이루어진 건축 솜씨와 오래된 역사는 세계 각지의 이슬람교도들의 순례 행렬을 이끌고 있다.
4 카이로에서는 마치 사원의 첨탑이 숲을 이룬 듯해 '천탑의 성'이라 불린다.

에게 나누어 관할하게 했다. 장남인 말릭 아프달은 다마스커스를 중심으로 시리아 남부 지역을 다스렸고, 차남 알지즈는 카이로를 중심으로 이집트를, 막내 자히르는 알레포를 중심으로 시리아의 북부 지역을 다스렸다. 살라딘의 아우 아딜은 카락과 사벽을 다스렸다. 1193년, 살라딘이 세상을 떠난 뒤, 아들 간의 권력 다툼으로 아이유브 왕조가 분열하기 시작했다. 1196~1199년까지 아딜이 혼란을 틈 타 이집트와 시리아의 대부분 지역에서 메소포타미아의 통치권을 손에 넣고 스스로 술탄이라 칭했다. 1218년, 아딜이 죽고 왕조가 걷잡을 수 없이 분열되면서 아딜의 후손인 카밀 등이 이집트, 다마스커스, 메소포타미아를 살라딘의 후손이 홈스, 예멘, 하마 지역을 지배했다. 더불어 유럽의 프랑크족이 왕조의 분열과 내분을 이용해 베이루트, 사페드, 티베리아스, 아슈켈론 등의 도시를 다시 빼앗았다. 이즈음 십자군이 이집트 본토에 상륙했다. 1229년, 이집트 아이유브 왕조의 통치자 카밀(재위 1218~1238년)과 십자군이 평화 조약을 맺고 예루살렘과 아카 회랑지대를 십자군에게 할양했다. 1244년, 카밀의 후계자 말릭 살레 나지무틴이 중앙아시아 호라즘투르크족의 힘을 빌려 예루살렘을 수복했다. 1250년, 맘루크 호위대의 대장인 아이비바커와 사자라하 두르가 술탄을 살해하고 군권을 장악했다. 이때부터 아이유브 왕조는 유명무실해졌으며 훗날 맘루크 왕조에 흡수되었다.

맘루크란 각 부족의 노예 출신 군인을 일컫는다. 맘루크 왕조는 바이바르스(재위 1260~1277년) 통치 시기에 강성해지기 시작했고 유럽의 십자군에게 여러 차례 승리했다. 이 시기에 이집트는 해군을 정비하고 역참을 세웠으며 많은 사원을 건축했다. 그러나 1293년 나시르가 즉위한 뒤 통치자의 사치가 극에 달하면서 백성의 세금 부담이 가중되었고, 이로 인해 내란과 기근이 발생했다. 웅장한 멋을 자랑하는 술탄 하산 사원은 14세기 중엽에 세워진 것이다.

술탄 하산 사원은 전 세계적으로 이름난 고대 사원으로 카이로 남부의 무함마드 알리 거리 끝자락에 위치한다. 1356년에 준공하여 1363에 완공되었으며 맘루크 왕조의 술탄 하산이 세운 위대한 건축물이자, 맘루크 왕조의 대표적인 건축물 중 하나로 장엄하고 경건한 모습이 특징이다. 첨탑은 건물 30층 높이인 90미터에 달해 피라미드와 같은 카이로 전경을 내려다 볼 수 있다.

면적은 7,906제곱미터이며, 현대적 스타일의 건축 양식은 십자형으로 디자인되었고 대사원을 비롯해 종교 학교, 술탄 하산 의관묘, 예배탑 등이 있다. 십자형 디자인은 평형과 대칭을 나타내며 영원을 상징하고 사원에 장엄한 아름다움을 불어넣었다. 대사원의 정문은 37.7미터로 청동으로 만들어졌으며 다마스커스의 금속 공예품으로 테를 둘렀다. 사원 내의 가지형 등대에는 아랍 스타일의 화려한 도안이 새겨져 있다. 메카의 방향을 나타내는 미흐라브(기도용 벽감) 옆에는 보석으로 못을 만든 금재 코란함과 뛰어난 상감 예술을 보여주는 목재 강연대 및 독경대가 있다.

사원 내의 등롱과 채색 창문은 정교하고 아름다운 오색 빛깔 유리로 만들어졌으며, 꽃 도안과 아랍어 명문이 새겨져 있다. 벽에는 아름다운 타일로 장식되어 있어 웅장하면서 화려한 미를 뽐낸다. 대사원 뒤편에 있는 4개의 강당과 안뜰로 이루어져 있으며 모두 술탄 하산 사원의 종교 학교로 사용된다. 안뜰이 중심이며 전체 길이는 32미터, 넓이는 24.6미터에 달한다. 정중앙에는 팔각형 처마에 둥근 지붕의 정자가 있는데 기둥은 대리석으로 만들어졌고 정자 내에 수영장이 있다. 안뜰은 높은 벽으로 둘러싸여 있는데, 모든 벽면의 가운데에는 외부로 향하는 아치형 문이 있어 4개의 강당으로 통한다. 4개의 강당은 수니파의 4대 법학파인 하나피, 한발리, 말리키, 샤피이에 속해 있고, 이중 규모가 가장 큰 강당의 면적은 898제곱미터다. 바깥뜰의 북동, 북서, 남서쪽에는 각각 홀이 하나씩 있다. 아치형 돌 지붕으로 되어 있는데 그중 동쪽 홀이 가장 크며 아랍 이슬람 건축의 색채가 가장 짙게 드러난다. 홀 벽에는 대리석과 색 있는 돌을 배열해 붙였고, 지붕은 벽돌을 쓰고 돌로 테를 둘렀다. 홀 내에는 거대한 대리석 단이 있는데 십여 개의 기둥으로 지탱하고 있다.

로비 동쪽에는 메카의 방향을 나타내는 미흐라브가 있고 오른쪽에는 대리석 민바르(설교대)가 있다. 미흐라브 양측의 두 문은 술타 하산의 정방형 대리석 의관묘로 통한다. 묘비 기록에 의하면, 이 묘는 1384년 하산이 사망한 23년 뒤에 세워졌다. 묘의 주변은 목재 울타리로 감싸져 있다. 두 문은 황동과 금은으로 테를 둘렀다. 묘 위에는 사각형의 지붕이 있는데 총면적은 751제곱미터, 높이는 84미터다. 사원에서 북서쪽으로 30미터 떨어진 곳에 큰 저수지가 있다. 사원의 남동쪽에는 돌로 만든 예배 첨탑이 우뚝 서 있는데 이중 하나의 높이는 81.6미터다. 술탄 하산 사원의 정교함과 세밀함으로 이루어진 건축 솜씨와 오래된 역사는 세계 각지의 이슬람교도의 순례 행렬을 이끌었다. 일부 사람들은 이를 파라오 시대의 피라미드와 견주기도 한다.

맘루크 왕조 말기에 이르러 오스만 제국이 강성해지면서 이집트는 더욱 큰 어려움에 처했다. 1517년 1월 22일, 터키 군대가 카이로 부근까지 진군해서 카이로를 공격하고 성내 모든 맘루크인 포로를 죽였다. 맘루크 왕조는 이로 인해 멸망했고 이집트도 오스만 터키에 흡수되었다. 그러나 훗날

오스만은 이집트의 통치권을 다시 맘루크 귀족에게 위임했다.

파티마 왕조에서 맘루크 왕조에 이르는 몇 백 년 간, 카이로는 줄곧 세계 이슬람교의 중심으로서 번영을 누렸다. 역대 왕조의 부침을 통해 무수한 이슬람건축물도 세워졌다. 그래서 높은 곳에서 바라보면 마치 첨탑이 숲을 이룬 듯해 '천탑의 성'으로 불리기도 한다. 카이로의 수많은 중세기 이슬람 건축물이 세계문화유산으로 지정되었다.

전설의 술탄
살라딘

카이로 동쪽 교외에 위치한 모카탐 산 위에 중세 건축물 살라딘 성이 우뚝 솟아 있다. 카이로의 상징적인 건축물 중 하나로 매년 많은 방문객이 이곳을 찾는다. 그 명성은 이 성의 주인인 12세기 이집트 영웅 살라딘에서 기인한다. 그의 전설적인 이야기는 전 세계에 널리 전해지기까지 했다.

　살라딘 유수프 아이유브(1138~1193년)는 이집트 아이유브 왕조의 창시자(재위 1174~1193년)로, 중세 아랍 세계의 걸출한 정치가이자 군사가였다.

## 새로운 왕조의 창시자

살라딘이 태어난 시기에 근동과 중동 지역에는 수많은 왕국이 난립해 있었으며 각종 종교 분쟁이 발생했다. 당시 서유럽 봉건 영주와 로마 교회가 일으킨 십자군 전쟁은 이미 반세기나 진행된 상태였다. 피비린내 나는 혈전 끝에 그들은 마침내 지중해 동쪽 연안의 팔레스타인을 점령하고 소왕국 몇 개를 세웠다. 그중 예루살렘 왕국이 가장 강성했다. 이슬람교 진영에서는 당시 바그다드의 아바스 왕조의 칼리프가 이슬람 공동체의 지도자였으나 일찍 쇠락했다. 이집트의 파티마 왕조는 시아파를 따랐기 때문에 수니파의 아바스 왕조를 거부했다. 이밖에도 중동에는 장기 왕조 같은 투르크 정권도 있었다.

살라딘은 쿠르드족의 저명한 가문에서 태어났다. 그의 아버지 아이유브는 일찍이 트빌리시(지금의 그루지야)에서 가족들을 이끌고 지금의 이라크 북부 티크리트로 이주했다. 그 후 셀주크 술탄 말리크 샤로부터 현지 통치자로 임명되었다. 그러나 1138년, 통치자의 지위를 박탈당한 아이유브는 어쩔 수 없이 모술의 장기 왕조에 투항했다. 그리고 같은 해 티크리트에서 태어난 그의 아들에게 '살라딘'이라는 이름을 지어주었다.

귀족 자제인 살라딘은 어렸을 때부터 이슬람 종교 학교에서 양질의 교육을 받아 경건한 수니파 신도가 되었다. 8세 때 아버지를 따라 다마스쿠스로 건너간 이후 줄곧 이곳에서 청소년기를 보냈다. 다마스쿠스에서의 불안정한 생활은 살라딘을 더욱 어른스럽게 만들었다. 당시 장기 왕조는 이라크 북부와 시리아를 다스렸다. 그들의 최대 적은 팔레스타인 연해 지역을 통치하는 기독교 십자군과 이집트를 중심으로 시아파를 국교로 숭배하는 파티마 왕조였다. 이런 상황을 지켜본 젊은 살라딘은 이집트에서 수니파의 통치를 회복하고 십자군에 성전을 선포하겠다고 결심했다.

살라딘은 숙부 시르쿠에게 군사 지휘 능력 및 각종 업무 처리 방법을 익혔다. 1164년, 예루살렘 왕국을 앞세운 십자군이 이집트를 침략해 장기 왕조를 포위했다. 26세의 살라딘은 장기 왕조의 술탄에게서 명을 받아 시르쿠와 함께 이집트로 출정했다. 3년 가까이 이어진 전투는 패배로 끝났지

1 2

1 위대한 이집트 술탄인 살라딘이다.
그는 아이유브 왕조를 세우고 이집트의 진정한 통치자로 거듭났다.
2 살라딘 성이다. 정작 본인은 이 성에서 살지 못했다.

만, 그는 생애 첫 전쟁을 통해 더욱 성숙하고 강해졌다.

1168년, 십자군 예루살렘 국왕 아말릭이 군대를 이끌고 이집트로 진격해오자, 이집트의 요청을 받은 장기 왕조는 시르쿠와 살라딘을 다시 지원군으로 파견했다. 1169년 1월, 승리를 거둔 시르쿠는 파티마 왕조의 칼리프 알 아디드에 의해 와지르에 임명되었다. 그러나 두 달 후, 시르쿠의 갑작스러운 죽음으로 그가 이끌던 시리아 부대는 혼란에 빠졌다. 이런 혼란을 안정시키기 위해서 알 아디드는 살라딘을 와지르로 임명했다.

와지르가 된 살라딘은 32세밖에 안 되었지만, 대규모 수리 공사를 진행하고 농업을 발전시키면서 감세 정책까지 펼쳐 백성들의 사랑을 한 몸에 받았다. 또한 왕궁 호위대를 개편해 기존의 관리들을 자신의 동족으로 모두 대체했다. 또한 대내외적으로 결탁한 반란 무리를 확실히 진압하고 십자군의 침입을 격퇴시켰다. 이국땅에서 소수교파 신도에 불과했던 그가 자신의 재능을 이용해 어느새 확고한 자리를 차지한 것이다. 그리고 2년 뒤 살라딘은 실질적으로 이집트의 군권을 장악했다.

1171년, 이집트에서 확고한 세력을 키운 살라딘은 시아파가 이집트를 주도하는 상황을 바꿀 계획을 세웠다. 먼저 시아파의 법관을 수니파로 교체하고 이집트 본토의 장교를 제거했다. 9월 10일, 살라딘은 카이로의 이슬람 사원에서 아랍 제국 제2왕조 칼리프 아바스의 이름으로 설교했다. 다음날 카이로에서 147개 대열을 이루는 성대한 열병식을 열었다. 역사서에는 "이를 지켜본 사람들은 그와 필적할 만한 군대를 가진 이슬람 국왕은 하나도 없다고 생각했다."고 기록되어 있다.

이틀 뒤 살라딘은 파티마 왕조의 칼리프 알 아디드가 위중한 틈을 타서 쿠데타를 일으켰다. 그 뒤에 아이유브 왕조를 세우고 이집트의 진정한 통치자로 거듭났다. 또한 수니파 교단을 회복하고 바그다드 칼리프의 권위를 인정했다.

수년간 왕조를 통치한 살라딘은 무슬림 세계에서 가장 강력한 군대를 조직했다. 하지만 여전히 장기 왕조와 군신 관계를 유지했다. 장기 왕조의 국왕 누레딘은 살라딘에 대한 통제를 강화하기 위해 1174년 봄에 이집트로 사람을 보내 장부를 낱낱이 조사하고 공물을 압수하도록 했다. 살라딘은 사절에게 모든 군대 기관의 상세 장부를 공개하면서 이 정도의 기관을 유지하려면 많은 돈이 필요하기 때문에 공물을 바칠 수 없다는 의사를 밝혔다. 이에 분노한 누레딘은 즉시 살라딘을 공격하고자 했으나 병세가 갑자기 악화되어 사망했다. 이로써 살라딘은 마침내 누레딘의 그늘에서 벗어나 십자군에 대항하는 지도자가 되었다.

바로 이 시기에 모카탐 산에 성을 짓도록 명령한 그는 1182년에 성이 준공되자마자 왕궁을 이곳으로 옮겼다.

## 전설적인 인생

술탄 자리에 오른 살라딘은 태평하게 군주 생활을 누리지 않고 잊을 수 없는 전설을 계속해서 써내려갔다. 누레딘이 죽자 장기 왕조는 분열했다. 이 기회를 틈 타 살라딘은 시리아와 이라크로 세력을 확장하기 시작했다. 시리아 지역의 많은 장군들도 잇달아 살라딘에게 투항했다.

1174년 10월, 살라딘은 다마스쿠스 남쪽 보스라까지 세력을 넓혔다. 살라딘이 이끄는 군대 규모가 작다고 생각한 보스라 지방 장관 샴스딘은 그에게 다음과 같이 말했다. "다마스쿠스에 주둔한 군대가 한 시간만 너를 저지하면 주민들이 너를 없앨 수 있을 것이다. 허나 너에게 돈이 있다면 일은 매우 쉽게 풀릴 것이다." 살라딘은 바로 대답했다. "우리에게 5만 디나르가 있다." 결국 10월 28일, 살라딘은 피 한 방울 흘리지 않고 다마스쿠스에 진입했다. 가는 도중에 수많은 다마스쿠스 수비군이 성에서 나와 그의 군대에 합류했다. 살라딘은 다마스쿠스를 위로하기 위해서 많은 돈을 들였다. 그의 부하 파드헬은 살라딘이 시리아를 정복하는 데 이집트 돈을 모두 썼다고 전했다.

살라딘은 계속해서 북상해서 홈스와 하마를 잇달아 점령했다. 12월 30일, 요충지 할라브에 도착한 살라딘을 기다리고 있는 자는 누레딘의 후계자 실레였다. 살레는 유명한 암살단 하수샤시에게 살라딘 암살을 의뢰했다. 그날 저녁, 살라딘이 여러 장군과 식사를 하고 있을 때 하수샤신 자객 13명이 갑자기 나타났다. 자객 한 명이 살라딘의 얼굴을 노렸지만 바로 살라딘의 부하에게 살해되었고 나머지 자객들도 무참히 목숨을 잃었다. 살라딘은 갑옷이 찢겨지고 뺨에 피를 흘리며 본 진영으로 돌아갔다.

1181년, 할라브를 지키던 살레가 병사하자 살라딘은 포위 공격에 박차

1 2
3 4 5

1 십자군의 침입에 맞서 살라딘은 반격을 시작했다.
2 살라딘의 지휘 아래 똘똘 뭉친 아랍 군대에게 십자군은 연이어 패배했다.
  그는 예루살렘을 공격할 때 단 한 사람도 죽이거나 단 한 채의 집도 불태우지 않았다.
3 아랍 세계에서 살라딘은 위대한 영웅으로 추앙받고 있다.
  적조차도 그의 고매한 인격에 굴복했다.
4 영국 국왕 리처드도 살라딘을 존경했다. 살라딘은 자신의 철천지원수인 리처드가 아플 때
  과일과 의사를 보낼 정도로 넉넉한 인품의 소유자였기 때문이다.
5 살라딘이 남긴 군사 요새다. 치열했던 십자군 전쟁의 모습이 그려지는 듯하다.

를 가했다. 1183년, 살라딘은 수비 장군 장기와의 협상에서 도시 5개와 할라브를 교환할 것을 제안했다. 6월 11일 저녁, 할라브는 마침내 성문을 열었다. 살라딘은 수비군에게 모든 재물을 가져가도록 하고 자신은 할라브의 돌만 원한다고 했다. 할라브를 '대지의 열쇠'로 생각했기 때문이다. 동생에게 쓴 편지에도 이런 마음이 잘 드러난다. "할라브는 시리아의 눈이며 눈동자다." 그는 할라브를 포기한 장기를 비웃으며 말했다. "나는 금화를 얻었고 그에게는 은화를 주었다." 할라브를 점령함으로써 살라딘은 팔레스타인 지역의 십자군에 대항하는 일에 더욱 집중할 수 있었다. 시리아와 이집트 사이에 있는 십자군을 맷돌 사이에 낀 콩처럼 가루로 만들 수 있다고 생각했다.

이때 살라딘 성이 준공되었지만 패기만만한 술탄은 미처 그곳에서 평화로운 생활을 누릴 시간이 없었다. 성의 관리를 조카에게 넘기고 살라딘은 바로 병사를 이끌고 나일 강 삼각주와 시나이 반도 북부 사막을 건너 십자군을 공격했다. 하지만 안타깝게도 이렇게 성을 떠난 살라딘은 다시는 성으로 돌아가지 못했다.

1187년, 살라딘은 전력을 다해 십자군 왕국 중 가장 막강한 예루살렘을 공격했다. 7월 3일, 살라딘은 티베리아스 서쪽 해안 부근에 있는 하틴에서 십자군을 포위했다. 아랍 군대는 십자군 진영 주위에 있는 관목 숲에 불을 지펴 짙은 연기로 숨을 쉴 수 없게 압박했다. 마실 물이 없던 십자군은 심한 갈증을 호소했다. 티베리아스호가 근처에 있었지만 아랍 군대의 포위망을 뚫을 수 없었다. 게다가 무더위까지 겹쳐 고통은 두 배로 커졌다. 4일 새벽, 십자군 장군 라몬이 병사를 이끌고 돌격했다. 살라딘은 일부러 도망칠 틈을 내준 뒤 다시 포위해서 맹공격을 퍼부었다. 결국 예루살렘의 십자군은 거의 전멸했고 13일 동안 포위됐던 예루살렘 성 역시 투항했다. 살라딘은 마호메트 승천일에 예루살렘으로 진격해 마호메트를 기념했다.

88년 전 십자군이 예루살렘을 공격해 대학살을 했던 것과 달리 살라딘은 단 한 사람도 죽이거나 단 한 채의 집도 불태우지 않았다. 유럽인들은 이 점에 크게 감격했다. 투항 협약에 따르면 예루살렘의 모든 남자는 몸값으로 10디나르, 여자는 5디나르, 아이는 1디나르를 내야 했다. 이것마저 낼 능력이 없는 사람은 노예가 되었다. 그런데 살라딘은 낼 돈이 없는 가난한 사람 7,000명의 몸값을 과감히 면제했다. 동생이 노예 1,000명을 요구했을 때 바로 1,000명을 풀어줬고 예루살렘 주교가 700명을 요구했을 때도 바로 풀어주었다. 마지막에는 모든 전쟁포로를 몸값 없이 풀어주겠다고 선포했다.

십자군이 예루살렘을 점령했을 때 알아크사 사원과 바위돔 사원은 각각 성전 기사단의 본부와 교회가 되었다. 하지만 살라딘이 다시 사원으로 전환하고 바위돔 사원의 황금 지붕에 있는 십자가를 철거했다. 그러나 그는 예루살렘의 성묘 교회를 철거하자는 제안을 거절하고 오히려 예루살렘의 성지를 모든 종교에 개방했다.

살라딘이 예루살렘을 점령했다는 소식은 전 유럽을 뒤흔들었다. 그동안 쌓아올린 십자군 원정의 성과가 수포로 돌아갈 상황을 앞두고, 교황 우르

---

**십자군 원정**  1096년~1921년까지 발생한 8차 종교 군사 작전의 총칭으로, 서유럽 기독교 국가가 지중해 동쪽 연안에 있는 국가에게 일으킨 전쟁이다. 로마 천주교 도시 예루살렘이 이슬람교도 수중에 넘어갔기 때문에 십자군 원정 대부분은 이슬람교 국가를 겨냥했다. 이슬람교로부터 예루살렘을 탈환하는 것이 주목적이었다. 원정 기간에 교회는 모든 전사에게 십자가를 하사했고, 이렇게 조직된 군대를 십자군이라고 불렀다.

살라딘 성에 오르면 카이로가 한눈에 들어온다. 탁 트인 전경에서 이슬람의 영웅이자 기사도 정신의 모범인 살라딘의 넉넉함이 전해져 온다.

바노 3세는 충격을 받아 갑자기 세상을 떠났다. 뒤를 이은 그레고리오 8세가 전 유럽 군주에게 적극적인 행동을 취해 달라고 호소하면서 십자군의 열정은 다시 끓어올랐다. 독일의 '붉은 수염왕' 프리드리히, 영국의 '사자왕' 리처드, 프랑스의 필립 왕이 3차 십자군 원정을 일으켰다. 1191년 6월, 가장 먼저 아크레에 도착한 리처드가 2년 동안 포위 공격을 퍼부어 마침내 아크레 수비군의 투항을 얻어냈다. 살라딘이 관용을 베풀었던 것과는 달리 리처드는 20만 골드의 몸값을 지불하지 못했다는 이유로 전쟁 포로 2,700명을 모두 참수했다. 하지만 예루살렘 공격은 살라딘의 최정예 군대에 막혀 쉽지 않았다. 예루살렘을 정복하기 전에는 절대로 그곳을 쳐다보지도 않겠다고 맹세한 리처드는 어느 날 우연히 언덕에서 신성한 도시의 성벽이 보이자 바로 방패로 얼굴을 가려 끝까지 맹세를 지켰다.

1192년, 야파 전투에서 양측 모두 쉽게 승패를 가르지 못하고 있을 때였다. 그때 리처드의 말이 넘어지는 일이 발생했다. 위풍당당한 기사의 풍격을 가진 살라딘은 동생 알 아딜을 통해 리처드에게 뛰어난 말 두 필을 보냈다. 야파 전투가 끝난 뒤 살라딘과 리처드가 모두 앓아누웠을 때도 살라딘은 자신의 철천지원수 리처드에게 과일과 의사를 보냈다. 이를 계기로 양측은 무슬림이 팔레스타인을 차지하고 기독교도가 해안을 점유하기로 하고 화해했다. 또한 살라딘은 관용적인 자세로 기독교도가 자유롭게 성지를 순례할 수 있도록 하고 전리품으로 포획한 종교 물품을 돌려주었다.

1193년 2월 20일, 살라딘은 다마스쿠스에서 장티푸스에 감염되었다. 정신이 혼미해졌다가 이따금씩 맑은 정신을 찾았다. 다마스쿠스에 두려움이 전파되기 시작했고, 사람들은 살라딘이 신임하는 부하 파드헬의 얼굴빛을 보고 살라딘의 병세를 판단했다. 3월 3일 깊은 밤, 살라딘의 병세는 더욱 악화되었다. 하지만 파드헬은 평소처럼 살라딘의 성으로 돌아가지 않으면 다마스쿠스가 바로 심각한 혼란에 빠질 수 있기 때문에 밤새 살라딘의 곁을 지킬 수 없었다. 4일 새벽에 한 종교학자가 살라딘의 침대 앞에서 코란을 소리 내어 읽어주었다. "그는 나의 주인입니다. 그를 제외하고 숭배 받아야 할 이는 아무도 없습니다. 그만 믿을 뿐입니다."라는 구절을 읽었을 때 편안한 미소를 띤 살라딘이 55세의 나이로 눈을 감았다. 그가 아들에게 남긴 유언은 다음과 같다. "신을 경외하고 백성들의 삶을 잘 살펴서 그들의 아픔에 관심을 가져라."

살라딘은 아랍인의 추앙을 받았을 뿐만 아니라 적조차도 그의 고매한 인격에 굴복했다. 평소 재물에 인색하지 않고 아낌없이 베풀었던 그는 세상을 떠날 때도 수중에 금화 하나와 은화 47개만 지니고 있었다. 유럽의 십자군 장군들조차도 그에 대한 칭찬을 아끼지 않았다. "살라딘은 지혜롭고 용감하며 아낌없이 베푸는 자였다. 부하의 마음을 얻으려면 아낌없이 베푸는 하사품보다 더 효과적인 수단은 없다." 살라딘은 십자군에 대항하며 남다른 카리스마, 기사도 정신, 군사적 재능을 보여준 덕분에 기독교도와 무슬림 세계에서 이름을 날렸다. 그는 사후 800여 년 동안 전 세계 무슬림의 숭배 대상이었다. 기독교도가 존중한 그의 인격과 공로는 영웅이라는 호칭을 붙이기에 아깝지 않다.

살라딘은 내정에서도 뛰어난 통치 능력을 발휘했다. 교육에 관심이 많았던 그는 학교를 열어 이슬람교의 학자를 환대하고 이슬람 교리를 해석한 저서를 써달라고 부탁했다. 이슬람 교리 외에도 철학, 인문학, 수학을 가르쳤다. 또한 수리 공사를 중시하고 대외 무역을 적극적으로 장려하고 발전시키면서 이집트 번영에 좋은 기반을 마련했다.

특히 우리가 주목할 만한 점은 살라딘이 이슬람의 영웅이자 서양 기사도 정신의 모범이었다는 것이다. 이 전설적인 술탄을 기념하기 위해 독일 황제도 다마스쿠스에 있는 살라딘 무덤에 대리석 관을 보냈다. 지금도 수많은 아랍인과 외국 여행자들이 다마스쿠스의 우마야드 사원 근처를 찾아 살라딘의 웅장한 무덤에서 그를 참배하고 있다.

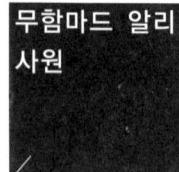

무함마드 알리 사원

이 집 트 의 멸 망 위 기

15세기 이집트 맘루크 왕조의 내외 교전이 한창 진행 중일 때, 또 다른 이슬람교 국가 오스만투르크는 빠르게 발전하고 있었다. 이 신흥 국가는 1453년에 비잔틴 제국의 수도 콘스탄티노플을 공격한 데 이어 이슬람 형제에게까지 정복의 야심을 불태웠다. 1517년, 강대한 투르크족 기병의 공격으로 카이로가 함락되면서 맘루크 왕조는 멸망하고 이집트는 오스만 제국의 일부가 되었다. 제1차 세계대전이 발발하기 전까지 터키는 줄곧 이집

**오스만 제국**(1299~1922년)   오스만투르크 제국이라고도 한다. 셀주크 투르크인이 세웠다. 1203년 독립적으로 국가를 세우고 무리드 1세 때 술탄이라는 명칭을 사용했다. 1453년 5월, 무함마드 2세가 콘스탄티노플을 공격하고 나서 바로 이스탄불로 이름을 바꾸고 이곳으로 천도했다. 페르시아, 크림, 알바니아, 이란, 이집트 등을 잇달아 정복하고 메카, 메디나를 점령했다. 술탄은 '두 쿠드스의 하인'을 자처하고 무슬림 세계의 지도자 칼리프가 되었다. 17세기 이후 쇠퇴하기 시작하면서 제1차 세계대전에서 동맹국에 합류해 전쟁을 치렀다. 1919년에 케말 혁명이 발발하고 나서 1921년, 터키로 국가 명칭을 변경했다. 1922년, 술탄제도를 폐지하면서 오스만 제국은 역사의 뒤안길로 사라졌다.

트의 명목상의 주인이었다.

　터키는 이집트를 점령하고 나서 파샤라고 부르는 총독을 파견해 통치하도록 했다. 터키 술탄은 정예 투르크 군대 외에 일상적인 정무와 세수는 맘루크 귀족에게 그대로 맡겨 매년 터키에 조공을 바치도록 했다. 당시 이집트는 400만 인구로 구성된 봉건국가였다. 토지는 명목상 국가 소유였으나 실질적으로는 각 봉건 영주 그룹이 통제했다. 오스만 술탄이 점령하는 토지, 종교집단과 사원 전용 토지, 맘루크 귀족이 점유한 토지 등 세 가지 종류가 있었는데, 대부분 세 번째였다. 맘루크 귀족은 군인이자 세금 징수 청부인이었다. 그들은 각각 한 지역을 점령하고 세금 징수 권한을 독점했다. 통상적으로 먼저 정부에 국세의 전부 또는 일부를 미리 납부하고 나서 정부를 대표해 농민에게서 국세를 징수했다. 또한 그들은 중간에서 농민에게 '추가 세금'을 착취해 자기 뱃속을 채웠다.

　오스만 제국의 영토는 유럽, 아시아, 아프리카 세 대륙으로 확장했으나 터키인이 이곳을 모두 통제하기에는 역부족이었다. 이에 따라 시간이 지나면서 맘루크 귀족이 이집트를 통제하기 시작했다. 17세기에 맘루크 군대는 이미 이집트의 핵심 군사력이 되었고 그 힘은 이집트에 주둔한 터키의 오스만 근위군을 훨씬 능가했다. 카이로 및 각지의 지방 장관에 임명되었으며 24개 군수의 식무까지 도맡아 했다. 여러 파로 분열된 맘루크 군대는 각자 제멋대로 날뛰면서 영토를 차지했다. 심지어 카이로와 각 군의 장관 자리를 차지하기 위해 서로를 공격하기도 했다. 이 때문에 이집트에는 내란이 끊이지 않았다.

　맘루크 봉건 영주의 착취가 심해지자 본래 나일 강 주변의 비옥한 토지를 차지했던 이집트 농민은 오히려 빈곤한 생활을 하게 되었다. 농업 생산

1 나폴레옹. 그의 원정으로 이집트 근대 역사의 서막이 올랐다.
2 유명한 피라미드 전투다. 얼마 후 나폴레옹은 카이로를 공격했다.

은 나아질 기미가 보이지 않았다. 게다가 1619년에 흑사병이 유행하면서 33만 명이 넘게 사망했다. 당시 시체 덮개를 파는 상점만이 문을 열었을 뿐 카이로의 상점 대부분이 문을 닫았다.

오스만 제국이 갈수록 쇠퇴해 가자 그 기회를 틈 타 맘루크 집단이 세력을 넓혔다. 1769년, 터키 술탄은 러시아의 공격을 앞두고 알리백에게 이집트에서 군대를 소집하도록 명령했다. 알리백은 터키 파샤를 몰아내고 독립을 선언했다. 그의 사위는 1770년 7월 메카를 점령한 뒤 1771년에 3만여 명을 이끌고 시리아를 공격하고 다마스쿠스를 점령했다. 이어서 터키 정부와 비밀 협상을 열어 이집트를 안정시켰다. 1773년, 알리백이 암살된 뒤에 그의 사위가 이집트 지방 수장 겸 파샤가 되었다. 이때 또 다른 외부 세력이 비옥한 땅 이집트를 노리고 있었다.

18세기 들어 본래 외부 세계와 왕래를 하지 않았던 이집트는 유럽 열강의 압력을 받으면서 변하기 시작했다. 이집트와 유럽, 아시아, 아프리카 세

대륙이 접하는 지역은 인도로 통하는 중요한 길목이자 열강 세력이 유럽과 세계 패권을 다툴 때 반드시 거쳐야 하는 곳이었다. 영국은 인도 통치를 강화하고 동방에서의 상업적 경쟁력을 확보하기 위해 이집트를 중시했다. 프랑스 자산 계급도 혁명 전에 이집트 점령의 중요성을 강조하면서 이집트를 통해 아라비아 반도, 이란과의 무역을 발전시키고자 했다. 이들과의 무역을 발전시켜 원래 카리브해를 통해 공급 받던 원자재를 확충하고 수출 시장을 개척하고자 했다. 1775년, 영국 동인도 회사와 이집트는 조약을 체결하고 수에즈 항구를 영국 상인에게 개방하기로 했다. 1785년, 이집트는 프랑스와 또다시 비슷한 조약을 체결했다.

프랑스 대혁명 이후 반 프랑스 동맹의 포위에서 벗어나고 영국과 세계를 놓고 더욱 치열한 쟁탈전을 벌이기 위해서 프랑스 정부와 나폴레옹은 이집트에 관심을 두기 시작했다. 1797년 8월 16일, 나폴레옹이 쓴 글에 이에 관한 내용이 있다.

"머지않은 미래에 우리가 영국을 확실히 격파하기 위해서는 반드시 이집트를 점령해야 한다는 사실을 깨닫게 될 것이다. 또한 인도를 공격하기 위해서는 반드시 공격기지가 될 만한 중간 진영이 있어야 한다. 이집트는 툴롱에서 2,400킬로미터, 말라바르(인도 서부 해안)에서 6,000킬로미터 떨어진 곳으로, 우리가 찾던 바로 그 기지다."

1798년 4월 12일, 프랑스 정부는 이집트 원정 명령을 내렸다. 5월 19일, 나폴레옹은 전함 350척, 병사 3만 5,000명을 이끌고 툴롱에서 출발하면서 병사들에게 말했다.

"너희들은 영국과의 전투에서 양 날개다."

7월 1일, 프랑스 전투함은 알렉산드리아 항구에 도달해 12일간 전투를 벌인 끝에 이 도시를 점령했다. 7월 21일, 프랑스군은 맘루크 군대, 카이로 평민, 농민으로 구성된 반 프랑스 부대와 피라미드 부근에서 격전을 벌였다. 프랑스군은 맘루크 군대를 격퇴하고 카이로를 점령했다. 이어서 나폴레옹 파견군이 얼마 남지 않은 맘루크 군대를 섬멸하고 상이집트를 정복했다.

카이로를 공격하고 나서 나폴레옹은 맘루크의 폭정에서 이집트인을 해방시키겠다고 선언했다. 자신의 통치를 확립하기 위해서 그는 우선 오랜 행정기구 개혁에 착수하여 새로운 행정기관을 설립했다. 압둘라 샤이흐와 이슬람 장로 9명이 카이로 행정 회의를 열어 프랑스가 카이로를 통치하는 데 협조했다. 우선 전 이집트를 16개 군사지역으로 나눈 뒤 각 군사 지역마다 장관을 한 명씩 임명했다. 그 후 지방행정회의를 통해 민정 사무를 관리하도록 했다. 또한 10월 초에 전 이집트 국무회의를 열었고 각 지역에서 대표를 9명씩 파견했다. 나폴레옹은 이미 사망하거나 해외로 도망간 맘루크 귀족의 토지를 몰수하고 그들이 징수한 세금을 없애 농민들이 부담하던 각종 세액을 단일세로 통합했다. 이로써 이집트 농촌의 조세 청부 제도가 사라졌다. 프랑스군에 물자를 공급하기 위해서 나폴레옹은 빵집, 술집, 가죽 공장, 탄약 공장, 군복 공장, 주조 공장, 기계 제조공장, 조선소 등을 세웠다. 이 공장들은 군수용품뿐만 아니라 민간 물품, 수압기 등 기계 및 과학연구 기자재를 생산했다. 또한 100명이 넘는 프랑스 과학자가 군대를 따라 이집트로 건너왔다. 8월 23일, 나폴레옹의 주관으로 세워진 이집트 연구소에는 수학부, 물리부, 정치경제부, 문학 예술부가 개설되었고 도서관, 인쇄소, 실험실을 부설했다. 그리고 저명한 학자 가스파르 몽주를 대표로 임명했다.

하지만 프랑스인은 이집트에 진정한 행복을 가져다주지 못했다. 나폴레

1
2

1 기세등등한 프랑스 군대의 모습이다. 결국 프랑스군은 맘루크 군대를 격퇴하고 카이로를 점령했다.
2 강하게 저항하던 이집트 주민들에게 침략자는 피비린내 나는 학살을 자행했다.

옹은 프랑스 혁명에서 단행한 개혁 조치를 역사적 조건과 사회 발전 수준이 현저하게 다른 이집트에 그대로 적용했다. 당연히 별다른 효과를 거두지 못해 계속 실행하기가 어려웠다. 민족 독립을 간절히 바라는 이집트 국민은 침략자 나폴레옹을 원수로 여겼고, 나폴레옹은 이들의 저항에 맞서 학살 정책을 폈다. 7월 30일, 그는 부하에게 다음과 같은 명령을 내렸다. "너희는 주민들을 냉엄하게 대해야 한다. 나는 매일 적어도 3명을 살해하고 그들의 머리를 카이로 큰길에 걸어둘 것이다. 이것이 바로 그들을 복종하게 하는 유일한 방법이다."

1798년 8월 1일, 영국 해군 제독 넬슨이 프랑스 함대를 물리쳐 프랑스 본토와의 연락을 단절시키자 나폴레옹은 이집트 백성에게 더 많은 세수를 거뒀다. 프랑스군은 카이로 상인과 알렉산드리아 항구 상인에게 각각 50만, 30만 프랑을 요구하는 등 모든 대도시 상인에게서 거액을 착취했다. 또한 이집트 주민이 프랑스군의 모든 군량을 공급하고 현물세를 납부하도록 규정하고, 여권을 수령하려면 반드시 여권세를 내도록 강요했다. 10월 20일에는 개인 재산은 물론이고 모든 호텔, 가게, 커피숍, 방앗간, 기름집, 식당 등 건축물에 새로운 세금을 징수하겠다고 밝혔다. 1798년 10월 21일, 하급 이슬람교 장로와 수공업 조합이 선동으로 카이로 시민들이 대규

---

넬슨　영국 해군 제독(1758~1805년)으로 12세에 해군에 입대했다. 1779년 북아프리카 식민지에 일으킨 전쟁에 참가했다. 1794년 유럽 제1차 반 프랑스 동맹에 합류해 프랑스와 맞선 전쟁에서 부상으로 오른쪽 시력을 잃었다. 1797년 남작의 칭호를 받았으며, 이어 1801년에 자작이 되었다. 1805년 10월, 트라팔가르 해전에서 지중해 함대를 지휘해 프랑스-에스파냐 연합함대와 전투를 벌인 끝에 적의 함선 19척을 침몰 또는 포획시키는 쾌거를 올려 영국 본토를 침략하려 했던 나폴레옹의 계획을 물거품으로 만들고 영국의 해상 패권 지위를 공고히 했다. 하지만 이 해전에서 그는 빅토리아 호에 탑승한 채 전사했다.

모 반프랑스 반란을 일으켰다. 수많은 시민과 학생들이 아즈하르 사원으로 몰려들었고 외곽 지역의 농민들도 합류했다. 반란군은 프랑스군 사령관을 총살한 뒤 성문을 점령하고 프랑스군이 차지한 고지를 맹렬히 공격했다. 이 소식을 접한 나폴레옹은 급히 카이로로 돌아와 대규모 군대를 소집해 반격에 나섰다. 아즈하르 사원을 폭격하고 그곳을 점령하면서 대규모 민간인 학살을 자행했는데 하루에 4,000여 명이나 살해했다. 이렇게 해서 반란은 실패로 돌아갔다.

1799년 1월, 프랑스군은 인도로 통하는 길을 뚫기 위해 시리아를 공격했다. 야파에서 완강한 저항에 부딪히자 나폴레옹은 성 주민 전체를 살해하도록 명령했다. 아크레 요새를 공격했을 때, 수비군은 현지 주민의 지원을 받으며 두 달여를 버텼고 프랑스군 사상자는 3,000여 명에 달했다. 이렇게 나폴레옹의 시리아 원정은 참혹한 패배로 막을 내렸다. 그는 8월에 원정군의 지휘권을 클레베르에게 맡기고 몰래 본국으로 돌아갔다.

1800년 3월 20일, 프랑스군과 오스만 군대가 아인 샴스에서 충돌했다. 카이로 주민이 그 기회를 틈 타 제2차 반프랑스 반란을 일으켜 프랑스군 본부와 기타 진영을 공격했다. 그러자 프랑스군은 어쩔 수 없이 카이로에 지원 부대를 보냈다. 카이로의 제2차 반란은 진압되었지만 프랑스군은 사면초가에 처했다.

게다가 프랑스 세력이 동쪽으로 확장해 인도를 빼앗을까 두려워한 영국은 터키 정부와 맺은 협정에 따라 1801년 3월 군대를 보내 터키 군대가 이집트를 공격하는 데 힘을 보탰다. 그들의 협공에 패배를 거듭한 프랑스군은 알렉산드리아로 퇴각했으나, 9월에 결국 본국으로 돌아갔다.

나폴레옹의 이집트 원정은 실패했지만 이때부터 자본주의 열강이 이집트를 차지하기 위한 쟁탈전을 본격적으로 펼쳤다. 더욱 중요한 점은 나폴레옹이 맘루크 세력에 치명적인 타격을 입힌 후 새로운 지주 상인 그룹이 등장했다는 것이다. 얼마 후 이집트에서 새로운 지도자, 무함마드 알리가 등장했다.

## 근 대  이 집 트 의  아 버 지

이집트가 프랑스 침략자와의 전쟁에서 승리를 거둔 뒤 터키 술탄은 영국의 지원에 힘입어 이집트에서 오스만 제국의 통치를 부활시켰다. 맘루크 군대의 잔존 세력은 이집트 곳곳으로 뿔뿔이 흩어졌다. 이때 이미 세력을 형성한 신흥 지주 상인 집단이 군사 봉건 제도를 개혁하고 외국의 지배에서 벗어나 통일된 독립 이집트를 세워야 한다는 목소리를 내기 시작했다. 이런 때에 무함마드 알리가 이 집단의 정치적 대표로 등장했다.

무함마드 알리(1769~1849년)는 원래 알바니아의 담배 상인으로, 그리스 마케도니아에 주둔하던 장교 가정에서 태어났다. 1801년에 입대하여 터키 군대로 배치되었고 이집트에서 프랑스 군대와 전쟁을 치렀다. 기량이 뛰어나서 남보다 훨씬 빨리 하급 군관에서 이집트 주둔 터키 총독의 주력 부대인 알바니아 부대의 고급 장교로 승진했다. 이집트에서 복무하는 동안 그는 신흥 지주 상인 집단과 긴밀한 유대 관계를 형성했다. 1803년, 그는 예비군을 이끌고 맘루크 군대 지도자와 일시적으로 연합하여 터키 총독을 쫓아냈다. 1804년과 1805년, 카이로에서 두 번이나 반란이 발생했다. 무함마드 알리도 부대를 이끌고 동참하여 맘루크 군대를 섬멸해 마침내 정권을 손에 넣었다. 터키 술탄은 현실을 인정하고 그를 이집트 총독으로 임명

대대적으로 개혁을 펼친 무함마드 알리, '근대 이집트의 아버지'라는 칭호를 얻었다.

했다. 이때부터 반세기 동안 무함마드 알리는 이집트를 통치했다(1805~1952년).

하지만 정권을 장악했지만 알리는 여러 문제점에 봉착해 있었다. 백성들은 외세 통치에서 벗어나 내란을 끝내고 독립한 뒤 통일된 국가가 되기를 학수고대했다. 이에 따라 알리는 이집트 최고 통치자 자리에 오른 뒤, 역사 흐름에 발맞추어 이집트의 새로운 역사를 써나가리라 결심했다. 1807년, 그는 맘루크와 결탁해 이집트를 침략한 영국을 격파한 뒤에 바로 정치, 경제, 군사, 문화 등 전반적인 개혁에 착수했다. 그는 군대야말로 민족 독립을 이루고 국가 정권을 지킬 수 있는 버팀목이라고 생각했다. 그래서 정권을 손에 넣은 뒤 바로 새로운 육군을 조직했다. 뿐만 아니라 보병학교와 여러 군사 전문학교를 설립하고 서유럽에서 교관을 초빙해 군사 인재를 양성했다. 아울러 해군 사업을 대대적으로 발전시켰는데, 지중해 함대와 홍해 함대를 만들고 조선소를 설립하는 일에 박차를 가하여 자체적으로 신식 전함을 만들었다. 1839년에 이르러 이집트는 육군 23만여 명, 해군 1만 5,000명과 전함 32척을 확보하면서 지중해 동부 강국으로 떠올랐다.

알리는 대외 확장의 꿈을 실현하고 광활한 국토와 강성한 국력을 가진 아랍 제국을 설립하기 위해 강력한 군대를 조직했다. 1811년부터 그는 아라비아 반도의 와하비파 봉기에 참여하여 무력으로 술탄을 정복했으며, 모레아 반도(지금의 펠로폰네소스 반도)의 그리스 국민 반란을 진압하는 데 휩쓸리기도 했다.

1831년~1833년까지 첫 번째 이집트-터키 전쟁을 일으켜 파키스탄, 레바논, 시리아, 터키 일부 영토를 점령했다. 1839년, 두 번째 이집트-터키 전쟁을 일으켜 누사이빈 전쟁에서 결정적인 승리를 거두면서 터키 해군의 항복을 받아냈다. 알리는 몇 번의 전쟁을 치룬 끝에 거대한 제국을 건립했다. 제국의 규모는 동쪽 시리아 사막에서 시작해 서쪽 리비아 사막까지, 북쪽 지중해와 토로스 산맥에서 남쪽 아라비아 해와 수단 남쪽까지 뻗었다. 하지만 전쟁을 여러 번 치루는 동안에 이집트의 모든 국력을 낭비했고 이집트 국민들은 가난의 늪에서 허우적거렸다. 막다른 길에 몰린 국민들은 각종 형태의 반란과 투쟁을 벌였고, 이로 인해 알리의 통치는 근본적으로 흔들리기 시작했다. 게다가 유럽 열강, 특히 영국은 알리의 개혁이 성공해 이집트가 강성한 독립 국가가 되는 것을 원하지 않았다.

영국은 이집트가 연이어 승리를 거두어 자신의 식민 이익을 위협하자 1840년 7월에 러시아, 오스트리아, 프로이센과 이집트-터키 전쟁에 간여한다는 내용을 골자로 한 '런던 조약'을 체결했다. 이 조약은 이집트 군대는 반드시 수단과 시리아 남부 이외의 모든 지역에서 물러나 터키의 독립과 국토 안전을 '보호'하기 위해 무력으로 터키를 '원조'하는 내용을 담고 있다. 그해 9월, 영국 오스트리아 연합 전함이 시리아 해안을 봉쇄하고, 베이루트 항구 등을 포격했다. 또한 이집트 통치를 반대하는 인민 봉기가 시리아, 레바논, 아라비아 반도로 확산되었다. 이집트 군대는 조약에 규정된 지역에서 물러날 수밖에 없었다. 이때 이집트를 지지하겠다고 약속한 프랑스는 전쟁에 참여했다가 슬그머니 발을 뺐다. 11월, 무함마드 알리는 영국의 강요로 '영국-이집트 협정'을 체결했다. 이집트는 터키의 종주권을 인정하고 군대를 1만 8,000명으로 축소시켰다. 조선소를 폐쇄하고 1838년에 체결한 '영국-터키 통상조약'을 받아들였다. 통상조약은 영국 상인이 오스만 제국 경내(이집트 포함)에서 자유롭게 무역을 행하고 낮은 관세제도를 적용하는 내용을 담고 있었다. 또한 수입 상품에 5퍼센트 관세만을 부여하고 수출 상품에는 12퍼센트의 관세를 징수했다. 영국-이집트 협정은 이집트가 유럽 열강의 반식민지로 전락했으며, 이집트를 중심으로 한 아랍 제국이 와해되었다는 것을 의미한다.

서아시아와 리비아 소유의 땅을 내주고 영토가 이집트와 수단으로 줄어들었다는 사실이 무함마드 알리에게는 큰 충격으로 다가왔다. 해군도 모두 영국에게 넘기고 육군은 10분의 1밖에 남지 않았다. 사실상 무함마드 알리는 정치적으로 매장된 것이나 다름없었다. 그는 이 일로 인해 병을 얻었고 정신차란 증세까지 보였다. 1841년부터 장남 이브라힘이 섭정을 시작했다. 1848년, 무함마드 알리는 왕위를 물려주고 이듬해 알렉산드리아에서 세상을 떠났다. 그의 나이 80세였다.

무함마드 알리는 44년간 이집트를 통치하면서 줄곧 개혁에 앞장섰고, 나라를 다스리는 데 온 힘을 쏟았다. 그로 인해 수백 년간 아무런 변화 없던 이집트에 전대미문의 개혁이 일어났고, 이집트는 '오스만 제국에서 유

1
2
3

1 아름다운 무함마드 알리 사원은 실패한 영웅을 기리기 위해 세운 것이다.
  이 사원은 이스탄불 이슬람 사원을 본떠 지었다.
2 화려한 무함마드 알리 사원의 내부 모습이다.
3 수에즈 운하는 근대 이집트 역사 변천의 축소판이라 할 수 있다.

일하게 생명력이 넘치는 곳'이 되었다. 그는 '근대 이집트의 아버지'라는 호칭을 얻으며 존경을 한 몸에 받았다. 전쟁에 패한 이집트가 반식민지로 전락하고 공상업계는 쇠퇴하여 영국과 프랑스의 통제를 받았지만, 무함마드 알리가 일으킨 이집트 근대화는 막지 못했다. 더 중요한 사실은 이집트가 이로 인해 아랍 세계에서 서양 사상과 선진 기술을 받아들인 교두보가 되었다는 것이다. 19세기 후반, 아랍 진보 세력 대다수가 이집트를 활동 근거지로 삼았다. 이 뛰어난 정치적 지도자를 기념하기 위해 사람들은 대규모 이슬람교 사원인 무함마드 알리 사원을 세웠다.

1857년에 완공된 무함마드 알리 사원은 카이로 북쪽 산 정상에 자리 잡고 있다. 이 사원은 이스탄불 이슬람 사원을 본떠 지은 것으로, 전체 건축물은 아바스 시기의 터키 건축 스타일을 간직하고 있다. 거대한 아치형 천장과 연필처럼 뾰족한 탑은 다른 이집트 이슬람 사원에서는 찾아볼 수 없는 특징이다. 사원 북쪽 끝에는 프랑스 정부가 선물한 괘종시계가 놓여 있다. 이는 알리가 룩소르 신전의 오벨리스크를 프랑스에 선물하고 답례품으로 받은 것이다. 예배전은 정방형으로 위에는 우뚝 솟은 돔이 중심을 잡고 있고, 사면에는 네 개의 반원형방과 신랑으로 에워싸여 있고, 높은 기둥 네 개가 받치고 있다. 이슬람 사원 서쪽에는 세면실이 있는데, 무슬림이 예배 전에 우두(이슬람교에서 예배에 앞서 노출된 몸의 일부를 씻는 일)를 하는 곳이다. 외부 벽은 앨러배스터(설화석고) 타일로 이루어져 있으며 전체 건물은 유백색으로 깔끔한 느낌을 준다. 그래서 사람들은 이 사원을 '설화석고 이슬람 사원'이라고도 부른다.

무함마드 알리 시대가 끝나면서 이집트는 또다시 비참한 운명에 휩쓸렸다. 영국 터키 통상조약에 따라 이집트는 국가 전매제도를 취소했고, 유럽의 저가 상품이 이집트 시장으로 물밀듯이 쏟아져 나와 이집트 근대 공업에 큰 충격을 안겨 주었다. 1849년, 무함마드 알리가 세상을 떠났을 때는 그가 세운 공장 대다수가 이미 망한 상태였다. 그의 자손들은 이집트 총독의 자리를 계속 유지할 수 있었지만 독립은 요원한 꿈이 되고 말았다. 아바스 1세(재위 1894~1854년)나 사이이드(재위 1854~1863년)도 이런 운명을 바꿀 수 없었다.

1851년, 영국이 알렉산드리아에서 카이로까지 이르는 철도 건설 양도권을 손에 넣었다. 1854년, 프랑스가 수에즈 운하 건설 양도권을 확보하고 '수에즈운하회사'를 설립했다. 운하를 건설하는 과정에서 회사는 운하를 뚫는 데 필요한 모든 토지를 무상으로 점거했다. 1859년 봄, 수에즈 운하 공사가 정식으로 시작됐다. 가장 원시적인 시공 방법을 택한 탓에 이집트 국민은 10년간 무거운 노역에 얽매였고 이 와중에 12만 명이 죽었다. 이렇게 수많은 이집트 국민들의 희생을 바탕으로 유럽, 아시아, 아프리카를 잇는 중요한 국제 항로를 건설했다. 1869년, 수에즈 운하가 개통되었지만 이집트는 운하 건설로 모든 국고를 탕진했고 막대한 부채에 시달리게 되어 영국, 프랑스 자본가의 노예로 전락했다.

1914년, 1차 세계대전이 발발한 뒤 터키와 영국이 적국이 되면서 영국이 이집트를 보호하겠다고 선언했다. 그러나 이집트 국민의 저항으로 영

**수에즈 운하**   유명한 국제 통항 운하로 이집트에 자리 잡고 있다. 유럽, 아시아, 아프리카 대륙을 잇는 주요 국제 해운 통로로 홍해와 지중해를, 대서양, 지중해, 인도양을 이어주어 동서양 항해 거리를 크게 단축시켰다. 운하 길이는 170여 킬로미터로 1859년에 착공해 1869년에 완성했다. 운하 개통 후 영국과 프랑스는 수에즈운하회사 96퍼센트의 지분을 독점했다. 제2차 세계대전이 발발한 뒤 이집트 국민은 수에즈 운하의 주권을 돌려달라고 요구하며 끊임없이 투쟁했고, 1956년 7월 26일에 이집트 정부는 수에즈운하회사를 국유 회사로 전환하겠다고 선언했다.

국은 1922년 2월 28일에 이집트를 독립 국가로 선포했다. 그러면서도 국방, 외교, 소수 민족 등 문제에서는 손을 떼지 않았다. 이때도 여전히 알리의 후손이 국왕의 자리를 지켰다. 1952년에 이르러 나세르가 알리 왕조 국왕 파루크를 폐위시키고, 1954년에 공화국을 설립했다. 이집트의 역사는 이렇게 새로운 장을 열게 되었고, 이 땅을 가로지르며 흐르는 나일 강에 다시 새로운 활기가 넘치게 되었다.

# 5장 | 알렉산드리아

알렉산드로스 대왕은 새로운 도시를 선정하는 데 탁월한 안목을 가지고 있었다. 찬란한 천 년의 도시 알렉산드리아가 나일 강의 모든 정수를 흡수했기 때문이다. 6,000킬로미터 이상에 달하는 거리를 거세게 흐르던 나일 강은 지중해로 흘러들기 전에 평온을 찾으며 비옥한 삼각주를 형성했다. 위대한 정복자였던 알렉산드로스가 이집트에 세운 도시, 알렉산드리아는 수천 년이 지난 뒤에도 지중해를 비롯한 선 세계에서 가장 빛나는 도시가 되었다. 오늘날에도 알렉산드리아 등대는 세계 7대 불가사의로 손꼽히며, 알렉산드리아 도서관도 고전 시대 최고의 도서관으로 유명하다.

오늘날 이집트 최대의 항구로 자리잡은 알렉산드리아 항이다.
이곳은 경치가 아름답고 기후도 온화해 피서지로 유명하다.

흰 대리석에 반사된 달빛이 성을 밝게 비추니 등불 없이도 바늘귀에 실을 꿸 수 있을 정도다. 성으로 들어간 병사들은 대리석에 반사된 빛을 피하기 위해 두 눈을 가려야 했다. 성에는 궁전과 욕실이 각각 4,000채요, 극장도 400곳이나 있으니…….

— 아랍 역사서

세계 하천 중에서 가장 순수하고 깨끗한 나일 강은 수천 킬로미터에 달하는 황무지를 비옥하게 하고 찬란한 문명을 잉태하여 기적을 일궈냈다. 그뿐만 아니라 지중해로 가기 전 이집트로 흘러들어 오아시스를 형성한다. 광활한 나일 강 삼각주는 이집트에서 가장 풍요로운 땅으로 불린다. 오아시스 최북단에 있는 나일 강은 지중해와 한 몸을 이루어 아름다운 도시 알렉산드리아를 만들어냈다.

**프톨레마이오스 왕조**

알 렉 산 드 로 스     대 왕 의     걸 작

기원전 332년 마케도니아의 젊은 사령관 알렉산드로스는 아나톨리아에서 이집트로 남하해 신비의 땅을 정복하기 시작했다. 당시 이집트는 페르시아 제국에 속해 있었다. 알렉산드로스의 목적은 페르시아 제국의 실력을 무력화시키는 데 있었다. 당시 이집트인은 이집트 통치를 맡은 페르시아 제국에 큰 불만을 품고 있던 터라 알렉산드로스의 군사 작전은 순조롭게 이루어졌다. 그는 페르시아를 포위하고 공격을 시작한 지 두 달 만에 손쉽게 항복을 받아냈다. 알렉산드로스는 이집트에 머물며 군대를 쉬게 했다.

이집트인은 강력한 힘을 가진 알렉산드로스에게 경의를 표했고 제사장들은 과거 파라오가 누렸던 모든 존칭을 그에게 바쳤다. 사람들은 24세의 젊은 알렉산드로스를 파라오라 부르며 아몬 신이나 태양신의 아들로 추앙했다. 정복지를 순찰하던 알렉산드로스는 자신의 이름을 딴 도시를 세우기로 결심했다. 그는 이집트 남부로 향하는 오아시스 시와 지역에서 아몬

1   2
    3
4

1 위대한 정복자 알렉산드로스 대왕은 수십 개의 도시에 자신의 이름을 붙였다.
2 탁월한 안목을 가지고 있던 알렉산드로스 대왕은 나일 강 삼각주에 인접한 지중해 유역에
  알렉산드리아 도시를 건설했다. 지금도 이곳은 이집트에서 두 번째로 큰 도시로 발전해가고 있다.
3 이집트로 진격할 때 알렉산드로스가 찾았던 신전이다.
  현지 사람들은 그를 아몬의 아들로 추앙했고, 강력한 힘을 가진 그에게 경의를 표했다.
4 강력한 페르시아 제국도 알렉산드로스의 적수는 되지 못했다. 그의 정복은 세상에 거칠 게 없었다.

신을 참배할 때 지나갔던 라코티스 지역을 눈여겨보고 자신의 이름을 딴 도시를 세울 것을 명했다. 그렇게 지중해에 인접한 북부 이집트에는 새로운 도시가 세워졌고 마케도니아의 중심으로 떠올랐다. 이곳이 바로 오늘날 이집트에서 두 번째로 큰 도시인 알렉산드리아다.

세계를 정복한 알렉산드로스는 이집트에 그리 오래 머물지 않았다. 이집트를 완벽히 통제하게 되자 그는 모든 사무를 휘하의 프톨레마이오스 장군에게 넘겨주고 대군을 이끌고 북상하여 페르시아와 전투를 시작했다. 그리고 기원전 331년, 아시아로 돌아와 큰 전투를 끝낸 알렉산드로스는 엄청난 수의 페르시아 군대를 무찌르고 바빌론과 페르시아의 수도로 진격했다. 기원전 330년, 페르시아 황제 다리우스 3세가 암살당했다. 페르시아를 차지한 데 만족하지 않은 알렉산드로스는 다시 중앙아시아로 진격한 뒤 아프가니스탄과 힌두쿠시 산맥을 거쳐 인도로 건너갔다. 그는 인도 서부에서 승리를 거두고 바로 동부로 진군하고자 했지만 오랜 전쟁으로 군사력이 크게 저하되어 어쩔 수 없이 페르시아로 퇴각했다.

알렉산드로스는 평생 이집트를 잊지 못하고 그리워했지만 두 번 다시 돌아가지 못했다. 기원전 323년, 인도에서 바빌론으로 건너가고 얼마 후 돌

---

**마케도니아 제국**   마케도니아인이 세운 제국으로 유럽, 아시아, 아프리카에 이르는 영토를 가지고 있었다. 영토가 가장 넓었던 시기에는 동쪽으로 아프가니스탄과 인도 서북부 지역, 서쪽으로 이탈리아, 남쪽으로 인도양과 아프리카 북부, 북쪽으로 중앙아시아와 카스피 해, 흑해까지 이르렀다. 마케도니아는 원래 그리스 동북부 변경 지역의 소국이었으나 기원전 4세기 필립 2세가 통치하던 시기부터 세력을 키워나가 마침내 그리스 세계의 패권을 손에 넣었다. 알렉산드로스 시기에는 10년이 넘게 전쟁을 벌여 페르시아를 멸망시키고 시리아, 페니키아, 이집트 및 중앙아시아를 정복했다. 그리고 바빌론을 수도로 하는 강력한 마케도니아 제국을 건설했다. 알렉산드로스 제국이라고도 불린다. 하지만 기원전 323년, 알렉산드로스가 갑자기 사망하자 제국은 빠르게 분열되기 시작했다.

연 사망했기 때문이다. 그는 남겨진 거대 제국을 휘하의 장군들에게 나눠 주었다. 그나마 위안이 된 것은 위대한 정복자였던 알렉산드로스가 이집트에 세운 도시 알렉산드리아가 수천 년이 지난 뒤 지중해를 비롯한 전 세계에서 가장 빛나는 도시가 되었다는 것이다.

알렉산드로스 대왕은 새로운 도시를 선정하는 데 탁월한 안목을 가지고 있었다. 찬란한 천 년의 도시 알렉산드리아가 나일 강의 모든 정수를 흡수했기 때문이다. 6,000킬로미터 이상에 달하는 거리를 거세게 흐르던 나일 강은 지중해로 흘러들기 전에 평온을 찾으며 비옥한 삼각주를 형성했다. 알렉산드로스 대왕은 바로 삼각주 서부에 도시를 세웠다. 이곳은 경치가 아름답고 기후가 안정적이어서 이집트의 피서지로 유명하며 '지중해의 신부'라 불린다.

알렉산드로스 대왕이 서거한 뒤 비록 제국은 분열되었으나 알렉산드리아는 쇠퇴하지 않고 프톨레마이오스 왕조의 수도로 거듭났다. 그리고 역대 통치자들의 노력으로 발전을 거듭하여 지중해의 정치, 경제, 문화의 중심지로 각광받았고 심지어 '세계의 중심'으로 이목을 끌었다. 전성기 때는 궁전과 신전이 셀 수 없이 많았고, 등대와 도서관으로 이름을 떨쳤다. 그중에서 알렉산드리아 등대는 세계 7대 불가사의로 손꼽히며, 알렉산드리아 도서관도 고전시대 최고의 도서관으로 유명하다.


## 프 톨 레 마 이 오 스　왕 조

기원전 323~기원전 30년까지 알렉산드리아가 전성기를 누릴 수 있었던 데는 프톨레마이오스 왕조의 영향도 적지 않다.

기원전 323년 6월, 마케도니아의 위대한 군사 통치자이자 정복자였던 알렉산드로스 대왕이 갑자기 바빌론에서 의문사했다. 그의 죽음은 일대 혼란을 가져왔고 제국의 운명 또한 위태로워졌다. 알렉산드로스 대왕은 생전에 후계자가 없었기 때문에 당장 왕위를 계승할 사람이 없었다. 대신들은 긴급회의를 열어 대왕의 배다른 형제 아레다이오스를 새로운 마케도니아 국왕으로 추대하고 필립 3세라 불렀다. 하지만 당시 마케도니아 제국의 실권은 기마부대 최고의 사령관이었던 페르디카스에게 있었다. 훗날 페르디카스는 섭정을 통해 제국을 통치했다. 제국의 붕괴를 예측한 프톨레마이오스 장군은 투쟁 끝에 총독의 자리를 차지하고, 빠른 속도로 바빌론을 벗어나 안전한 이집트에서 자리를 잡았다.

정치적인 입지를 다지기 위해서 알렉산드로스 대왕의 장례를 지휘할 자격을 얻기 위해 각종 세력들이 치열한 경쟁을 벌였다. 결국 프톨레마이오스가 적수들의 동의를 얻어 알렉산드로스 대왕의 시신을 시와 지역의 아몬신 신전에 모셨다. 마케도니아의 영웅인 알렉산드로스 대왕의 시신은 특별한 힘이 있는 신물로 여겨졌기 때문에 프톨레마이오스는 시신을 자신의 수중에 두어 이집트의 위엄을 크게 높이고자 했다. 알렉산드로스 대왕의 시신은 먼저 종교의 성지라 불리는 멤피스로 옮겨졌다가 40년 뒤 무덤이 완성되고서야 프톨레마이오스의 아들이 알렉산드리아로 옮겨와 안장했다.

기원전 322년 말, 알렉산드로스 대왕 휘하에 있던 장군들이 대규모 내전을 일으켰다. 안티파트로스 장군은 자신의 딸을 페르디카스와 약혼시켰으나 알렉산드로스 대왕의 어머니 올림피아스가 페르디카스에게 딸 클레오파트라와의 결혼을 제안했다. 그러자 페르디카스는 바로 안티파트로스 장군의 딸과의 약혼을 파기했고 이에 분노한 안티파트로스가 전쟁을 일으켰

1 프톨레마이오스 왕조의 창시자 프톨레마이오스 1세는 알렉산드리아를 수도로 삼았다.
2 알렉산드로스 대왕의 석관이다. 프톨레마이오스 1세는 왕조의 부흥을 바라며 알렉산드로스 대제를 자신의 국토에 안장했다.

다. 안티파트로스는 프톨로마이오스와 동맹을 맺고 키레네 지역을 손에 넣었다. 기원전 321년 가을, 양측은 북시리아 트리파라디소스에 모여 권력을 분배하고, 프톨레마이오스는 이집트와 키레네의 통치권을 얻어냈다.

　기원전 320~기원전 301년 사이에 또다시 내전이 발발했다. 이때 페르디카스가 사망하자 전쟁의 승리자들은 다시 안티파트로스를 후견인으로 천거하여 궁전을 마케도니아로 이전했다. 하지만 안티파트로스는 얼마 뒤 세상을 떠났고 안티고누스가 아시아의 장군으로 불리게 되었다. 그렇게 마케도니아, 아시아, 이집트는 서로 다른 통치자가 장악했고, 제국의 분열은 가속화되었다. 안티고누스가 제국을 하나로 통합하여 손아귀에 넣으려 하자 다른 경쟁자들이 불만을 품었다. 아시아에서 시작된 전쟁의 불씨는 유럽으로 번져 나갔다. 필립 3세와 알렉산드로스 4세는 참혹한 왕위 쟁탈전에 휘말려 목숨을 잃었다. 기원전 306년 안티고누스가 왕으로 등극했다. 이듬해 프톨레마이오스와 셀레우코스가 잇달아 왕위에 올랐다. 이렇게 알렉산드로스 제국은 철저히 분열되었다. 기원전 301년 이후 마케도니아, 서아시아, 이집트가 지탱하는 구도가 완성되어 비슷하면서도 각기 다른 발전의 길을 걷게 되었다.

기원전 305년, 스스로를 이집트 국왕이라 칭하던 프톨레마이오스는 프톨레마이오스 1세를 위해 무소불위의 권력을 휘둘렀고 이집트 파라오라는 존칭을 회복했다. 프톨레마이오스 왕조의 수도는 알렉산드리아였으며 전성기 때는 이집트뿐만 아니라 지중해 일대의 섬과 아나톨리아, 시리아, 팔레스타인에까지 영향을 미쳤다.

프톨레마이오스 1세는 이집트 통치권을 완전히 장악하고 영역을 확장해 그리스-마케도니아 식민지를 주요 통치세력으로 하는 이집트 왕국을 건설했다. 프톨레마이오스는 셀레우코스, 마케도니아와 막대한 경제력을 지닌 풍요로운 나일 강을 두고 치열한 각축을 벌였다. 기원전 3세기 프톨레마이오스와 셀레우코스 왕국은 팔레스타인과 남시리아 일대를 장악하기 위해 다섯 차례에 걸쳐 전쟁을 벌였다. 프톨레마이오스 왕국은 '시리아 전쟁'이라 불린 이 전쟁으로 많은 국력을 소모해야 했다.

프톨레마이오스 왕조는 마케도니아의 군사민주제 풍습이 농후했던 군주

**셀레우코스 왕조**   셀레우코스 1세(기원전 305~기원전 280년)가 세운 셀레우코스 왕조의 수도는 오론테스 강 근처의 안티키아였고 시리아를 중심지로 삼았다. 왕국의 영토는 시대에 따라 달랐는데, 전성기에는 헬레스폰트 해협에서 힌두쿠시 산맥까지 이르렀다. 기원전 3세기부터 세력이 약화되기 시작한 왕조는 기원전 2세기 초에 로마의 침략을 받았고, 기원전 64년에 폼페이우스 장군에 의해 멸망했다.

제와 이집트 파라오의 전제통치를 결합하여 왕권 위주의 중앙집권제를 시행했다. 프톨레마이오스 왕조는 친인척 간의 혼인이 빈번했다. 그렇게 태어난 아들은 프톨레마이오스라 불렸고, 딸은 클레오파트라나 베레니케, 아르시노에라고 불렸다. 이집트 역사에서 이 왕조의 모든 군주는 파라오라고 불렸다.

국왕은 이집트는 개인의 사유지며 자신이 국가의 화신이라고 주장했다. 그리고 정치, 군사, 재무, 종교까지 장악했다. 국왕의 권력은 숭배될수록 강해졌다. 국왕은 죽은 뒤에 신으로 떠받들어졌고 생전에도 신과 함께 숭배되었다. 국왕은 마케도니아인과 그리스인에게 통치를 맡겼는데 재무대신이나 사령관과 같은 중요한 자리는 친인척이나 가까운 심복들이 차지했다. 재무대신은 재상과 같은 위치로 국왕 다음으로 최고의 권력을 지닌 인물이었다. 마케도니아의 장수들이 지방 민정을 제대로 관리하지 못했기 때문에 마케도니아 군사 귀족과 현지 대귀족이 유착하기도 했다. 프톨레마이오스 왕조는 주에 해당했던 행정구역 '놈'을 약 40개로 나누었다. 놈 아래에는 현과 촌으로 나누고 각각의 도시는 전문 관료가 맡아 관리하게 했다. 놈의 총독(주지사)은 현지인이 꿈꾸는 자리였지만 그다지 권력이 강하지는 않았다. 군대는 전국 각지에 주둔했고 그리스-마케도니아인을 통제하던 장군이 놈의 실질적인 권력을 장악했다. 장군은 질서를 유지하고 주요 형사사건을 심판했으나 재정에는 관여할 수 없었고 재무관리는 재무대신이 맡았다. 고대 이집트에서는 승려의 세력이 강했지만 프톨레마이오스 시대에는 제사장의 지위가 많이 낮아졌다. 국왕은 신의 대리인임을 자청했고 신전을 왕의 사유지로 귀속시켰다. 따라서 신전의 모든 활동은 국왕과 행정관의 관리 아래 이루어졌고 국왕은 최고 입법자의 역할을 했다. 두 민족이 공존했기 때문에 그리스인을 위한 법률과 현지인을 위한 법률이 따로 집행되었다. 두 민족이 모두 관여된 사건은 혼합법정을 구성했다. 궁전에서는 표면적으로는 그리스어를 쓰고 그리스 복장을 착용했지만 현지인과는 결혼하지 않았다. 군주의 권력은 역대 마케도니아 국왕의 세력을 초월했고 이집트 파라오의 통치제도를 계승했다. 프톨레마이오스 국왕은 군주의 권력을 분산시키지 않기 위해 도시를 새로 건설하지 않았다. 수많은 그리스 사람들은 알렉산드리아를 비롯한 그리스 자치 도시에 거주했다.

프톨레마이오스 2세(기원전 282~기원전 249년)는 상업을 확대하고 대외무역을 강화하기 위해 중단되었던 홍해와 나일 강을 잇는 운하건설을 재개했다. 그는 아프리카로 사람을 보내 소말리아로 향하는 발판을 마련하고 해군과 수비대를 파견해 판로의 안전을 보장했다. 당시의 무역활동은 매우 활발하게 이루어졌다. 이집트는 곡물, 리넨, 유리, 사치품을 수출했고 지중해의 금속, 목재, 대리석, 자색염료를 비롯해 남아랍과 인도의 계수나무, 약물, 향료 등을 수입했다.

왕국은 세금, 독점, 약탈무역으로 거둬들인 재산을 정부와 군대를 유지하는 데 사용했으며, 나머지는 문화산업에 사용했다. 프톨레마이오스는 무력으로 국가를 장악했지만 문화산업에 지원을 아끼지 않았다. 그리고 수도를 알렉산드리아에서 아테네로 이전하고 지중해 최대의 문화 중심지로 키웠다. 아테네에는 박물관과 장서 70만 권을 갖춘 도서관을 지었다. 최고의 대우와 높은 사회적 지위, 우수한 연구 환경은 학식이 높은 학자들을 아테네로 이끌었다. 알렉산드리아의 학자는 그리스와 동방문화의 뛰어난 환경을 이용해 천문학, 지리학, 동식물학, 물리학, 수학, 문학, 사학 영역에서 괄목할 만한 성과를 이루어 후세에 큰 영향을 미쳤다.

# 알 렉 산 드 리 아   도 서 관

알렉산드로스 대왕은 세계를 정복하는 과정에서 서아시아, 동아시아, 북아프리카 각지에 수십 개에 달하는 도시를 세우고 알렉산드리아라고 명명했다. 하지만 그중에서 이집트의 알렉산드리아가 가장 유명했다. 다른 지역의 알렉산드리아가 모두 멸망할 때에도 이집트의 알렉산드리아는 무한한 매력을 발산했다. 나일 강 삼각주의 빛나는 진주, 알렉산드리아는 도시가 세워진 후로부터 그리스, 로마, 비잔틴, 아랍 제국, 터키 오스만 제국이 통치하던 기원전 641년까지 줄곧 이집트의 수도로 자리를 지켰다. 그리고 기원전 4세기~기원전 1세기까지는 지중해 동부의 정치, 경제, 문화의 중심지였다. 알렉산드리아는 세계 최대의 도시이자 지중해의 유명한 항구였을 뿐만 아니라 유럽과 동방 무역의 중심이자 문화 교류의 집결지였고, 역사에 길이 남을 '알렉산드리아 문화' 혹은 '그리스 후기 문화'를 낳아 과학과 문화 발전에 큰 공헌을 했다. 또한 알렉산드리아 도서관은 당시의 과학과 문화의 발전상을 엿볼 수 있는 중요한 창구가 되고 있다.

알렉산드리아 도서관은 알렉산드리아 등대와 함께 세계적으로 이름을 널리 떨치고 있다. 800년이라는 유구한 역사를 가진 알렉산드리아 도서관은 엄청난 양의 장서를 보유하고 있으며, 인류 문명 발전에 크게 이바지했다. 세계 어느 도서관과 비해도 손색이 없을 정도다. 고대 알렉산드리아의 풍부한 장서는 당시 유명한 석학들의 발걸음을 이끌었다. 고대 문화의 중심지는 기원전 3세기 말 큰 화제로 모두 불타버렸지만, 오늘날 알렉산드리아를 찾는 이들은 그때를 회고하며 깊은 생각에 잠긴다.

기록에 따르면 기원전 3세기에 세워진 알렉산드리아 도서관은 세계에서 가장 큰 도서관이자 가장 오래된 도서관이다. 당시 알렉산드로스 대왕은

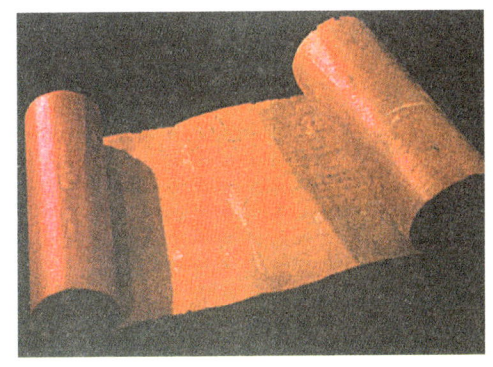

알렉산드리아 도서관에 소장하고 있던 아리스토텔레스의 친필 원고다. 알렉산드리아 도서관은 당시 세계 문화의 중심이었다.

아시아, 유럽, 아프리카를 점령하고 세계 대국을 건설하기 위해 각지에 사람을 파견해 정보를 수집하여 세계를 이해하고자 했다. 기원전 323년에 알렉산드로스 대왕이 죽자 세계 대국 건설이라는 꿈도 깨져버렸지만 사람들은 세계를 이해하고 싶다는 열망을 버리지 못했다. 기원전 295년, 고대 그리스 철학자 아리스토텔레스의 제자 제노도토스가 아테네에서 알렉산드리아로 건너가 이집트의 새로운 국왕 프톨레마이오스 1세에게 알렉산드리아에 도서관과 박물관(지혜의 궁전이라고도 불린다)을 건설해 달라고 건의했다. 프톨레마이오스 1세는 이 건의를 흔쾌히 받아들여 거액의 자금을 내주어 왕궁 내에 도서관을 건축하고 제노도토스를 초대 도서관 관장으로 임명했다.

알렉산드리아의 특수한 지리적 위치로 인해 풍부한 장서를 보유했던 알렉산드리아 도서관은 과학, 문화, 철학, 예술의 지식 창고로 빠르게 성장해 갔다. 그리고 아르키메데스, 아리스타르쿠스, 유클리드, 디오니시오, 헤로필로스, 에라토스테네스 등의 저명한 과학자, 철학자, 사상가, 예술가가 몰려들어 연구와 강의와 저서 편찬에 힘썼으며 기타 학문 교류도 활발하게 이루어졌다. 알렉산드리아 도서관은 번역에도 큰 힘을 쏟았다. 그중에서도 그리스 문학 서적 번역을 중요하게 생각했다.

프톨레마이오스 왕조의 황실 도서관이었던 알렉산드리아 도서관은 빠르게 성장해 나갔다. 프톨레마이오스 2세에 이르러서는 도서관 말고도 과학원, 박물관, 번역센터, 인쇄소 및 출판사 등 다양한 기능을 했다. 고대 그리스의 호메로스의 서사시 「일리아드」는 알렉산드리아 도서관에서 최초로 인쇄되었다. 그밖에도 도서관은 「모세오경」과 고대 그리스 수학자 유클리드, 비극 시인의 대표 소포클레스, 천문학자 클라디오스 프톨레마이오스 등 대가의 저서를 번역해 출판했다.

알렉산드리아 도서관 역대 관장은 모두 출중한 능력을 지닌 학자들로서 장서와 도서 정리를 매우 중요시했고 세계 각지의 책을 수집하는 데 심혈을 기울였다. 당시에는 알렉산드리아 항구에 정박하는 선박은 싣고 온 모든 책과 문서를 필사하여 알렉산드리아 도서관에 기증해야 한다는 법이 있었다. 그 덕분에 도서관은 매우 빠른 속도로 서적을 수집할 수 있었다. 그러나 파피루스 두루마리나 양피지로 만들어진 책은 부피가 커서 기존의 도서관만으로는 수용이 불가능했다. 이에 프톨레마이오스 2세는 사라피스 신전에 별관을 지어 70만 권의 장서를 나누어 보관하도록 했다. 그런 다음 그리스 학자 칼리마쿠스를 도서관 관장으로 임명하고 문헌 목록인 피나케스를 작성하게 했다. 칼리마쿠스는 책 제목, 저자명, 작가 생애, 주요 작품 등을 정리한 목록을 120여 권으로 만들었다.

알렉산드리아 도서관은 당시 세계문화와 과학 연구의 중심지로 떠올랐고 프톨레마이오스 왕조는 세계 과학기술 발전에 큰 기여를 한 천문학자, 지리학자, 수학자, 의학자, 언어학자를 배출했다. 무스타파 알 아바디 교수는 『알렉산드리아 도서관의 역사와 운명』에서 "알렉산드리아 도서관이 세워지기 이전까지 지식은 지역에 한정되어 있었다. 하지만 도서관이 세워진 이후에는 지식의 국제화가 이루어졌다."라고 말했다. 하지만 기원전 48년 로마 카이사르 대제가 이집트를 침공하면서 알렉산드리아 도서관은 크게 훼손되고 말았다. 그리고 나머지 부분도 3세기 말 제노비아 여왕이 일으킨 내전 당시 소멸해 버렸다.

알렉산드리아 도서관의 훼손은 '인류 문화 역사의 재난'으로 불린다. 안타까운 사실은 도서관이 훼손될 때 이집트의 제사장 마네토가 프톨레마이오스 1세의 명령으로 저술한 『이집트사』 30권도 함께 소멸되었다는 것이다. 이는 고대의 주요 사건뿐만 아니라 민간의 풍속과 종교를 상세히 기록한 매우 귀중한 책이었다.

또 인쇄술이 발달하기 전까지는 직접 책을 베껴 써야 했으니 알렉산드리아 도서관처럼 대형 도서관의 장서는 모두 유일본이었다. 391년, 도서관 별관에도 큰 화재가 발생하는 바람에 그나마 남아 있던 서적이 모두 소멸되었다. 알렉산드리아 '지식의 성전'이 자취도 없이 사라져 버린 것이다. 450년, 고대 이집트 문헌을 판별할 줄 아는 사람은 아무도 없었고 심지어 이집트 역사를 말해주기 위해 인용할 만한 그리스 작품도 남아 있지 않았다.

1000여 년이 지난 오늘날 찬란했던 문명 도시 알렉산드리아를 방문한 사람들은 그리스 시대의 그림자를 전혀 찾아볼 수 없다. 하지만 알렉산드리아 도서관에 앉아 역사서를 들춰보면 지나간 옛 영광의 기억을 돌아볼 수 있을 것이다.

**클레오파트라
세기의 사랑**

영화『클레오파트라』를 본 사람은 매우 많을 것이다. 당시 이 영화는 세계에 큰 파장을 일으켰는데, 사람들은 영화 속에 등장하는 파란만장한 인생을 살았던 요염하고 카리스마 넘치는 이집트 여왕 클레오파트라 7세의 모습에 큰 충격을 받았다. 수천 년 동안 사람들은 클레오파트라를 생각하면서 가장 먼저 빼어난 미모와 세기를 뛰어넘는 러브스토리를 떠올려왔다. 그도 그럴 것이 셰익스피어, 단테, 조지 버나드 쇼 등 걸출한 문학가들이 그녀의 생애를 그릴 때 그녀를 찬양하거나 깎아내렸다. 하지만 오늘날 클레오파트라는 고대 이집트 문명을 상징하는 역사적인 인물로 자리 잡았고 그녀에 관한 이야기는 끊이지 않고 대대손손 전해지고 있다.

## 여 파 라 오 의   사 랑 이 야 기

프랑스의 유명한 사상가 파스칼은『명상록』에서 "클레오파트라의 코가 조금만 낮았더라면 세계의 역사는 바뀌었을지도 모른다."라고 서술했다. 이 부분만 보아도 클레오파트라에게 특별한 매력이 있다는 것을 알 수 있다. 그렇다면 역사에서 프톨레마이오스 왕조의 마지막 여왕이자 고대 이집트 최후의 파라오였던 클레오파트라의 진면목에 대해서 살펴보자.

기원전 69～기원전 30년까지 생존했던 클레오파트라 7세는 기원전 51～기원전 30년 동안 프톨레마이오스 왕조의 여왕으로 재위했다. 당시 이집트를 통치하던 프톨레마이오스 왕조는 점차 세력이 기울었고 지중해 북부의 로마가 빠르게 성장하고 있었다. 로마는 언제든지 이집트를 손아귀에 넣을 만큼 세력이 커졌고 이집트는 로마의 보호를 받아야 했다. 기원전 51년, 프톨레마이오스 왕조의 12대 파라오였던 프톨레마이오스 12세의 무능과 폭정으로 알렉산드리아 시민의 불만이 최고조에 달했다. 결국 당당하던 이집트의 파라오가 로마로 줄행랑을 치는 신세가 되었다.

프톨레마이오스 12세는 로마로 도망가면서 국가를 자식들에게 나눠주었다. 장녀 클레오파트라 6세, 차녀 베레니케, 셋째 딸 클레오파트라 7세, 넷째 딸 아르시노에와 두 아들 프톨레마이오스 13세와 프톨레마이오스 14세가 바로 그들이다. 국가는 하루라도 군주가 없으면 안 된다. 그래서 프톨레마이오스 12세가 난을 피해 로마로 도망가자 대신들은 서둘러 차녀 베레니게를 왕위에 올렸다. 베레니케가 집정한 3년 동안 장녀 클레오파트라 6세가 사망했다. 그때 뜻밖에도 그녀의 아버지 프톨레마이오스 12세가 로마에서 세력을 키워 이집트로 돌아왔다.

그렇게 비극적인 역사의 한 페이지가 열렸다. 돌아온 프톨레마이오스 12세는 딸을 처참히 살해하고 왕위를 차지하지만 얼마 뒤 세상을 떠나고 말았다. 그렇게 해서 채 20세가 되지 않은 셋째 딸 클레오파트라 7세가 9세인

1 2 3
4 5

1 고대 로마의 위대한 군사 사령관이었던 카이사르 장군은 지중해 전역을 손에 넣었다.
2 역사적으로 가장 유명한 장면으로 클레오파트라가 이집트로 온 카이사르를 유혹하는 모습이다.
 이 세상 어떤 남자라도 그녀의 빼어난 미모와 요염한 모습에 돌부처가 되기는 힘들었을 것이다.
3 카이사르 암살을 주모한 브루투스다.
 카이사르의 죽음은 클레오파트라의 인생을 더욱 파란만장하게 이끌었다.
4 카이사르가 죽은 뒤 로마의 안토니우스 장군 역시 클레오파트라의 매력에 빠져들었다.
 그들의 뜨거운 사랑은 세기의 러브스토리가 되었다.
5 이집트에서 안토니우스는 모든 것을 잊은 채 쾌락에 빠져들었고, 결국 로마 내전을 불러왔다.

남동생 프톨레마이오스 13세와 공동 파라오가 되어 이집트 왕실 관례에 따라 결혼을 했다. 당시 형제, 자매간의 근친혼은 보편적인 일이었고 실제적인 결혼의 의미보다는 대권 유지를 위한 정치적인 의도가 더 강했다.

클레오파트라 7세는 당시 궁전의 관례에 따라 프톨레마이오스 13세와 결혼하기는 했지만 오래전부터 두 사람은 정적이었고 서로 정권을 차지하려는 야심이 있었다. 클레오파트라 7세는 확실히 재능이 많은 통치자였다. 그녀는 파라오 중에서도 9개의 언어를 구사할 줄 아는 유일한 파라오였다. 하지만 그녀는 프톨레마이오스와의 권력 다툼이 시작되자 지지자를 확보하지 못하고 어쩔 수 없이 이집트를 떠나 시리아로 가야 했다. 그때 절체절명의 위기에 빠진 그녀에게 큰 기회가 찾아왔다.

같은 시기에 내전 중 로마의 카이사르 장군에게 패한 폼페이우스가 이집트로 도망쳐 왔다. 그는 프톨레마이오스 13세에게 보호를 받기를 기대했지만 오히려 파라오의 손에 살해되고 말았다. 얼마 뒤 카이사르가 폼페이우스를 쫓아 이집트로 왔을 때 프톨레마이오스 13세는 그에게 폼페이우스의 머리를 건넸다. 그러나 의리를 중시하던 카이사르는 그의 행동에 분노했다. 그리고 당장 권력 다툼을 중지하고 이틀 뒤 자신 앞에서 클레오파트라 7세와 화해하라고 요구했다.

정치적 입지를 다질 기회라고 생각한 프톨레마이오스 13세와 클레오파트라 7세 모두 카이사르를 자신의 편으로 만들고자 했다. 어느 날 밤에 이집트 하인이 카이사르에게 찾아가 이집트 여왕이 보낸 선물이라며 금으로 장식된 양탄자를 펼쳤다. 그런데 양탄자 안에서 아름다운 여인이 나오는 게 아닌가! 바로 클레오파트라였다.

관련 기록에 보면 당시 54세였던 카이사르 장군은 그녀의 매력에 흠뻑 빠져 함께 생활하게 되었고, 장군의 세력을 등에 업은 클레오파트라는 프톨레마이오스 13세를 누르고 당당히 이집트 여왕의 자리에 올랐다. 그리고 또 다른 남동생 프톨레마이오스 14세와 공동 집권했다.

카이사르는 클레오파트라와 함께 이집트에 오랫동안 머물며 아들 카이시리온(작은 카이사르라는 뜻)을 낳았다. 두 사람은 달콤한 사랑에 취해 나일강 이곳저곳을 유람했다. 훗날 카이사르는 모든 정적을 무찌르고 로마로 귀향할 때 클레오파트라와 그의 아들과 동행했다. 하지만 좋은 날도 한철이라고 했던가. 기원전 44년, 로마에 도착한 카이사르는 교외에 마련된 성대한 개선연회에 참가했다가 부하에게 암살되고 말았다. 갑자기 든든한 후원자를 잃은 클레오파트라는 밤을 틈 타 이집트로 돌아갔다. 그리고 얼마 후 프톨레마이오스 14세가 돌연사하자 사람들은 클레오파트라의 음모라고 수군거렸다. 그녀는 아들 카이시리온을 왕위에 올려놓고 함께 공동 집권했다. 그렇게 프톨레마이오스 15세의 통치가 시작되었다.

카이사르가 죽자 그의 휘하에 있던 안토니우스와 카이사르의 후계자 옥타비아누스가 로마를 장악했다. 안토니우스는 클레오파트라의 왕위를 빼앗고 이집트를 로마 제국의 속국으로 삼으려고 했다. 프톨레마이오스 왕조는 다시 한 번 위기에 처하게 되었다. 하지만 클레오파트라는 역사를 바꿀 기지를 짜냈다. 안토니우스가 병사를 이끌고 이집트로 건너왔을 때 우연히 클레오파트라와 만나게 되었다. 그렇게 세기적인 러브스토리가 시작되었다. 안토니우스는 미모가 빼어난 클레오파트라를 보자마자 첫눈에 반해 사랑의 포로가 되었다.

안토니우스가 교만한 태도로 이집트의 파라오를 만나러 갔을 때 클레오파트라와 극적으로 재회를 했다. 클레오파트라를 본 그는 눈이 휘둥그레

로마 내전 결과 희대의
사랑을 한 남녀는 스스로
목숨을 끊었고, 그들이 남긴
궁전은 황폐해져 갔다.

졌다. 클레오파트라는 화려한 배 위에 온갖 보석이 덮인 가마에 우아한 자태로 앉아 있었다. 특히 금으로 만들어진 선미와 은으로 장식한 노가 눈부셨다. 그녀 옆에는 아리따운 소녀들이 노를 저었고 큐피드 복장을 한 미소년들이 커다란 부채를 흔들었다. 안토니우스는 눈앞의 호화로운 모습에 혼이라도 빼앗긴 듯 넋을 놓고 서 있었다. 잠시 뒤 전쟁에서 승리밖에 모르던 장군은 클레오파트라의 붉은 치마 밑에 무릎을 꿇었다.

　클레오파트라의 매력에 빠진 안토니우스 장군은 오랫동안 이집트에 머물며 모든 것을 잊고 지냈다. 로마의 위대한 장군은 순식간에 이집트 시민이 되어 있었다. 그는 클레오파트라와 단 하루도 떨어지지 않았고 주색에 빠져 시간을 보냈다. 기원전 37년, 안토니우스는 로마 원로회에 서신을 보내 옥타비아누스의 여동생인 자신의 아내와 헤어지고 클레오파트라와 결혼할 것이며, 로마 동부의 자신의 영토를 클레오파트라와 그의 아들에게 넘기겠다고 발표했다. 이는 로마 원로회의 분노를 샀을 뿐만 아니라 안토니우스와 옥타비아누스의 정치적 동맹까지도 깨뜨렸다. 이로써 두 사람의 전쟁이 시작되었다.

기원전 31년, 지중해의 악티움에서 안토니우스는 군대를 이끌고 옥타비아누스의 로마 해군과 치열한 전투를 벌였다. 그 결과 수세에 몰려 퇴각한 안토니우스는 처참히 패배하여 자살하고 말았다. 소식을 전해들은 클레오파트라는 안토니우스를 국왕의 예로 장례를 치르고 왕위와 이집트의 독립을 지키기 위해 직접 옥타비아누스를 보고자 청했지만 단번에 거절당했다. 그때 옥타비아누스가 자신을 전리품으로 로마로 끌고가려 한다는 소문을 들은 클레오파트라는 안토니우스와 함께 묻어 달라는 편지를 남기고 코브라의 독으로 자살했다.

　수천 년이 흐른 지금까지도 안토니우스와 클레오파트라의 러브스토리는 여전히 전해지고 있다. 하지만 클레오파트라에 대해 비판적인 태도를 보이는 사람들도 많다. 많은 문학가들 역시 클레오파트라를 방탕하고 사치스러운 여인이나 미모를 이용해 남자를 유혹하는 요부로 묘사했다. 단테는 『신곡』에서 클레오파트라를 지옥으로 떨어뜨렸고, 셰익스피어는 『율리우스 카이사르』에서 그녀를 '희대의 요부'라고 서술했다. 그리고 20세기 극작가 조지 버나드 쇼는 그녀를 일컬어 '제멋대로이며 한결같은 사랑을 모르는 여인'으로 묘사했다.

　클레오파트라 7세는 당시 로마와 이집트 양국의 정국을 마음대로 쥐락

---

**악티움 해전**　　고대 로마 시기 옥타비아누스와 안토니우스가 국가 권력을 쟁탈하기 위해 벌인 해상 전투다. 기원전 37년, 삼두정치 체제가 깨지고 안토니우스는 이집트 여왕 클레오파트라 7세와 결혼하고 로마 동부에 있는 자신의 영토를 아내와 자식에게 넘기겠다고 발표했다. 그러자 옥타비아누스는 원로회와 시민을 꼬드겨 안토니우스를 '조국의 적'으로 만들고 이집트 여왕에게 선전포고를 했다. 기원전 31년 9월 2일, 양측의 군대는 그리스 인근의 악티움 앞바다에서 격돌했다. 그 결과 안토니우스는 이집트로 퇴각했고 자살했다. 기원전 30년에 옥타비아누스는 이집트의 프톨레마이오스 왕조를 멸망시키고 내전을 종식했다.

펴락했다. 그녀가 이집트 최고 전성기를 누린 여왕이었음은 두말할 나위도 없다. 프랑스의 유명한 작가 구스타브 도레는 클레오파트라를 이렇게 극찬했다. "클레오파트라는 지금까지 가장 완벽한 여인이자 가장 여성스러운 여인이며, 여왕에 가장 어울리는 여인이다. 그녀에게는 사람들을 탄복하게 하는 힘이 있다. 어떤 시인이 그녀에게 아름다운 글을 바치지 않을 수 있으리. 그녀는 모든 사람이 꿈에 그리던 여인이다."

빼어난 미모를 자랑했던 클레오파트라는 많은 재주를 가지고 있었다. 역사학자 플루타르크는 『안토니우스』에서 다음과 같이 서술했다. "그녀의 미모에 대해 말하자면 사실 널리 알려진 것처럼 그렇게 빼어나지도 않으며 그녀를 본 모든 사람이 사랑의 포로가 될 정도는 아니다. 하지만 그녀와 대화를 나눠본 사람이라면 누구도 그 매력에서 빠져나올 수 없다. 그녀의 설득력 있는 말솜씨와 행동거지는 보는 사람들의 눈을 자극하고 그녀의 감미로운 목소리는 사람들의 귀에 부드럽게 울려 퍼진다. 그녀의 혀는 여러 개의 악기를 연주하듯 상대에게 맞는 언어로 바뀌어 듣는 이를 즐겁게 한다." 많은 역사학자들이 클레오파트라가 카이사르와 안토니우스를 매혹할 수 있었던 이유는 그녀의 미모도 한몫을 했겠지만, 진정한 이유는 그녀의 뛰어난 재주에 있었다고 입을 모았다.

클레오파트라 7세는 많은 재주를 가지고 있었지만 그녀의 정치적 세력에는 한계가 있었다. 로마 제국이 빠르게 영토를 확장해가던 시기였기 때문에 이집트가 그들의 손에 넘어가는 것은 시간 문제였다. 클레오파트라 7세가 죽자 신비로운 나라 이집트는 곧장 로마에 지배당했고 찬란했던 고대 이집트 문명은 모래 속으로 서서히 가라앉았다. 나일 강 역사에서 가장 신비했던 문명은 그렇게 최후를 맞이했다.

## 미녀와 추녀 논쟁

문학 작품이나 영화, 전설을 막론하고 이집트 여왕 클레오파트라는 타의 추종을 불허하는 미모의 소유자로 묘사되어 왔다. 그녀는 그리스 신화의 헬레네, 중국 당나라의 양귀비와 함께 세계 3대 고전 미인으로 손꼽히기도 한다.『세계를 뒤흔든 미인』에서는 클레오파트라에 대해 다음과 같이 묘사한다. "그녀는 소녀처럼 날씬한 몸매를 자랑했다. 까맣게 빛나는 커다란 눈망울, 그녀의 고귀함을 그대로 보여주는 듯한 오뚝한 콧날, 윤기가 흐르는 검은 머릿결, 그리고 보드라운 우윳빛 피부……. 발가벗은 그녀의 몸은 백옥처럼 빛이 났다. 살짝 올라간 입 꼬리에 웃을 듯 말 듯한 표정은 묘한 신비로움을 더해 주었다. 가히 동양적인 단아함과 서양적인 풍만함을 고루 갖춘 절세미인이라 할만 했다." 프랑스의 철학자 파스칼은『팡세』에서 "만약 클레오파트라의 콧대가 조금만 낮았더라면 세계의 역사가 뒤바뀌었을 것이다."라고 했다. 한편 할리우드 대작「클레오파트라」에서 엘리자베스 테일러가 보여준 이집트 여왕의 모습은 더더욱 사람들의 상상력을 자극하는 계기가 되었다.

야사, 전설, 문학 작품 등에서 클레오파트라에 대한 이야기는 무수히 전해지고 있지만 역사 문헌에서는 거의 찾아볼 수 없다. '역사 속 클레오파트라는 과연 어떤 모습이었을까?'라는 문제가 화두로 떠오른 이유도 바로 이 때문이었다.

문제의 답을 찾는 데 가장 좋은 방법은 클레오파트라가 살았던 시대부터 전해 내려오는 조각상을 살펴보는 것이다. 그러나 오늘날까지 전해 내려오는 2000여 년 전의 조각상을 찾아보기란 쉬운 일이 아니었으며, 그중에서 완벽하게 보존된 조각상을 찾는 건 그야말로 모래 속에서 바늘 찾기였다. 독일 베를린 박물관에 전 세계적으로 가장 보존이 잘 되어 있다는 클레오파트라의 초상이 있는데 만약 이것이 정말로 이집트 여왕의 초상이라면 사람들은 실망감을 감추지 못할 것이다. 초상화 속의 클레오파트라는 평범하기 그지없는 모습이기 때문이다. 대충 쪽진 머리에 수수한 옷차림을 하고 있는 그녀는 매부리코에다 입술도 전혀 섹시하지 않다. 심지어 목걸이와 귀고리를 포함해 그 어떠한 장신구도 하지 않았다.

고고학자들은 출토된 고대 이집트 조각상을 토대로 클레오파트라가 사실은 못생겼다고도 할 수 있을 만큼 지극히 평범한 외모의 소유자였다고 밝혔다. 또한 얼마 전에는 대영박물관에서 클레오파트라에 관한 전시회를 개최해 여왕의 조각상 11점을 선보였다는 보도가 있었다. 조각상의 모습을 살펴보면 여왕은 키가 작고 다소 뚱뚱한 모습이다. 150센티미터 정도의 키에 한눈에 봐도 뚱뚱한 체형으로 목도 굵었다. 치열도 고르지 않고 옷차림도 수수한, 그야말로 평범하기 그지없는 외모지만 이목구비는 뚜렷한 편이어서 인상이 매섭다. 이것이 정말 클레오파트라의 진짜 모습이란 말인가? 한 전문가는 프톨레마이오스 왕실이 순수 혈통을 유지하기 위해 근친혼 제도를 시행했기 때문에 클레오파트라가 결함을 가지고 태어났을 가능성이 있다고 분석했다. 영국의 『타임스』는 컴퓨터 기술을 이용해 조각상을 근거로 클레오파트라의 초상화를 그렸다. 그 결과 사람들의 눈앞에 모습을 드러낸 이집트 여왕은 작고 뚱뚱한 추녀였다. 하지만 사람들은 이러한 결과에 의문을 갖지 않을 수 없었다. 만약 클레오파트라가 정말로 추녀였다면 어떻게 카이사르와 안토니우스의 마음을 그토록 완전히 사로잡을 수 있었던 것일까?

이에 대해 영국의 전문가는 클레오파트라가 세상을 떠난 후에야 비로소

1 후세 사람들이 상상하는 클레오파트라의 모습은 그야말로 경국지색이다.
2 클레오파트라가 사실은 아주 평범한 외모의 소유자였다고 생각하는 사람도 있다. 오히려 못생기고 작고 뚱뚱한 추녀였다는 증거가 나오기도 했다.

그녀와 카이사르, 안토니우스의 낭만적인 러브스토리가 세간의 관심을 받기 시작했다고 말했다. 시간이 흐르면서 이야기에 살이 붙게 되었고, 그 결과 지금의 아름답고 요염한 여왕의 모습이 만들어진 것이라는 설명이었다.

클레오파트라의 외모에 대한 영국 언론매체의 '정정 기사'는 그 즉시 이집트 국민들의 질타를 받았다. 각계의 인사들은 그들의 마음속에 자리 잡은 절대 '여신'을 수호하기 위해 영국인과 설전을 벌였다. 전 이집트대학의 유물학 학장은 다음과 같이 말했다. "클레오파트라가 아름답고 기품 있는 외모를 가졌음은 반박할 수 없는 사실이다. 고금을 막론하고 세계의 여왕들 중에서 그녀처럼 오똑한 코와 완벽한 이목구비를 가진 사람은 없었다." 또한 이집트 기자 유물국 국장 자히 하와스 박사 역시 다음과 같이 지적했다. "클레오파트라가 못생기고 뚱뚱했다는 영국인의 주장은 근거 없는 이야기다. 그들은 클레오파트라의 부조가 보존되어 있는 이집트의 룩소르 신전에 가 볼 필요가 있다. 영국학자들이 묘사한 것처럼 클레오파트라가 그렇게 못생겼다면 로마 제국의 내로라하는 두 영웅호걸이 왜 굳이 주변의 미녀들을 마다해가며 그녀에게 사로잡혀 살았겠는가?" 혹자는『타임스』가 컴퓨터 기술을 이용해 클레오파트라의 초상을 그려낸 것은 한 부라도 신문을 더 팔아보려는 심산에 지나지 않는다고 비판했다. 심지어 감정이 격해진 일부 이집트 국민은 이 일을 다이애나 비의 죽음과 연관짓기도 했다. 그들은 영국의 전 왕세자비 다이애나와 이집트인인 도디의 연애를 막기 위해 영국인이 고의로 차 사고를 냈다고 주장했다. '영국 미인' 다이애나가 이집트인과 결혼할까 두려웠기 때문이라는 것이다. 영국인이 실없이 이집트의 여왕을 공격하는 것도 이와 같은 악의에서 비롯된 행동이라고 비난했다. 그러나 이러한 논쟁이 벌어졌음에도 아직까지 문제에 대한 명쾌한 답을 찾지 못하고 있는 상황이다. 어쩌면 당분간은 문제의 해답을 찾을 수 없을 것 같다.


클 레 오 파 트 라 의    재 녀    본 색
전설의 영향을 받아서인지 후세 사람들은 클레오파트라가 단지 미모에 기대서 카이사르의 환심을 얻어 이집트 통치권을 지켜냈다고 착각하는 경우가 많다. 그러나 최근 들어 발견된 고고학적 증거들은 사실 클레오파트라가 매우 총명하고 지혜로운 여왕이었음을 보여주고 있다. 관련 연구자들 역시 클레오파트라의 외모가 어땠는지를 떠나서 강대국이었던 로마 제국이 호시탐탐 이집트를 노리는 가운데 잠시나마 안보를 유지할 수 있었던 것은 그녀가 능력 있는 여인이었음을 반증한다고 보고 있다. 그녀는 고대 이집트 왕국의 통치자로서 국내의 권력 투쟁뿐만 아니라 외부의 위협에도 맞서야 했다. 이렇게 나라 안팎을 두루 살피는 일은 단순히 미모에 기대서만은 해낼 수 없는 일이므로 클레오파트라가 정치적으로 영민한 두뇌를 가지고 있었을 것이라는 주장이다. 그리고 얼마 전, 한 고고학자가 이집트에서 놀라운 사실을 발견했다. 클레오파트라의 친필 사인이 남아 있는 정부의 법령과 그녀가 살았던 고성을 발견한 것이다. 이는 클레오파트라가 미모에만 기대 나라를 다스린 것이 아니라 지혜로움으로 국가 안정을 꾀했다는 사실을 증명해주기에 충분하다.

  클레오파트라의 친필 사인이 있는 정부의 법령을 발견한 건 순전히 우연에 의해서였다. 독일의 베를린 박물관에는 평범하기 그지없는 이집트 미라가 수장되어 있다. 이 미라는 박물관에 수장된 후 100여 년 동안 단 한 번도 고고학자나 연구원의 주목을 받지 못했다. 때문에 이 미라에 엄청난 비밀이 숨어 있을 거라고는 그 누구도 예상하지 못했다. 그런데 몇 년 전, 벨기에의 파피루스 문서를 전문적으로 연구하는 고고학자 제인 비컨이 허가를 받아 이 미라를 본격적으로 연구하기 시작했다. 어느 날, 그는 미라의 붕대 사이에서 누렇게 빛이 바랜 파피루스 문서를 발견했다. 그는 그 문서가 고대 이집트의 문서임을 직감했다. 조심조심 열여섯 장의 크고 작은 파피루스를 떼어낸 결과, 그는 파피루스 한 가득 고대 이집트의 문자가 빼곡히 적혀 있음을 발견했다. 비컨은 곧바로 문서를 감정했다. 확대경으로 문서를 살핀 결과 고대 이집트 한 왕조의 공식 문서임을 알 수 있었다. 문서에는 수취일자까지 적혀 있었다. 비컨은 이집트의 한 농민과 지방 관리 사이의 일반 계약서라고 단정했다. 안타깝게도 그는 조급한 마음에 좀 더 연구해보지 않고 고고학 분야의 권위 있는 월간잡지에 성과를 발표하고 말았다. 그 후 네덜란드의 역사학자 미니가 이 연구 논문을 보고 단번에 의심스러운 점을 찾아냈다. 그는 발표된 사진만 봐도 이 문서가 사적인 계약서가 아니라 고대 이집트 정부의 문서임이 명백하다고 주장했다. 미니는 즉시 잡지사에 문서의 확대 사진을 요청하여 이를 컴퓨터에 입력해 고대 이집트 왕궁의 문건이 확실하다는 결론을 내렸다. 이집트 역사학자가 문서 도입부에 적힌 연도를 환산한 결과 기원전 33년 2월 23일이라는 사실이 밝혀졌다. 이 결과는 연구자들을 깜짝 놀라게 했다. 기원전 33년이라면 클레오파트라 7세가 통치하던 시기가 아닌가! 뒤이어 밝혀진 사실은 더욱 놀라웠다. 문서는 손으로 직접 쓴 것으로, 필체로 보아 남성 관리의 글씨로 추정된다는 것이었다. 내용은 이집트 국왕이 로마 제국의 대장군 칼니티스에게 상품 수출입에 우대 관세를 적용해준다는 문서로, 더 자세히 살펴보면 무관세로 매년 이집트에 밀 1만 포대를 수출하고 이집트의 최고급 술 5,000통을 수입하는 걸 허가한다는 것이었다. 말미에는 문서 내용을 적은 필체와 전혀 다른, 여성의 필적으로 보이는 글씨가 쓰여 있었다. 이를 전문 확대경으로 40배 확대해 본 결과 미니는 자신도 모르게 탄성을 질렀다. 고대 이집트 국왕이 법령에 사인을 할 때 쓰는 '동의' 라는 뜻의 그리스어가 아닌가? 이집트 국왕, 기원전 33년, 로마 제국의 대장군, 거기에 여성의 사인이라니……. 이는 클레오파트라의 친필 사인임이 분명했다.

    클레오파트라의 친필 사인이 담겨 있는 정부의 법령이 발견되었다는 소식이 전해지자 전 세계 고고학계는 흥분을 감추지 못했다. 대영박물관의 고고학자들은 네덜란드 역사학자 미니의 학술 수준에 연신 감탄을 쏟아냈다. 그들은 미니가 발견한 문서가 틀림없이 클레오파트라의 친필 사인이라 믿어 의심치 않았다. 매사 철두철미하기로 유명한 미니는 단 한 번도 잘못된 연구 결과를 내놓은 적이 없었기 때문이다. 대영박물관의 그리스·로마 골동품관 수잔 워커 부관장은 "클레오파트라의 친필 사인이 분명하다. 문서의 내용을 보면 기원전 33년의 것으로 추정되는데 이는 클레오파트라 7세가 통치하던 시기다. 클레오파트라가 남긴 유일한 필적이다."라고 확신했다. 이뿐만 아니라 워커는 이 문서가 클레오파트라의 정치적 수완을 보여주고 있다고 분석했다. 물론 고대 그리스의 저명한 역사학자 플루타르코스는 그의 저서 『영웅전』에서 다음과 같이 기록한 바 있다. "카이사르가 세상을 떠나자 이집트 여왕 클레오파트라는 안토니우스의 비호를 얻고자 했다. 그러나 일이 생각대로 풀리지 않자 그녀는 즉시 방향을 틀어 안토니우스의 수하 중 가장 유능한 칼니티스 대장군을 공략하기 시작했다. 남다른 영향력을 자랑하던 그를 뇌물로 매수해 안토니우스를 설득하는 데 성공한 클레오파트라는 결국 안토니우스의 비호를 받게 되었다. 이를 시작으로 안토니우스는 클레오파트라의 달콤함에 빠져 헤어나오지 못했다." 플루타르코스가 이처럼 사건의 전말을 생생히 묘사하기는 했으나 역사학자와 고고학자들은 이를 뒷받침할 정확한 증거를 찾지 못하고 있었다. 그런데 클레오파트라의 친필 사인이 있는 이 문서가 발견된 것이다. 이 문서는 이집트 여왕이 로마 제국의 대장군을 매수했다는 명백한 증거였다. 이집트의 또 다른 역사학자는 이렇게 말했다. "이 문서는 클레오파트라가 단순히 미모를 내세워 나라를 지키고, 자신의 왕위를 보존한 것은 아니라는 사실을 보여준다. 그녀가 내세운 책략은 오늘날의 국제 외교술과도 별반 차이가 없는데, 이것이 바로 클레오파트라가 미모와 지혜를 겸비했음을 보여주는 결정적 증거다."

그리고 얼마 뒤 미국의 고고학자 고디오와 그의 이집트인 동료가 발견한 알렉산드리아의 유적은 클레오파트라의 비범했던 정치적 업적을 입증하는

새로 발견된 고고학 자료는 클레오파트라가
정치적으로 상당한 재능을 갖추고 있었음을 증명해주었다.

또 다른 증거가 되었다. 그들은 알렉산드리아 항구 부근 해저를 탐사하다 여러 조각상과 길을 발견했는데, 그것이 바로 클레오파트라가 마지막 정인 안토니우스와 함께 건설한 사랑의 둥지였던 알렉산드리아였다. 이 발굴 성과는 클레오파트라 통치 시기의 고대 이집트가 풍요로웠고 그녀가 아름다운 미모뿐만 아니라 뛰어난 능력까지 겸비한 여성이었음을 증명해주었다. 그렇지 않다면 이집트를 그렇게 잘 다스리지는 못했을 것이다.

런던 대학교 이집트 고대문물학자 오카샤 엘 달리 역시 그동안 발견된 적 없는 중세기 아랍 문헌에서 놀라운 사실을 발견했다. 바로 클레오파트라가 재능이 넘치는 수학자이자 화학자 겸 철학자였을 가능성이 있다는 것이었다. 중세기 아랍 문헌을 번역한 뒤, 엘 달리는 문헌이 거의 소실되기는 했지만 초기의 이집트 역사와 관련된 내용이 있고 이집트 여왕 클레오파트라에 대해 이렇게 기록되어 있다고 밝혔다. "클레오파트라는 그리스어를 비롯해 라틴어, 히브리어, 아랍어, 이집트어를 구사하는 등 여러 언어에 능통했다. 이뿐만 아니라 과학 서적을 집필하는가 하면 매주 과학 전문가들과 함께 하는 회의를 열어 과학 문제를 논의했다!" 엘 달리는 이 문헌을 쓴 고대 아라비아 작가가 클레오파트라에 관한 자료를 직접적으로 얻었거나 심지어는 그녀가 집필한 과학 서적을 직접 읽었을 가능성이 있다고 믿었다. 만약 그것이 사실이라면 클레오파트라가 쓴 책들이 모두 소실된 것이 안타까울 뿐이다. 이에 대해 미국 캘리포니아 이집트 박물관의 리사 관장은 수천 년 전 고대 이집트의 알렉산드리아 도서관이 방화로 불에 탄 적이 있기 때문에 클레오파트라가 집필한 과학책을 포함해 수많은 고대 이집트 서적이 유실된 것이라고 분석했다. 클레오파트라의 다재다능함은 중세기 일부 아랍 작가들의 이야기 속에서도 찾아볼 수 있다. 그들은 알렉산드리아 성 축조 계획을 '사상 최대 규모의 프로젝트'라 묘사했으며, 클레오파트라가 운하를 건설해 나일 강 물이 알렉산드리아로 유입될 수 있도록 물길을 열었다고 말했다. 이뿐만이 아니다. 그리스 문헌에는 기원전 270년 즈음 알렉산드로스 대제의 부하 프톨레마이오스 소테르가 건축가에게 명을 내려 세계 7대 불가사의 중 하나인 알렉산드리아 등대를 만들었다고 기록되어 있지만, 아랍의 한 역사학자는 이 등대가 클레오파트라의 걸작일 가능성이 있다고 주장했다.

엘 달리는 사람들이 '클레오파트라'라고 하면 남성을 유혹하는 요부의 이미지를 떠올리는 이유는 그녀의 적이었던 로마인들의 입을 통해 그녀를 알게 되었기 때문이라고 보고 있다. 고대 이집트 주화에 새겨진 클레오파트라는 사람들이 생각하는 것처럼 숨 막힐 듯 아름다운 용모의 소유자가 아니라 그저 평범한 여성에 지나지 않는다는 것이다. 즉 섹시한 요물로 비유되는 클레오파트라의 이미지는 사람들로 하여금 그녀가 능력이 아닌 방탕한 방법으로 로마의 양대 통솔자를 복종시켰다고 오해하도록 만들기 위해 적들이 만들어낸 일종의 '모함'이라는 주장이다.

## 죽음을 둘러싼 수수께끼

역사적 기록과 각종 전설을 살펴보면 클레오파트라는 독사를 이용해 자살한 것으로 나와 있다. 특히 그리스 역사학자 플루타르코스가 클레오파트라가 자살했다고 서술해 이는 정설로 받아들여졌다. 그러나 수천 년이 지나자 사람들은 그녀의 자살에 의혹을 품기 시작했다. 클레오파트라가 세상을 떠나고 75년 후에 플루타르코스가 태어났다는 점을 감안하면 의심해 볼 만하다는 것이다. 현대 법리학자와 범죄전문가 역시 현대 과학 이론을 근거로 플루타르코스가 묘사한 클레오파트라의 죽음을 분석해 확실히 그녀의 죽음에는 의심스러운 점이 많다는 의견을 내놓았다.

첫째, 클레오파트라가 숨을 거두고 난 뒤 감쪽같이 자취를 감춘 코브라가 수상하다. 고대 이집트에서 코브라는 존귀함과 영예로움을 상징했다. 코브라는 몸집이 거대한 파충류로 평균길이가 2.5미터에 달한다. 플루타르코스의 이야기에 따르면 하녀가 무화과가 가득 담긴 바구니 속에 코브라를 숨겨 근위병의 눈을 속였다고 하는데, 그렇다면 그 바구니의 크기가 얼마나 컸겠는가? 그렇게 큰 바구니를 보고 근위병이 한 치의 의심도 하지 않았다는 말인가? 플루타르코스의 기록에 따르면 클레오파트라는 죽기 전 옥타비아누스에게 자신의 자살을 알리는 편지를 보냈다. 그러고 난 후 코브라를 집어 들어 자신을 물게 하고는 이를 다시 두 하녀에게 건네주었고, 하녀들은 그들의 주인이 그랬던 것과 같은 방법으로 생을 마감했다. 근위병이 소식을 듣고 서둘러 현장에 도착했을 땐 두 사람이 이미 숨을 거둔 상태였고, 나머지 한 명도 숨을 헐떡이고 있었다. 코브라는 보이지 않았다.

옥스퍼드 대학교의 열대 의학 및 전염병학과 데이비드 볼러 교수는 클레오파트라와 두 하녀가 너무 빨리 숨을 거뒀다고 주장했다. 물론 코브라의 공격을 받고 15~20분 내에 사망한 경우가 있지만, 일반적으로 독이 온몸으로 퍼지는 데는 상대적으로 오랜 시간이 걸린다는 것이다. 그의 경험으로 독사에 물리고 사망하기까지 걸린 최단 시간은 2시간이었다.

그 죽음이 진실이라면 옥타비아누스의 근위병이 몇 분 안 돼 현장에 도착했는데 세 사람 모두 유명을 달리했으니 이들이 최단 기록을 세운 셈이 된다. 우연이기에는 너무 기막히지 않은가? 이밖에 아주 중요한 사실이 더 있었다. 바로 독사가 사람을 물 때마다 매번 독을 방출하지 않는다는 것이다. 볼러는 독사에 물렸을 때 중독이 될 확률은 평균 50퍼센트에 불과하다고 지적했다. 다시 말해 세 사람이 모두 중독될 확률은 그리 높지 않다는 말이 된다.

둘째, 클레오파트라의 자살은 상식적인 면에서도 어긋난다. 현대 범죄심리 전문가 브라운은 플루타르코스의 이야기가 터무니없다고 주장했다. 진위를 떠나 클레오파트라가 자살했다고 가정한다면 죽음을 앞두고 옥타비아누스에게 유서를 전하는 건 이상한 행동이라는 것이다. 자살을 결심한 사람은 보통 이런 행동을 하지 않기 때문이다. 일반적으로 자살자는 사람들이 쉽게 유서를 발견할 수 있도록 자신의 몸에 지니고 있거나 자살 현장에 두는 것이 일반적이다. 이미 자살을 결심했다면 자신을 구하러 올지도 모르는 사람에게 미리 유서를 보내겠는가? 더군다나 전쟁에 패해 스스로 목숨을 끊은 안토니우스의 자살과 클레오파트라의 자살은 본질적으로 차이가 있다.

로마와 달리 이집트에서는 자살을 죄악으로 여겼기 때문이다. 이집트의 통치자인 클레오파트라가 어떻게 이런 불명예스러운 방법을 통해 생을 마감할 수 있었겠는가? 클레오파트라는 이집트의 여왕이자 강인한 여성이었다. 반격의 여지가 있다면 그녀는 망설이지 않고 반격에 나섰을 것이다. 생을 마감하기 몇 년 전부터 그녀의 목표는 단 하나였다. 바로 아들을 잘 키워 후계자로 만드는 것이었다. 아들의 운명을 예측할 수 없는 상황에서 어떻게 그녀가 자살을 할 수 있단 말인가? 이는 단순한 추측에 불과했지만 플루타르코스의 이야기에 대한 의구심을 높이기에는 충분했다.

셋째, 코브라를 이용해 자살한다는 것은 인간의 본능과도 걸맞지 않는다. 일반적으로 사람은 선천적으로 뱀을 두려워하는 경향이 있다. 보통 사

클레오파트라는 과연 자살했을까?
아니면 누군가에게 죽임을 당했을까?
진실을 아는 사람은 어쩌면 옥타비아누스뿐일지도 모른다.

람이 손을 뻗어 독이 없는 작은 뱀을 만지는 것도 일종의 도전이라 할 수 있다. 그런데 거대한 독사를 잡는 것도 모자라 자신을 물게 하는 데는 얼마나 큰 용기가 필요하겠는가! 고귀한 통치자의 신분으로 온갖 풍파를 겪은 클레오파트라에게 어쩌면 죽음은 그리 대단한 일이 아니었을 수 있다. 하지만 하녀들은 어땠을까? 클레오파트라가 뱀에 물려 고통스럽게 죽어가는 모습을 본 하녀들이 어떻게 코브라를 받아들여 자신을 물게 할 용기를 낼 수 있었겠는가 말이다. 이뿐만 아니라 브라운은 사람이 자살을 하면 현장에서 반드시 발견되는 것이 있다고 분석했다. 바로 시신과 자살에 쓰인 도구다. 사람은 이미 저 세상으로 갔으니 자살에 쓴 도구를 다른 곳으로 옮길 수 없기 때문이다. 즉 자살 도구를 옮길 수 있는 유일한 사람은 바로 자살 현장에 도착한 제3자다. 그러나 이 사건 현장에서는 클레오파트라와 두 시녀의 시신을 제외하곤 아무것도 찾아볼 수 없었다. 뱀도, 독약도, 비수도 없었다. 한마디로 그녀가 자살했음을 나타내는 증거는 아무것도 없었다. 물론 현장에는 타살의 증거도 없었다.

넷째, 연구자들은 옥타비아누스에게 클레오파트라의 죽음에 중대한 혐의가 있다고 여겼다. 브라운은 그가 그녀를 죽일 충분한 동기와 방법, 가능성을 가지고 있다고 보았다. 먼저 옥타비아누스는 클레오파트라 사후의 최대 수혜자였다. 옥타비아누스에게 안토니우스, 클레오파트라, 그녀의 아들인 카이시리온은 모두 자신의 정치 인생을 위협하는 적이었다. 실제로 클레오파트라가 세상을 떠난 뒤 그는 카이사리온의 목숨을 거뒀다. 클레오파트라 생전에 옥타비아누스가 그녀를 연금하고 감시하는 사람을 붙이는 한편 먹는 음식까지 관리했으니 그녀를 죽일 방법과 가능성도 가지고 있었던 셈이다.

다음으로 옥타비아누스에게 클레오파트라의 죽음을 자살로 꾸미는 일은 손바닥 뒤집기만큼 쉬운 일이었다. 독사와 유서 이야기로 그는 혐의에서 완전히 벗어날 수 있었고, 클레오파트라를 구하기 위해 사람을 보내는 '정의로운 행동'으로 자신의 이미지를 향상시킬 수 있었다. 이밖에도 이집트에는 하인을 순장하는 전통이 없었다. 그렇다면 클레오파트라의 두 하녀는 왜 도움을 요청할 수 있는 상황에서 죽음을 선택했을까? 답은 간단하다. 그들이 살인 장면을 목격했기 때문이다. 즉 그들은 반드시 침묵해야만 했다. 브라운은 안토니우스의 하인 역시 주인을 따라 자살했는데 그도 살인을 목격한 것은 아닌지 의심스럽다고 분석했다. 안토니우스는 복부에 치명상을 입었다고 기록되어 있는데 과연 스스로 낸 상처였을까? 안토니우스 역시 옥타비아누스가 보낸 킬러에 의해 척살된 것은 아닐까?

어쨌든 클레오파트라의 죽음이 자살인지, 타살인지는 여전히 수수께끼로 남아 있다. 이집트 여왕의 죽음에 대한 플루타르코스의 기록은 확실히 비판의 여지가 있다. 하지만 "진상은 아무도 모른다."는 책 속의 말은 뭔가 의미심장한 느낌을 주는 것도 사실이다.

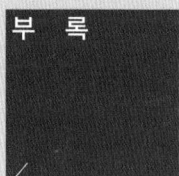

부 록

## 프톨레마이오스 왕조의 통치 계보

프톨레마이오스 1세 : 기원전 323년~기원전 283년, 베레니스 1세와 공동 집정

프톨레마이오스 2세 : 기원전 282년~기원전 246년, 안디오코스 1세와 공동 집정

프톨레마이오스 2세 : 안디오코스 2세와 공동 집정

프톨레마이오스 3세 : 기원전 246년~기원전 222년, 베레니스 2세와 공동 집정

프톨레마이오스 4세 : 기원전 222년~기원전 205년, 안디오코스 3세와 공동 집정

프톨레마이오스 5세 : 기원전 205년~기원전 180년, 클레오파트라 1세와 공동 집정

프톨레마이오스 6세 : 기원전 180년~기원전 164년: 기원전 163년~기원전 145년, 클레오파트라 2세와 공동 집정

프톨레마이오스 7세 : 니오스 2세와 공동 집정

프톨레마이오스 8세 : 피스켄 2세와 공동 집정, 클레오파트라 2세와 공동 집정, 클레오파트라 3세와 공동 집정

클레오파트라 2세

프톨레마이오스 9세 : 라셀루스 2세와 공동 집정, 클레오파트라 4세와 공동 집정,

키레네의 클레오파트라와 공동 집정

프톨레마이오스 10세 : 알렉산드리아 1세와 공동 집정, 키레네의 클레오파트라와 공동 집정, 베레니스 3세와 공동 집정

베레니스 3세

프톨레마이오스 11세 : 알렉산드리아 2세와 공동 집정, 베레니스 3세와 공동 집정

프톨레마이오스 12세 : 클레오파트라 6세와 공동 집정

베레니스 4세

프톨레마이오스 12세

프톨레마이오스 13세 : 클레오파트라 7세와 공동 집정

안디오코스 4세

프톨레마이오스 14세 : 클레오파트라 7세와 공동 집정

프콜레마이오스 15세(카이사르 아들인 카이시리온) : 클레오파트라 7세와 공동 집정

기원전 30년 : 클레오파트라 7세의 자살로 프톨레마이오스 왕조는 마침표를 찍었다.

**불가사의 중의
불가사의**

## 무너져 내린 파로스 등대

알렉산드리아 성이 수천 년 동안 세계적인 명성을 떨칠 수 있었던 데는 낭만적인 분위기가 넘쳐나던 프톨레마이오스 왕국과 사람들의 마음을 사로잡았던 알렉산드리아 도서관, 슬프지만 아름다운 러브스토리 외에도 도시를 상징하던 파로스 등대의 공이 컸다.

  기원전 280년 어느 가을 밤, 프톨레마이오스 왕실이 신부를 맞이하기 위해 보낸 배가 알렉산드리아 항구로 돌아오다 암초에 부딪혀 침몰하는 사건이 벌어졌다. 배에 타고 있던 황실의 친지들과 유럽에서 시집 온 신부는 모두 물고기 밥이 되고 말았다. 이 비극적인 사고는 이집트 전역을 충격에 빠트렸다. 사실 당시 알렉산드리아 항구 근처에서는 이 같은 사고가 비일비재했다. 이에 프톨레마이오스 2세는 알렉산드리아 항구 초입에 항해를 유도하는 등대를 세우도록 명했다. 시공을 담당한 사람은 바로 그리스의 유명한 건축가 소스트라투스였다. 30여 년의 노력 끝에 기원전 247년, 웅장한 등대가 파로스 섬 동단에 그 모습을 드러냈다. 사람들은 해안가에서 7미터 정도 떨어진 곳에 세워진 이 등대를 '알렉산드리아 파로스 등대'라 불렀다. 이 등대는 비록 그 자취를 감춘 지 몇 백 년이나 지났지만 역사적 기록이 남아 있다. 1165년 이븐 셰이크라는 아랍 역사학자는 알렉산드리아 성을 방문해 훗날 이를 기반으로 책을 썼다. 여기에는 파로스 등대에 관한 자세한 내용이 담겨 있었다. 1909년 독일의 기술자 테레시는 각종 문헌을 바탕으로 등대의 복원도를 그렸다.

선인의 묘사에 따르면 파로스 등대는 웅장하고 아름다운 건축물이었다. 등대는 화강암과 구리를 주재료로 만들어졌다. 등대의 몸통 부분은 흰색 대리석을 쌓아올려 만들었고 돌 사이는 녹인 납으로 메웠다. 등대의 기둥과 밑단은 화강암을 이용했고 유리 조각으로 빈 틈을 메워 완성했다. 전해 내려오는 이야기에 따르면 당시의 과학자와 건축학자의 검증을 거쳐 유리가 바닷물에 부식될 가능성이 가장 적다는 결과가 나왔다고 한다. 등대의 전체 높이는 135미터에 달했으며, 총 면적은 약 930제곱미터였다. 총명한 건축가는 먼 바다까지 빛이 닿을 수 있도록 반사 렌즈를 설치했다. 그 무엇과도 비교할 수 없을 만큼 훌륭한 이 등대는 밤마다 불을 환히 밝혀 항구로 들어오는 배들의 길잡이가 되어줌으로써 선장들에게 안전함을 느끼게 해주었다.

등대는 총 3단으로 이루어졌는데 맨 밑단은 사각 모양에 55.9미터, 가운데 단은 팔각 모양에 18.3미터, 맨 윗단은 원통 모양에 7.3미터 높이였다. 천정에는 바다의 신 포세이돈이 조각되어 있어 건축물에 예술적 아름다움과 신비함을 더해주고 있었다. 등대 안쪽으로는 나선형 모양의 통로가 등대 관제탑까지 연결되어 있어 연료를 운반할 수 있었다. 옥탑에서는 석유

1 각종 자료를 토대로 재현한 알렉산드리아 등대다.
2 강한 지진으로 등대는 완전히 무너져 내렸다. 1,500년의 세월이 지나서
  세계 7대 불가사의 중의 하나였던 알렉산드리아 파로스 등대는 바닷속으로 사라졌다.

를 태워 등불을 밝힌 후 다시 이를 거울에 반사해 바다로 불빛을 내보냈다. 전해지는 이야기에 따르면 56킬로미터 밖까지 불빛이 닿았다고 한다. 이 외에도 등대는 적을 정찰하는 방어의 역할도 담당했다.

사각 모양의 기반은 14미터 높이로 사실상 암초 위에 세워진 3~4층 높이의 고층 건물과 매한가지였다. 이 기반 정중앙에 자리 잡은 등대의 밑단은 기반과 마찬가지로 사각 모양이었다. 상단의 네 각에는 포세이돈의 아들들의 청동 조각상이 각자 다른 방향을 향해 자리하고 있었다. 이들은 풍향과 방위를 나타내는 데 사용되었다. 가운데 단의 8개의 각에는 각각 돌기둥이 세워져 있어 등대의 맨 윗단을 받치고 있다. 양파 모양의 꼭대기 층은 훗날 이슬람교 사원인 모스크를 짓는 데 참고가 되었다. 꼭대기 층에서는 거대한 횃불이 밤낮을 가리지 않고 활활 타오르고 있었다.

파로스 등대는 외부 조형이 아름다울 뿐만 아니라 내부 구조 역시 치밀하고 복잡했다. 등대의 밑단에는 방이 50여 개가 있었는데, 당직자가 숙직을 하거나 사무 등 여러 업무를 처리하던 곳으로 추정된다. 천문학자나 기상학자들이 기상을 관측하던 공간이었을 가능성도 있다. 가운데 단은 단조로움을 피해 건축물의 예술적, 시각적 효과를 높이기 위해 설계된 층으로 별다른 용도가 없다. 현재의 아파트를 연상시킬 정도로 많은 창문이 있는 것이 특징이다. 일부 연구자들은 등대의 아래층이 넓어 꼭대기 층으로

---

**포세이돈**　고대 그리스신화 속의 인물, 크로노스와 레아의 사이에서 태어났으며 제우스와는 형제뻘이다. 위대한 바다의 왕으로 대륙을 둘러싼 모든 수역을 관장한다. 그는 바람을 다스리고, 거센 파도도 잠잠하게 만들 수 있었다. 청동의 발굽과 황금의 갈기가 있는 명마들이 이끄는 전차를 타고 바다를 건넜다고 전해진다. 올림피아 산에서 한자리를 차지하고 있었지만 그는 대부분의 시간을 바다 깊은 곳에 위치한 자신의 황금 궁전에서 보냈다.

통하는 계단을 나선형으로 만든 것이라 보고 있다. 1층과 2층, 2층과 3층 사이의 계단은 각각 32개, 18개의 층계로 이루어져 있다. 그리고 정중앙에는 현재의 엘리베이터에 해당하는 인공 승강장치가 있어 불을 밝히는 연료 및 각종 물품을 운반하는 데 쓰였다. 덕분에 등대의 불은 오래도록 꺼지지 않고 60킬로미터 밖까지 환히 빛을 밝힐 수 있었고, 이를 본 배들은 등대의 방향을 가늠해 길을 잃지 않고 곧장 알렉산드리아 항구에 도착할 수 있었다.

그 당시 세계에서 가장 높은 건물이자 아프리카 대륙에서 가장 오래된 등대인 파로스 등대는 '알렉산드리아 성'의 정수를 한데 모은 훌륭한 건축물이었다. 등대가 완공된 후 1,000여 년 동안 파로스 등대는 피라미드보다도 더 큰 명성을 누렸다. 기원전 2세기 페니키아의 한 여행가는 이를 세계 7대 불가사의 중 하나로 손꼽았다. 그러나 다른 여섯 개의 불가사의와 달리 파로스 등대는 종교적인 이유 없이 오로지 국민의 실생활을 위해 만들어진 것이었다. 때문에 훗날 서양 각국은 등대를 '파로스'라 불렀다.

이후 새로운 통치자가 카이로로 수도를 옮기고, 등대의 관리를 소홀히 하기 시작하면서 파로스 등대는 조금씩 그 모습을 잃어갔다. 거기다 956년, 1303년, 1323년에 대지진이 발생해 등대는 거의 다 무너져 내리고 말았다. 그리고 1480년에 토치카를 만드는 데 등대에 쓰였던 대리석이 사용되면서 이미 자취를 감춘 다섯 개의 유적의 뒤를 따라 파로스 등대 역시 역사 속으로 사라지게 되었다.

안타까운 점은 프톨레마이오스 왕조가 쇠락함에 따라 알렉산드리아 역시 더 이상 예전의 알렉산드리아가 아니었다는 것이다. 아랍 문명이 이집트에 들어오면서 새로운 왕조가 나일 강 삼각주 남단의 카이로를 수도로 삼았고, 이에 따라 알렉산드리아는 작은 어촌 마을로 전락했다. 게다가 웅장함을 뽐내던 파로스 등대마저도 여러 차례의 천재지변으로 완전히 무너졌다.

　오랜 세월 동안 방치되었던 등대는 7세기에 들어서 몸체가 무너져 내렸고, 700년에 알렉산드리아에서 발생한 지진으로 등대의 관제탑과 포세이돈의 입상도 무너졌다. 이 시기에 동로마 제국의 한 황제가 알렉산드리아를 공격하려 했다고 전해진다. 그러나 자국의 함대가 등대에 의해 적발될까 두려웠던 황제는 우마이야 왕조의 칼리프에게 사람을 보내 등대 밑에 알렉산드리아 대제의 유물과 보석이 숨겨져 있다고 거짓으로 고하도록 했다. 계략에 넘어간 칼리프가 등대를 부수라 명했지만 알렉산드리아 백성들의 강력한 반대에 부딪혀 중도에 등대 부수기를 그만두었다. 서기 880년 보수를 마친 등대는 1100년에 다시 한 번 강력한 지진의 습격을 받았고, 그 결과 밑단만 덩그러니 남게 되었다. 더 이상 예전 구실을 하지 못하게 된 등대는 전망대로 용도가 변경되었다. 그 후 두 차례에 걸쳐 지진이 일어났고, 등대는 끝내 흔적도 없이 무너져 내렸다. 1,500년이라는 세월을 지나 세계 7대 불가사의 중 하나로 손꼽혔던 파로스 등대는 그렇게 바닷속으로 가라앉았다.


성 곽　이 야 기

파로스 등대가 완전히 무너져 내린 후인 1480년, 당시 이집트를 통치하던 맘루크 왕조의 국왕은 외세의 침략에 맞서 이집트와 그 해안선을 지키기 위해 등대가 있던 곳에 성곽을 쌓으라고 명령했다. 그리고 자신의 이름을 따 성곽에 이름을 붙였는데 이것이 바로 오늘날의 카터바 성이다. 이 성은 오늘날에도 이집트 유명 고대 건축물로써 카이로 성과 함께 이집트의 양대 중세기 건축물로 손꼽힌다.

이집트가 독립한 후 이집트 정부는 1966년, 카터바 성을 이집트 항해 박물관으로 개조해 모형, 벽화, 유화 등을 전시해 1만 년 전에 풀을 이용해 배를 만들면서 시작된 이집트의 조선 및 항해사를 소개했다. 비록 다시는 파로스 등대의 모습을 볼 수 없지만 이를 추억할 수 있게 된 셈이다.

카터바 성은 전형적인 아랍 건축물로 사각형의 모양을 하고 있다. 네 각마다 원형의 포대를 두어 전체적으로 통일감을 유지하면서 재미를 더했다. 성 정문의 광장에는 옛 병기가 전시되어 있는데 그중에는 불을 붙여 쏘아 올리는 19세기의 대포도 전시되어 있다. 이 대포는 1882년 7월 11일, 이 성에서 발생했던 전투를 떠오르게 한다. 당시 영국 함대가 알렉산드리아를 침략했으며 이집트 군대가 이에 맞서 용감하게 싸웠다.

박물관 로비의 좌, 우 양쪽에는 고대 선박 모형이 한 척씩 자리를 잡고 있다. 왼쪽에 전시된 선박 모형은 3,000~4,000년 전 파라오 시대의 나일강선이다. 중국의 용선과 비슷한 외형을 가진 이 선박은 좁고 긴 선체에 나무로 만든 10여 개의 노를 가지고 있으며, 앞뒤로 연꽃과 파피루스가 조각되어 있다. 오른쪽에 전시된 선박 모형은 서기 6~7세기 이슬람 시대의 범선이다. 선박의 돛은 원활한 방향 전환에 도움을 주었다. 이 두 선박 모형은 이집트인이 오랜 옛날부터 해상 운송 기술을 가지고 있었음을 증명해주고 있다. 로비 중앙에는 한 폭의 유화가 놓여 있는데 이 그림은 이집트 공화국의 창시자 나세르 대통령이 해군을 사열하는 모습을 담고 있다.

1층은 상고시대 이집트의 항해 업적과 당시 유명했던 해전을 소개하는

알렉산드리아 등대의 옛터에 자리 잡은 카터바 성이다.
오늘날 이 성은 이집트 항해 박물관이 되었다.

전시품으로 채워져 있다. 파라오의 묘에서 발견된 조선, 고기잡이, 해전과 관련된 벽화가 여러 폭 전시되어 있어 관람객들에게 깊은 인상을 남긴다. 예를 들어 최소 4,500년의 역사를 자랑하는 고도 멤피스의 파라오 피라미드 속 포어도는 당시 선박의 구조와 규모를 사실적으로 묘사하고 있다. 당시 선박에는 10여 명이 승선할 수 있었고, 대나무 상앗대가 있었다. 이밖에도 파라오 시대의 조선도 역시 고대 이집트인이 파피루스를 이용해 선박을 제조하는 모습을 생동감 있게 묘사하고 있다. 파피루스는 아프리카 고유의 식물로 갈대와 비슷한 모양을 하고 있다. 물에 담근 후 평평하게 눌러 펴서 종이 대용으로 사용했다. 그림을 그리거나 글을 쓸 수 있었을 뿐 아니라 이를 다발로 묶어 짜면 선박을 만들 수도 있었다. 이것이 바로 이집트의 가장 원시적인 조선업이었다. 1층에는 대형 부조 벽화의 복제품도 전시되어 있다. 이 부조 벽화는 기원전 1486~기원전 1468년까지 이어진 제18왕조의 범선 5척이 나일 강에서 수에즈 운하, 대염 호수, 홍해를 지나 마지막으로 소말리아에 도착해 무역을 하는 모습을 묘사하고 있다. 이 벽화는 당시 선박의 구조와 설비를 매우 사실적이고도 자세하게 보여준다. 선상에는 소, 양, 원숭이, 그리고 금은보화가 실려 있고 부두에서는 선원들이 묘목을 고르거나 곡물 자루를 메고 갑판에 오르는 모습을 볼 수 있다.

1층 전시품 중에서 가장 눈길을 끄는 것은 이집트 선박이 아프리카를 끼고 항해하는 모습을 표현한 모래 쟁반이다. 기원전 664~기원전 525년까지의 제26왕조 시대에 파라오가 함대를 파견해 아프리카 해안선을 탐사했다는 사실을 알려주고 있다. 홍해 수에즈 부근에서 출발해 희망봉을 돌아 지브롤터 해협을 지나 지중해로 진입해 마지막으로 알렉산드리아에 도착하기까지 3년이 걸렸다. 최초로 희망봉을 발견한 시기가 1488년이고 포르투갈인 디아스의 성과라는 사실밖에 몰랐기 때문에 알렉산드리아 박물관의 자료는 자연히 관심의 대상이 되었다.

상고 시대의 마지막 부분에는 새로운 창작물인 벽화가 한 폭 있다. 그림 속에서 고대 이집트의 사신이 그리스 철학자 플라톤에게 지식과 경험을 전수해주고 있다. 지중해와 고대 이집트 선박이 배경으로 그려져 있다. 상고 시대에 이집트 사신과 플라톤 사이에 실제로 왕래가 있었는지 모른다. 하지만 항해의 역사적 역할을 설명한 이 그림은 고대 이집트의 문명을 유럽으로 전파해 플라톤처럼 위대한 현자 역시 엄청난 이익을 얻었음을 설명해 주고 있다.

박물관 2층에는 기원전 3세기 '그리스 시기'의 항해 및 해군 역사를 전시하고 있다. 계단 입구의 모퉁이에는 파로스 등대를 복원한 모형이 전시되어 있다. 모형은 2,000여 년 전 알렉산드리아 항구의 번화한 모습을 표현하고 있다. 바다에는 수많은 배가 떠다니고 돛대가 구름처럼 나부끼고 있다. 우뚝 솟은 파로스 등대의 불빛 아래 그리스식 선박이 돛을 올리고 항구로 들어서는 모습을 볼 수 있다.

 2층에는 여러 개의 대형 역사화가 진열되어 있다. 그곳에는 12세기 이집트 민족 영웅 살라딘이 국민을 이끌고 십자군의 침략에 대항하는 모습을 담은 유화가 있다. 유화는 아라비아 반도의 하라 전투의 모습을 표현했는데 해안에는 양쪽 군대의 기병이 격렬한 전투를 벌이고 있고, 해상에는 이집트 해군이 적군의 군함에 맹공을 펼치고 있다. 이집트인의 두려움을 모르는 투쟁 정신을 잘 표현한 그림이다. 그림 속의 이집트 군함을 보면 13세기 이집트의 선박 기술이 비교적 발달했다는 사실을 엿볼 수 있다. 여러 개의 돛대와 돛을 가진 이집트 선박은 크기도 커서 망루가 있는 중국의 2층 배와 유사한 모습이다.

 박물관은 근대 역사 중에서도 이집트인이 영토 수복과 수에즈 운하 수호를 위해 투쟁한 역사를 집중적으로 조명하고 있다. 때문에 19세기에 운하를 건설하는 장면뿐만 아니라 1950년대 이집트가 운하의 국유화를 위해 힘썼던 모습을 엿볼 수 있다. 전시장에는 1956년 12월에 발발한 포트사이드 전투 모형이 전시되어 있다. 그해 7월 26일, 나세르 대통령은 수에즈 운하의 주권 수복을 선포했다. 영국과 프랑스의 식민주의자들은 이에 물러서지 않고 서슴없이 선생을 일으켰다. 해상에는 적의 함대가 잔뜩 포진해 있고, 하늘에서는 낙하산 부대가 맹렬한 폭격을 가해 포트사이드를 일순간에 폐허로 만들었다. 그러나 이집트 국민들은 전혀 두려워하지 않고 폐허 속에서 침략군과 사투를 벌였다. 근대 역사의 마지막 전시품은 운하의 주권을 지켜낸 이집트 국민들의 영웅적인 모습을 보여주고 있다. 영국과 프랑스 침략군이 처참히 패배한 모습을 담은 유화 옆에는 당시 해군 영웅의 초상화와 함께 함대의 모형, 전리품이 전시되어 있다.

이밖에도 이집트 정부는 알렉산드리아에서 48킬로미터 떨어진 자히르에 축소판 등대를 세워 당시를 추억할 수 있도록 했다.


## 등 대  미 스 터 리

파로스 등대는 세계 7대 불가사의 중 하나로 손꼽히지만 이미 자취를 감춘 지 오래다. 관련 문헌이 단서를 제공해주고 있기는 했지만 몇 백 년 동안 이를 증명해줄 실질적 근거를 발견하지 못해 사람들의 의혹은 커져만 갔다. 2,000여 년 전 알렉산드리아인이 과연 그렇게 웅장한 등대를 건설할 수 있었을까? 심지어 혹자는 역사책에 묘사된 파로스 등대는 어쩌면 아름다운 전설일 뿐일지도 모른다고 여겼다.

수수께끼를 풀기 위해 과학자들은 알렉산드리아 항구 일대에서 고고 발굴 작업을 실시했다. 증거를 찾아서 등대에 대해 보다 깊이 이해하기 위함이었다.

1994년, 파로스 등대가 있던 옛터 근처에서 방파제를 건설할 당시 사람들은 돌로 만든 고대 선박의 발견이라는 의외의 수확을 거두었다. 이 발견을 계기로 전 세계가 주목하는 해저 고고학이 시작됐다. 그리고 얼마 뒤 시찰대가 파로스 등대 옛터 주변에서 대량의 고대 유물을 발견했다. 해저에서 발견된 조각상만 12점이 넘었다. 그중 프톨레마이오스 2세 때 만들어진 조각상은 머리 부분의 무게만 5톤에 달했다. 조각상의 몸체와 받침대 역시 그 부근에서 발견됐다. 받침대는 3.5미터 길이에 측면에는 프톨레마이오스 2세의 칭호가 새겨져 있었다. 이밖에도 거대한 조각상이 총 2,000

1 사라진 기적에 대해 사람들은 아직도 많은 의문을 가지고 있다.
2 알렉산드리아 해역에서 과학자들은 등대의 잔해를 찾기 위한 탐사를 시작했다.

점 이상 발견됐다. 하나같이 크기가 크고 높이가 13미터 이상이었으며 무게도 수십 톤에 달했다.

　1996년 11월, 잠수대원들이 지중해 심해에서 알렉산드리아 등대의 잔해를 찾는 데 성공했다. 장기간 물속을 수색한 결과 시찰대는 드디어 파로스 등대의 몸체를 찾아냈다. 측량 결과 등대의 길이는 약 36미터였다. 등대의 각 측면에는 정교하고 아름다운 대형 조각상이 장식되어 있었다. 당초 파로스 등대가 얼마나 대단한 장관을 이루었을지 상상할 수 있었다. 그러나 도면이 남아 있지 않기 때문에 등대의 모양이 어땠는지는 그 누구도 확실하게 알 수 없다. 인양 작업 중에 프톨레마이오스 2세 때보다 훨씬 오래전의 유물과 고대 이집트의 오벨리스크가 인양되기도 했다. 오벨리스크는 태양신의 상징이자 파라오 시대의 유물이다. 이 오벨리스크의 머리 부분은 화강암으로 제작되었고 1.44미터 높이에 피라미드처럼 뾰족한 끝을 가지고 있었다. 아랫부분에는 세트 1세의 이름이 상형문자로 적혀 있었고, 그가 통치하던 제19왕조의 수호신의 형상이 조각되어 있었다. 이 유물은 3,000여 년의 역사를 지닌 것으로 추정된다. 이밖에도 시찰대는 인양된 유물에 모두 상형문자와 파라오 시대의 부호가 새겨져 있다는 사실을 발견했다.

그리하여 새로운 문제가 제기되었다. 파로스 등대가 다시 모습을 드러내면서 등대의 존재에 대한 의혹은 말끔히 씻어냈지만 파로스 등대 주변에서 발견된 조각상과 석재 중에 기원전 3,000년 고대 이집트 시대의 유물이 왜 그렇게 많은가라는 문제였다. 등대는 도대체 언제 축조된 것인가? 어떤 이들은 이에 대해 3,000여 년 전 파라오 시대의 고대 이집트인이 등대를 만들었다고 주장했고, 또 어떤 이들은 등대가 축조된 것은 프톨레마이오스 왕조 때라며 고대 이집트 시대의 조각상과 석재는 알렉산드로스 대제가 이집트를 정복한 뒤, 고대 이집트 신전에서 떼어온 것일 뿐이라고 주장했다. 모든 수수께끼가 풀릴 때까지 좀 더 인내심을 가지고 기다려야 할 필요가 있다.

## 폼 페 이   기 둥

기원전 60년, 로마 성의 한 밀실에서 당대의 유명 인사인 카이사르와 폼페이우스, 크라수스가 비밀협정을 맺었다. 이로써 세 사람이 함께 로마 제국의 권력을 장악하게 되었는데 이것이 바로 역사상으로도 유명한 삼두정치를 위한 동맹이었다. 그러나 몇 년 지나지 않아 권력 분배의 불균형에 크라수스의 죽음까지 더해지면서 카이사르와 폼페이우스 사이에 끝내 전쟁이 발발했다.

　폼페이우스(기원전 106~기원전 48년)는 고대 로마의 유명한 장군이자 정치가다. 귀족 가문 출신인 그는 일찍이 군계와 정계에 진출했고, 36세에 지휘관으로 선발되어 아프리카, 스페인, 소아시아, 지중해에서 전쟁을 진두지휘했다. 세르토리우스를 정벌한 후 폼페이우스는 1,000개의 성곽을 부수고 900개의 도시를 점령하는 한편 800척의 배를 포획해 명성을 날렸다. 그 후 야심찬 폼페이우스는 국가의 최고 권력을 차지하기 위해 전력을 다했다. 뒤이어 그는 군대를 이끌고 지중해에 창궐한 해적을 소탕해 로마 상선의 안전을 보장해주었다.

　기원전 53년, 크라수스의 죽음으로 삼두동맹이 해체되었다. 기원전 50년, 폼페이우스는 원로회와 연합해 카이사르와 대립했다. 기원전 49년 1월, 갈리아에 있던 카이사르는 폼페이우스를 그리스에서 몰아내기 위해 로마로 진군했다. 한편 폼페이우스는 동양의 지원을 받았다. 그는 11개 부대와 기병 7,000명, 함대 600척을 모아 카이사르와의 결전을 준비했다. 기원전 48년, 카이사르는 7개의 부대를 이끌고 그리스에 상륙했고, 두 군대는 파르살루스 평원에서 전투를 벌였다. 수적으로나 지리적으로나 폼페이우스가 우세했지만 결과는 그의 참패로 돌아갔다. 대세가 기울었음을 안 폼페이우스는 배를 타고 이집트로 달아났다. 프톨레마이오스 왕조의 비호를 얻기 위해서였다. 그러나 폼페이우스의 뒤를 좇아 카이사르가 대군을 이끌고 나타나자 프톨레마이오스 왕실의 일부 대신들은 카이사르에게 잘 보이기 위해 폼페이우스를 모살하려고 했다. 그들은 결국 폼페이우스를 죽여 그 머리를 카이사르에게 바쳤다. 한때 맹우였던 폼페이우스의 머리를 바라보며 카이사르는 애처로움에 눈물을 참지 못했다. 그는 폼페이우

1　3
2　4

1 고대 로마의 '삼두' 중 한 명인 폼페이우스다.
　카이사르에게 패해 이집트로 달아난 그의 최후는 비참했다.
2 '삼두' 중 한 명인 크라수스다. 그의 죽음으로 폼페이우스와 카이사르의 동맹이 결렬되었다.
3 우뚝 솟아 있는 폼페이 기둥이다. 유럽 사람들은 이 기둥을 처음 봤을 때 꼭대기에
　폼페이우스의 머리 혹은 유골이 들어 있다고 생각하고 이를 폼페이 기둥이라 불렀다.
4 고대 로마의 황제 디오클레티아누스다. 폼페이 기둥을 세운 진정한 주역이다.

스의 시신을 로마로 운구해 성대한 장례식을 치러주라고 명했다. 그러나 이 사건 이후 일부 유럽 사람들은 폼페이우스의 영혼이 여전히 이집트를 떠돌고 있다고 믿었다.

시간은 흘러 기원전 3세기 로마의 황제 디오클레티아누스가 통치하던 때였다. 로마의 흉포에 통한의 세월을 보내던 알렉산드리아의 대장군은 이집트인의 지지를 받아 이집트의 독립을 선포했다. 이 소식을 들은 디오클레티아누스는 대군을 이끌고 원정에 나서 반동자를 정벌했다. 알렉산드리아 성을 8개월 동안 포위공격한 결과 로마 대군은 반란 진압에 성공했다. 당시 성 내에는 굶주린 사람들이 넘쳐났고 전염병이 대대적으로 유행했다. 디오클레티아누스는 식량을 조달해 이재민을 구제하고 백성들을 보살폈다. 서기 297년, 이집트 집권 장관이 세라피스 신전의 광장 중앙에 돌기둥을 세워 디오클레티아누스에 대한 감사의 마음을 표현했다. 기둥의 받침과 서쪽의 우측 벽에는 이런 글귀가 적혀 있다. "백전백승의 알렉산드리아 수호신과 공정한 디오클레티아누스 황제를 위해!"

이 돌기둥은 당시만 해도 이름이 없었다. 서기 7세기, 아랍인이 이집트에 진출한 후에야 '사와리 기둥'(폼페이 기둥)이라는 이름을 가지게 되었다. '사와리'는 아랍어로 돛대를 뜻한다. 전해 내려오는 이야기에 따르면 아랍인이 641년에 알렉산드리아를 점령했을 때 400개의 돌기둥으로 구성된

**디오클레티아누스**(245~316)　로마 제국의 황제로 284년부터 305년까지 재위했다. 그는 로마 제국의 위기를 타개하고 4황제 통치제도를 실시해 로마 제국 후반기의 주요 정치체제로 삼았다. 원수라는 칭호를 도미누스(주인이라는 뜻)로 바꾸고 로마의 명실상부한 첫 황제가 되었다. 그는 동양 전제국가의 예절을 본떠 궁정 예절을 만들고 황제로서의 위엄을 누리는 한편 주피터를 이용해 자신을 신격화했다. 디오클레티아누스 개혁을 추진해 경내 지역에 대한 로마 제국의 통치를 지속시켰다. 일례로 동부 지역에서는 수세기 동안 통치권을 유지했다.

주랑 중앙에 이 기둥이 우뚝 서 있는 것을 보고 그 모습이 마치 돛대와 같다고 해서 이렇게 이름 붙였다고 한다. 돌기둥은 아스완에서 발견되어 나일 강과 그 지류를 지나 알렉산드리아로 운반되었다.

　기둥을 세운 방법은 다음과 같다. 기둥 받침 주변에 흙을 쌓아 오목한 모양을 만든 후 그 중앙에 기둥을 꽂았다. 돌기둥은 받침대, 몸통, 꼭대기의 세 부분으로 구성되어 있으며 총 높이는 26.85미터, 무게는 약 500톤으로 원통 모양이다. 상부의 지름은 2.3미터, 하부는 2.7미터로 붉은색 화강암으로 만들어졌다. 기둥의 꼭대기는 고대 로마의 콜린스 양식으로 향나무 꽃무늬가 장식되어 있다.

　1,000여 년 동안 알렉산드리아의 유명한 유적들이 천재지변으로 폐허가 되거나 소리 없이 자취를 감추었지만 사와리 기둥만이 우뚝 솟아 당시 사람들의 불굴의 정신을 상징하고 있다. 이 때문에 사와리 기둥은 훗날 알렉산드리아의 마스코트로 여겨졌다.

　흥미로운 점은 유럽인이 사와리 기둥을 발견했을 때 이를 폼페이 기둥이라 불렀다는 사실이다. 중세기에 십자군이 알렉산드리아 정벌에 나섰을 때 그들은 기둥의 머리 부분을 보고 과거 이집트에서 죽임을 당한 폼페이우스를 떠올렸다. 그리하여 그들은 그 안에 폼페이우스의 머리 또는 그의 유골함이 들어 있다고 생각했고, 그 후 줄곧 이 돌기둥을 폼페이 기둥이라고 부른 것이다.

부 록

## 세계의 7대 불가사의

이집트 피라미드

피라미드는 세계 7대 불가사의 중 가장 오래된 유적이자 비교적 잘 보전된 유일한 유적이기도 하다. 기원전 2700~기원전 2500년경에 축조되었다.

알렉산드리아 등대(파로스 등대)

기원전 4세기 초, 마케도니아 왕국의 알렉산드리아 대제가 알렉산드리아의 파로스 섬에 축조를 명령했다. 등대를 설계한 사람은 그리스의 건축가 소스트라투스였다. 최소 122미터에 달하는 이 등대는 빛나는 하얀색 석회석 또는 대리석으로 만들어졌다. 알렉산드리아 등대가 완공된 후 세계에서 가장 높은 건축물이 되었다. 서기 14세기에 발생한 대지진으로 완전히 무너져 내렸다.

바빌론의 공중정원

신바빌로니아의 네부카드네자르 2세가 기원전 600년경에 건설한 것이다. 실제로

공중에 떠 있는 것이 아니라 높이 솟아 있는, 즉 지구라트에 연속된 계단식 테라스에 만든 옥상 정원이다. 각 층마다 종려나무와 다른 나무들이 자라고 있는데, 전해지는 이야기에 따르면 네부카드네자르 2세가 고향의 산과 푸른 나무를 그리워하는 메디아 출신의 왕후를 위해 만들었다고 한다. 넓이는 약 120미터, 높이는 약 20여 미터다.

아르테미스 신전

약 기원전 550년 고대 리디아 왕국의 크로이소스가 만들었다. 출산과 다산의 여신인 아르테미스를 모신 신전으로 기원전 356년 불타 없어졌다.

올림피아의 제우스상

고대 그리스 조각가 페이디아스가 기원전 457년경에 완성한 걸작으로 그리스 올림피아에 있다. 페이디아스는 상아로 제우스상의 몸을 만들고 황금으로 그의 옷을 만들었다.

**마우솔로스 왕릉**

기원전 353년경 할리카르나소스에 축조되었다. 45미터 높이에 밑받침 상단이 계단식의 피라미드 모양을 하고 있었다고 한다. 카리아 왕국의 국왕 마우솔로스의 조각상이 가장 높은 곳에 세워져 있었을 것이다. 마우솔로스 왕릉은 서기 3세기에 발생한 지진에 의해 무너졌다.

**로도스의 태양신 거상**

그리스 로도스 섬에서 지중해로 향하는 항구의 입구에 위치해 있던 그리스 태양신 헬리오스의 청동상으로 높이가 33미터에 달한다. 거상이 완성되고 56년 후인 기원전 226년 지진에 의해 무너졌다.

## 이집트 역사

**초기 왕조 시대(기원전 3100~기원전 2686년)**

| 제1왕조 : 기원전 3100~기원전 2890년 | 제2왕조 : 기원전 2890~기원전 2686년 |

**고왕국 시대(기원전 2686~기원전 2181년)**

| 제3왕조 : 기원전 2686~기원전 2613년 | 제4왕조 : 기원전 2613~기원전 2498년 |
| 제5왕조 : 기원전 2498~기원전 2345년 | 제6왕조 : 기원전 2345~기원전 2181년 |

**제1중간기(기원전 2181~기원전 2040년)**

| 제7왕조 : 기원전 2181~기원전 2173년 | 제8왕조 : 기원전 2173~기원전 2160년 |
| 제9왕조 : 기원전 2160~기원전 2130년 | 제10왕조 : 기원전 2130~기원전 2040년 |

**중왕국 시대(기원전 2040~기원전 1786년)**

| 제11왕조 : 기원전 2040~기원전 1991년 | 제12왕조 : 기원전 1991~기원전 1786년 |

### 제2중간기(기원전 1786~기원전 1567년)

제13왕조 : 기원전 1786~기원전 1633년    제14왕조 : 기원전 1633~기원전 1603년

제15왕조 : 기원전 1674~기원전 1567년    제16왕조 : 기원전 1684~기원전 1567년

제17왕조 : 기원전 1650~기원전 1567년

### 신왕국 시대(기원전 1567~기원전 1085년)

제18왕조 : 기원전 1567~기원전 1320년    제19왕조 : 기원전 1320~기원전 1200년

제20왕조 : 기원전 1200~기원전 1085년

### 후기 왕조(기원전 1085~기원선 332년)

제21왕조 : 기원전 1085~기원전 945년    제22왕조 : 기원전 945~기원전 745년

제23왕조 : 기원전 745~기원전 715년     제24왕조 : 기원전 730~기원전 715년

제25왕조 : 기원전 730~기원전 663년     제26왕조 : 기원전 664~기원전 525년

제27왕조 : 기원전 525~기원전 404년     제28왕조 : 기원전 404~기원전 398년

제29왕조 : 기원전 398~기원전 378년     제30왕조 : 기원전 378~기원전 343년

제31왕조 : 기원전 343~기원전 332년

고대 그리스 마케도니아 통치기 : 기원전 332~기원전 305년

프톨레마이오스 왕조 : 기원전 305~기원전 30년

로마 제국 통치기 : 기원전 30~서기 641년

비잔틴(동로마) 통치기 : 395~641년

아랍 점령기(641~661년)

제2대 칼리프 : 634~644년      제3대 칼리프 : 644~656년

제4대 칼리프 : 656~661년

우마미야 왕조 : 661~750년

아바스 왕조 : 750~1055년

파티마 왕조 : 969~1171년

살라딘 왕조 : 1171~1250년

맘루크 왕조 : 1250~1517년

오스만 제국 : 1517~1914년

나폴레옹 통치기 : 1798~1801년

무함마드 알리 시기 : 1805~1849년

아바스 시기 : 1849~1854년

이스마일 시기 : 1863~1882년

영국 점령기 : 1882~1914년

영국 보호령 : 1914~1922년

이집트 왕국 : 1922~1952년

이집트 공화국 : 1952년~

## 풍요의 강 나일
아프리카의 물줄기에서 바라본 이집트 역사의 파노라마

| | |
|---|---|
| 초판 인쇄 | 2011년 2월 1일 |
| 초판 발행 | 2011년 2월 5일 |
| | |
| 엮은이 | 베이징대륙교문화미디어 |
| 옮긴이 | 박한나 |
| | |
| 발행인 | 권윤삼 |
| 발행처 | 도서출판 산수야 |
| | |
| 등록번호 | 제1-1515호 |
| 등록일자 | 1993년 4월 30일 |
| 주소 | 121-826 서울시 마포구 망원동 472-19 |
| 전화 | 02-332-9655 |
| 팩스 | 02-335-0674 |

ISBN 978-89-8097-210-4 04900
ISBN 978-89-8097-206-7 (전 5권)

값은 뒤표지에 있습니다. 잘못된 책은 바꾸어드립니다.

이 책의 모든 법적 권리는 도서출판 산수야에 있습니다.
저작권법에 의해 보호받는 저작물이므로
본사의 허락 없이 무단 전재, 복제, 전자출판 등을 금합니다.

이 도서의 국립중앙도서관 출판시도서목록(CIP)은 e-CIP 홈페이지
(http://www.nl.go.kr/cip.php)에서 이용하실 수 있습니다.
(CIP제어번호: CIP2010004382)